後晉 劉 昫 等撰

舊唐書

第一三册

卷一五四至卷一六九（傳）

中華書局

舊唐書卷一百五十四

列傳第一百四

孔巢父從子戡 戣 戢　許孟容　呂元膺　劉栖楚　張宿　熊望　柏耆

孔巢父，冀州人，字弱翁。父如珪，海州司戶參軍，以巢父贈工部郎中。巢父早勤文史，少時與韓準、裴政、李白、張叔明、陶沔隱於徂來山，時號「竹溪六逸」。永王璘起兵江淮，聞其賢，以從事辟之。巢父知其必敗，側身潛遁，由是知名。廣德中，李季卿爲江淮宣撫使，薦巢父，授左衞兵曹參軍。大曆初，澤潞節度使李抱玉奏爲賓幕，累授監察御史，轉殿中、檢校庫部員外郎，出授歸州刺史。建中初，涇原節度留後孟皞表巢父試祕書少監、兼御史中丞、行軍司馬。尋拜汾州刺史，入爲諫議大夫，出爲潭州刺史、湖南觀察使。未行，會普王爲荆襄副元帥〔一〕，以巢父爲元帥府行軍司馬、兼御史大夫。

尋屬涇師之難，從德宗幸奉天，遷給事中、河中陝華等州招討使。累獻破賊之謀，德宗甚賞之。尋兼御史大夫，充魏博宣慰使。巢父博辯多智，對田悅之衆，陳逆順利害君臣之道，士衆欣悚喜抃曰：「不圖今日復覩王化。」及就宴，悅酒酣，自矜其騎射之藝，拳勇之略，因曰：「若蒙見用，無堅不摧。」巢父謂之曰：「若如公言而不早歸國者，但爲一好賊耳。」悅曰：「爲賊既曰好賊，爲臣當作功臣。」巢父曰：「國方有虞，待子而息。」悅起謝焉。悅背叛日久，其下厭亂，且喜巢父之至。數日，田承嗣之子緒以失職怨望，因人心之搖動，遂構謀殺悅而與大將邢曹俊等稟命於巢父。巢父因其衆意，令田緒權知軍務，以紓其難。

興元元年，李懷光擁兵河中，七月，復以巢父兼御史大夫，充宣慰使。既傳詔旨，懷光以巢父嘗使魏博，田悅死於帳下，恐禍及。又朔方蕃渾之衆數千，皆在行列，頗驕悖不肅。聞罷懷光兵權，時懷光素服待命，巢父不止之，衆咸忿恚咄嗟曰：「太尉盡無官矣！」方宣詔，讙譟，懷光亦不禁止，巢父、守盈並遇害。上聞之震悼，贈尚書左僕射，仍詔收河中日，備禮葬祭。賜其家布帛米粟甚厚，仍授一子正員官。從子戡、戣、戩。

戡，巢父兄岑父之子，方嚴有家法，重然諾，尚忠義。盧從史鎮澤潞，辟爲書記。從史寖驕，與王承宗、田緒陰相連結，欲效河朔事以固其位。戡每秉筆至不軌之言，極諫以爲不可，從史怒。戡歲餘謝病歸洛陽。李吉甫鎭揚州，召爲賓佐。從史知之，上疏論列，請行貶逐。憲宗不得已，授衞尉丞，分司洛陽。初，貞元中藩帥誣奏從事者，皆不驗理，便行降黜。及戡詔下，給事中呂元膺執之，上令中使慰喩元膺，制書方下。戡不調而卒，贈駕部員外郎。

戣字君嚴。登進士第，鄭滑節度使盧羣辟爲從事。羣卒，命戣權掌留務，監軍使以氣凌之，戣無所屈降。入爲侍御史，累轉尙書郎。元和初，改諫議大夫。侃然忠讜，有諫臣體。上疏論時政四條，帝意嘉納。六年十月，內官劉希光受將軍孫璹賂二十萬貫以求方鎭，事敗，賜希光死。時吐突承璀以出軍無功，諫官論列，坐希光事出爲淮南監軍。試太子通事舍人李涉知上待承璀意未衰，欲投匭上疏，論承璀有功，希光無事，久委心腹，不宜遽棄。戣爲匭使，得涉副章，不受，面詰責之。涉乃進疏於光順門，戣極論其與中官交結，言甚激切，詔貶涉爲陝州司倉。倖臣聞之側目，人爲危之。

戣高步公卿間，以方嚴見憚。俄兼太子侍讀，遷吏部侍郎，轉左丞。九年，信州刺史李位爲州將韋岳讒譖於本使監軍高重謙，言位結聚術士，以圖不軌。追位至京師，鞫於禁中。戣奏曰：「刺史得罪，合歸法司按問，不合劾於內仗。」乃出付御史臺，戣與三司訊鞫得其狀。

位好黃老道，時修齋籙，與山人王恭合鍊藥物，別無逆狀。以岳誣告，決殺。貶位建州司馬。時非戣論諫，罪在不測，人士稱之。愈爲中官所惡，尋出爲華州刺史、潼關防禦等使。因入爲大理卿，改國子祭酒。十二年，嶺南節度使崔詠卒，三軍請帥，宰相奏擬皆不稱旨。因入對，上謂裴度曰：「嘗有上疏論南海進蚶菜者，詞甚忠正，此人何在，卿第求之。」度退訪之，或曰祭酒孔戣嘗論此事，度徵疏進之，卽日授廣州刺史、兼御史大夫、嶺南節度使。

戣剛正淸儉，在南海，請刺史俸料之外，絕其取索。先是帥南海者，京師權要多託買南人爲奴婢，戣不受託。至郡，禁絕賣女口。先是準詔禱南海神，多令從事代祠。戣每受詔，自犯風波而往。韓愈在潮州，作詩以美之。時桂管經略使楊旻、桂仲武、裴行立等騷動生蠻，以求功伐，遂至嶺表累歲用兵。唯戣以淸儉爲理，不務邀功，交、廣大理。穆宗卽位〔三〕，召爲吏部侍郎。長慶中，或告戣在南海時家人受賂，上不之責，改右散騎常侍。二年，轉尚書左丞。累請老，詔以禮部尚書致仕，優詔褒美。仍令所司歲致羊酒，如漢禮徵士故事。長慶四年正月卒，時年七十三。

子遵孺、温裕，皆登進士第。大中已後，迭居顯職。温裕位京兆尹、天平軍節度使。遵孺子緯，自有傳。

戢字方舉，戣母弟也。以季父巢父死難，德宗嘉其忠，詔與一子正員官，因授戢修武尉。以長兄戡未仕，固乞迴授。舉明經登第，判入高等，授祕書省校書郎、陽翟尉，入拜監察御史，轉殿中，分司東都。時昭義節度判官徐玫，以狡慝助成從史之惡。從史既得罪，孟元陽爲昭義節度，復欲用玫爲賓佐，戢遂牒澤潞收玫以俟命，然後列狀上聞，竟流玫播州。轉侍御史、庫部員外郎。初涇師之亂，朱泚署彭偃爲舍人。至是偃子充符爲鄜坊從事，或薦其才，執事者召至京師。戢謂京兆尹裴武曰：「朱泚爲僞詔指斥乘輿，皆彭偃之詞也。悖逆之子，不能梟竄獸伏，乃違道以干譽，子盍效季孫行父之逐莒僕，以勉事君者。」武即日逐充符。

遷京兆尹，出爲汝州刺史、大理卿〔三〕。出爲潭州刺史、湖南觀察使。時兄戣爲嶺南，兄弟皆居節鎮，朝野榮之。入爲右散騎常侍，拜京兆尹。時累月亢旱，深軫聖情。戢自禱雨於曲池，是夕大雨。文宗甚悅，詔兼御史大夫。大和三年正月卒，贈工部尚書。

子温業，登進士第。大中後，歷位通顯。温業子晦。

許孟容字公範，京兆長安人也。父鳴謙，究通易象，官至撫州刺史，贈禮部尚書。孟容少以文詞知名，舉進士甲科，後究王氏易，登科授祕書省校書郎。趙贊爲荆、襄等道黜陟使，表爲判官。貞元初，徐州節度使張建封辟爲從事，四遷侍御史。李納屯兵境上，揚言入寇。建封遣將吏數輩告諭，不聽。於是遣孟容單車詣納，爲陳逆順禍福之計，納卽日發使追兵，因請修好。遂表孟容爲濠州刺史。無幾，德宗知其才，徵爲禮部員外郎。

有公主之子，請補弘文、崇文館諸生，孟容舉令式不許。主訴於上，命中使問狀。孟容執奏竟得。遷本曹郎中。德宗降誕日，御麟德殿，命孟容等登座，與釋、老之徒講論。十四年，轉兵部郎中。未滿歲，遷給事中。十七年夏，好時縣風雹傷麥，上命品官覆視，不實，詔罰京兆尹顧少連已下。敕出，孟容執奏曰：「府縣上事不實，罪止奪俸停官，其於弘宥，已是殊澤。但陛下使品官覆視後，更擇憲官一人，再令驗察，覆視轉審，隱欺益明。事宜觀聽，法歸綱紀。臣受官中謝日，伏請詔敕有須詳議者，則乞停留晷刻，得以奏陳。此敕既非急宣，可以少駐。」詔雖不許，公議是之。十八年，浙江東道觀察使裴肅卒，以攝副使齊總爲衢州刺史。時總爲肅剝下進奉以希恩，遽授大郡，物議喧然。詔出，孟容執奏曰：「陛下比者以兵戎之地，或有不獲已超授者。今衢州無他虞，齊總無殊績，忽此超授，羣情驚駭。總是浙東判官，今詔敕稱權知留後，攝都團練副使，向來無此敕命。便用此詔，尤恐不可。若總必有可錄，陛下須要酬勞，卽明書課最，超一兩資與改。今舉朝之人，不知總之功能，衢州浙東大郡，總自大理評事兼監察御史授之，使遐邇不甘，兇惡騰口。如臣言不切，乞陛下暫停此詔，密使人聽察，必賀聖朝無私。今齊總詔謹隨狀封進。」尋有諫官論列，乃留中不下。德宗召孟容對於延英，諭之曰：「使百執事皆如卿，朕何憂也。」自給事中袁高論盧杞後，未嘗有可否，及聞孟容之奏，四方皆感上之聽納，嘉孟容之當官。

十九年夏旱，孟容上疏曰：

臣伏聞陛下數月已來，齋居損膳，爲兆庶心疲，又敕有司，走於羣望，牲於百神，而密雲不雨，首種未入。豈觴醪有闕，祈祝非誠，爲陰陽適然，豐歉前定，何聖意精至，甘澤未答也？臣歷觀自古天人交感事，未有不由百姓利病之急者、切者，邦家教令之大者、遠者。京師是萬國所會，強幹弱枝，自古通規。其一年稅錢及地租，出入一百萬貫。臣伏冀陛下即日下令，全放免之；其次，三分放二。且使旱涸之際，免更流亡。若播種無望，徵斂如舊，則必愁怨遷徙，不顧墳墓矣。臣愚以爲德音一發，膏澤立應，變災爲福，期在斯須。戶部所收掌錢，非度支歲計，本防緩急別用。今此炎旱，直支一百餘萬貫，代京兆百姓一年差科，實陛下巍巍睿謀，天下鼓舞歌揚者也。復更省察庶政之中，有流移征防，當還而未還者；徒役禁錮，當釋而未釋者；逋懸饋送，當免而未免者；沉滯鬱抑，當伸而未伸者。有一於此，則特降明命，令有司條列，三日內聞奏。

其當還、當釋、當免、當伸者，下詔之日，所在卽時施行。臣愚以爲如此而神不監，歲不稔，古未之有。

事雖不行，物議嘉之。貞元末，坐裴延齡、李齊運等讒謗流貶者，動十數年不量移，故因旱歉，孟容奏此以諷。然終貞元世，罕有遷移者。

孟容以諷諭太切，改太常少卿。元和初，遷刑部侍郎、尚書右丞。四年，拜京兆尹，賜紫。神策吏李昱假貸長安富人錢八千貫，滿三歲不償。孟容遣吏收捕械繫，剋日命還之，曰〔四〕：「不及期當死。」自興元已後，禁軍有功，又中貴之尤有渥恩者，方得護軍，故軍士日益縱橫，府縣不能制。孟容剛正不懼，以法繩之，一軍盡驚，寃訴於上。立命中使宣旨，令送本軍，孟容繫之不遣。中使再至，乃執奏曰：「臣誠知不奉詔當誅，然臣職司輦轂，合爲陛下彈抑豪強。錢未盡輸，昱不可得。」上以其守正，許之。自此豪右斂迹，威望大震。改兵部侍郎。俄以本官權知禮部貢舉，頗抑浮華，選擇才藝。出爲河南尹，亦有威名。俄知禮部選事，徵拜吏部侍郎。

會十年六月，盜殺宰相武元衡，幷傷議臣裴度。時淮夷逆命，兇威方熾，王師問罪，未有成功。言事者繼上章疏請罷兵。是時盜賊竊發，人情甚惑，獨孟容詣中書雪涕而言曰：「昔漢廷有一汲黯，姦臣尙爲寢謀。今主上英明，朝廷未有過失，而狂賊敢爾無狀，寧謂國無人乎？然轉禍爲福，此其時也。莫若上聞，起裴中丞爲相，令主兵柄，大索賊黨，窮其姦源。」後數日，度果爲相，而下詔行誅。時孟容議論人物，有大臣風彩。由太常卿爲尚書左丞，奉詔宣慰汴宋陳許河陽行營諸軍，俄拜東都留守。元和十三年四月卒，年七十六，贈太子少保，謚曰憲。

孟容方勁，富有文學。其折衷禮法考詳訓典甚堅正，論者稱焉。而又好推轂，樂善拔士，士多歸之。

呂元膺字景夫，鄆州東平人。曾祖紹宗，右拾遺。祖霈，殿中侍御史。父長卿，右衞倉曹參軍，以元膺贈祕書監。元膺質度瓌偉，有公侯之器。建中初，策賢良對問第，授同州安邑尉。同州刺史侯鐈聞其名，辟爲長春宮判官。屬蒲賊侵軼，鐈失所，元膺遂潛跡不務進取。

貞元初，論惟明節制渭北，延在賓席，自是名達於朝廷。惟明卒，王栖曜代領其鎭。德宗俾栖曜留署使職，咨以軍政。累轉殿中侍御史，徵入眞拜本官，轉侍御史。丁繼母憂，服闋，除右司員外郎，出爲蘄州刺史，頗著恩信。嘗歲終閱郡獄囚，囚有自告者曰：「某有父母在，明日元正不得相見。」因泣下。元膺憫焉，盡脫其械縱之，與爲期。守吏曰：「賊不可縱。」元膺曰：「吾以忠信待之。」及期，無後到者，由是羣盜感義，相引而去。元和初，徵拜右司郎中，兼侍御史知雜事，遷諫議大夫、給事中。規諫駁議，大舉其職。及鎭州王承宗之叛，憲宗將以吐突承璀爲招討處置使。元膺與給事中穆質、孟簡，兵部侍郎許孟容等八人，抗論不可，且曰：「承璀雖貴寵，然內臣也。若爲帥總兵，恐不爲諸將所伏。」指論明切，憲宗納之，爲改使號，然猶專戎柄，無功而還。出爲同州刺史，及中謝，上問時政得失，元膺論奏，辭氣激切，上嘉之。翌日謂宰相曰：「元膺有讜言直氣，宜留在左右，使言得失，卿等以爲何如？」李藩、裴垍賀曰：「陛下納諫，超冠百王，乃宗社無疆之休。臣等不能廣求端士，又不能數進忠言，孤負聖心，合當罪戾。請留元膺給事左右。」尋兼皇太子侍讀，賜以金紫。

尋拜御史中丞，未幾，除鄂岳觀察使，入爲尚書左丞。度支使潘孟陽與太府卿王遂迭相奏論，孟陽除散騎常侍，遂爲鄧州刺史，皆假以美詞。元膺封還詔書，請明示枉直。江西觀察使裴堪奏虔州刺史李將順贓狀，朝廷不覆按，遽貶將順道州司戶。元膺曰：「廉使奏刺史贓罪，不覆檢卽謫去，縱堪之詞足信，亦不可爲天下法。」又封詔書，請發御史按問，宰臣不能奪。代權德輿爲東都留守、檢校工部尚書、兼御史大夫、都畿防禦使。舊例，留守賜旗甲，與方鎭同。及元膺受任不賜，朝論以淮西用兵，特用元膺守洛，不宜削其儀制，以沮威望，諫官論列，援華、汝、壽三州例。上曰：「此數處，並宜不賜。」留守不賜旗甲，自元膺始。

十年七月，鄆州李師道留邸伏甲謀亂。初，師道於東都置邸院，兵諜雜以往來，吏不敢辨。因吳元濟北犯，郊畿多警，防禦兵盡戍伊闕。師道伏甲百餘於邸院，將焚宮室，而肆殺掠。已烹牛饗衆，明日將出。會小將李再興告變，元膺追兵伊闕，圍之半日(三)，無敢進攻者，防禦判官王茂元殺一人而後進。或有毀其墉而入者，賊衆突出，圍兵奔駭。賊乃圍結，以其孥偕行，出長夏門，轉掠郊墅，奪牛馬，東濟伊水，望山而去。元膺誡境上兵，重購以捕之。數月，有山棚賣鹿於市，賊過，山棚乃召集其黨，引官兵圍於谷中，盡獲之。窮理其魁，乃中岳寺僧圓淨，年八十餘，嘗爲史思明將，偉悍過人。初執之，使折其脛，鎚之不折。圓淨罵曰：「脚猶不解折，乃稱健兒乎！」自置其足教折之。臨刑歎曰：「誤我事，不得使洛城流血！」死者凡數十人。留守防禦將二人，都亭驛卒五人，甘水驛卒三人，皆潛受其職署而爲之耳目，自始謀及將敗無知者。初，師道多買田於伊闕、陸渾之間，凡十餘處，故以舍山棚而衣食之。有訾嘉珍、門察者，潛部分之，以屬圓淨。以師道錢千萬僞理佛寺，期以嘉珍竊發時舉火於山中，集二縣山棚人作亂。及窮按之，嘉珍、門察皆稱害武元衡者。元膺以聞，送之上都，賞告變人楊進、李再興錦綵三百匹、宅一區，授之郎將。元膺因請募山河子弟以衞宮城，從之。盜發之日，都城震恐，留守兵寡弱不可倚，而元膺坐皇城門，指使部分，氣意自若，以故居人帖然。

數年，改河中尹，充河中節度等使。時方鎮多事姑息，元膺獨以堅正自處，監軍使洎往來中貴，無不敬憚。入拜吏部侍郎，因疾固讓，改太子賓客。元和十五年二月卒，年七十二，贈吏部尚書。

元膺學識深遠，處事得體，正色立朝，有台輔之望。初遊京師時，故相齊映謂人曰：「吾不及識婁、郝，殆斯人之類乎！」其業官行己，始終無缺云。

劉栖楚，出於寒微。爲吏鎭州，王承宗甚奇之。後有薦於李逢吉，自鄧掾擢爲拾遺。性果敢，逢吉以爲鷹犬之用，欲中傷裴度及殺李紳。

敬宗卽位，畋遊稍多，坐朝常晚，栖楚出班，以額叩龍墀出血，苦諫曰：「臣歷觀前王嗣位之初，莫不躬勤庶政，坐以待旦。陛下卽位已來，放情嗜寢，樂色忘憂，安臥宮闈，日晏方起。西宮密邇，未過山陵，鼓吹之聲，日喧於外。伏以憲宗皇帝、大行皇帝皆是長君，恪勤庶政，四方猶有叛亂。陛下運當少主，卽位未幾，惡德布聞，臣慮福祚之不長也。臣忝諫官，致陛下有此，請碎首以謝！」遂以額叩龍墀，久之不已。宰臣李逢吉出位宣曰：「劉栖楚休叩頭，候詔旨。」栖楚捧首而起，因更陳論，搕頭見血，上爲之動容，以袖連揮令出。栖楚又云：「不可臣奏，臣即碎首死。」中書侍郎牛僧孺復宣示而出，敬宗爲之動容。

無何，遷起居郎，至諫議。俄又宣授刑部侍郎，丞郎宣授，未之有也。改京兆尹，摧抑豪右，甚有鉤距，人多比之於西漢趙廣漢者。後恃權寵，常以詞氣凌宰相韋處厚，遂出爲桂州觀察使。逾年，卒於任，時大和元年九月。

張宿者，布衣諸生也。憲宗爲廣陵王時，因軍使張茂宗薦達，出入邸第。及上在東宮，宿時入謁，辨謫敢言。洎監撫之際，驟承顧擢，授左拾遺。以舊恩，數召對禁中，機事不密，貶郴州郴縣丞。十餘年徵入，歷贊善大夫、左補闕、比部員外郎。宰相李逢吉惡之，數於上前言其狡譎，不可保信，乃用爲濠州刺史。制下，宿自理乞留，乃追制。上欲以爲諫議大夫，逢吉奏曰：「諫議職重，當以能可否朝政者爲之。宿細人，不足以汙賢者位。陛下必須用宿，請先去臣即可。」上不悅。又逢吉與裴度是非不同，上方委度討伐，乃出逢吉爲劍南東川節度。乃用宿權知諫議大夫，俄而內使宣授。

初，宰相崔羣、王涯奏曰：「諫議大夫前時亦有拔自山林、起於卒伍者，其例則少，用皆有由。或道義彰明，不求聞達；或山林卓異，出於羣萃。以此選求，是愜公議。或事迹未著，恩由一時，雖有例超升，卽時議未允。宿本非文辭入用，望實稍輕。驟加不次之榮，翻恐以身爲累。臣等所以累有論諫，依資且與郎中，事冀適中，非於此人情有厚薄，請授職方郎中。」上命如初，羣等乃請權知，尋又宣授。宿怨執政擯己，頗加讒毁。依附皇甫鎛等，傷害清正之士，陰事中要，以圖進取。

十三年正月，充淄青宣慰使，至東都，暴病卒，於是正人相賀。詔贈祕書監。

熊望者，登進士第。粗有文詞，而性憸險。有口辯，往往得遊公卿間，率以大言詭意，指抉時政。旣由此而得進士第，務進不已。而京兆尹劉栖楚以不次驟居淸貫，廣樹朋黨，門庭無晝夜，塡委不息。望出入栖楚之門，爲伺密機，陰佐計畫，人無知者。昭愍嬉遊之隙，學爲歌詩。以翰林學士崇重，不可褻狎，乃議別置「東頭學士」，以備曲宴賦詩，令採卑官才堪任學士者爲之。栖楚以望名薦送，事未行而昭愍崩。

文宗卽位，韋處厚輔政，大去姦黨，旣逐栖楚，又詔曰：「孔門高懸百行，由至順者其身必榮；朝廷廣設衆官，踐正途者其道必達。前鄉貢進士熊望，因緣薄伎，偷冀褻幸。嘗居中之密職，擾惑朝經；鼓逼下之囂聲，因依邪隙。及衆議波湧，累月不寧，司門驗繻，累月至四，考覆謬妄，乃非坦途。朕大啓康莊，以端羣望，俾示投荒之典，用正向方之流。可潭州司戶。」

柏耆者，將軍良器之子。素負志略，學縱橫家流。會王承宗以常山叛，朝廷厭兵，欲以恩澤撫之。耆於蔡州行營以畫干裴度，請以朝旨奉使鎭州，乃自處士授左拾遺。既見承宗，以大義陳說，承宗泣下，請質二男，獻兩郡，由是知名。元和十五年，王承元歸國〔六〕，移鎭滑州，朝廷賜成德軍賞錢一百萬貫，令諫議大夫鄭覃宣慰軍人，賞錢未至，浩浩然騰口。穆宗詔耆往諭旨。耆至，令承元集三軍，宣導上旨，衆心乃安。轉兵部郎中。

大和初，遷諫議大夫。俄而李同捷叛，兩河藩帥加兵滄、德，宿師於野連年，同捷窮蹙求降。耆既宣諭訖〔七〕，與節度使李祐謀，耆乃帥數百騎入滄州，取同捷赴京，滄、德平。諸將害耆邀功，爭上表論列，文宗不獲已，貶循州司戶，判官沈亞之貶虔州南康尉。內官馬國亮又奏耆於同捷處取婢九人，再命長流愛州，尋賜死。

史臣曰：人臣事君，犯顏匡政，不避死亡之誅。議者以爲徇名，臣惡其訐也。如許京兆之劾軍吏，呂尙書之封詔書，詞義可觀，聳動人聽，以爲沽激，傷善何多！而栖楚、張宿之徒，鷹犬下材，爲人鳴吠，誠可醜也。柏耆恃縱横之算，欲俯拾卿相，忘身蹈利，旋踵而誅，宜哉。巢父使不辱命，志在致君，遭罹喪亂，竟陷虎吻。而戣、戢諸子，世載忠貞，大中之後，鬱爲昌族，爲善之利，豈虛言哉！

贊曰：君子重義，小人殉利。巢殞耆誅，其道卽異。許、呂封駁，照耀黃扉。死而可作，吾誰與歸？

校勘記

〔一〕普王爲荆襄副元帥　「副元帥」，本書卷一五〇舒王傳作「元帥」，新書卷七德宗紀、卷八二舒王傳作「都元帥」。

〔二〕穆宗　各本原作「敬宗」，按本卷下文云：「長慶中，或告戣在南海時家人受賂」，當爲穆宗時事，今據新書卷一六三孔巢父傳改。

〔三〕大理卿　合鈔卷二〇五孔巢父傳「大」上有「遷」字。

〔四〕曰　各本原作「日」，據新書卷一六二許孟容傳改。
〔五〕閏之半日　「日」字各本原作「月」，據本書卷一二四李正己傳、冊府卷六九五改。
〔六〕元和十五年王承元歸國　各本原作「元和十年王承宗歸國」，據本書卷一四二王武俊傳、冊府卷六五六、通鑑卷二四一改。下同。
〔七〕耆旣宣諭訖　本句上無所承，顯有脫文。新書卷一七五柏耆傳此上有「乃授耆德州行營諸軍計會使與判官沈亞之諭旨」等字。

舊唐書卷一百五十五

列傳第一百五

穆寧 子贊 質 員 賞　崔邠 弟鄯 郾 鄲　竇羣 兄常 牟 弟庠 鞏

李遜 弟建　薛戎 弟放

穆寧，懷州河內人也。父元休，以文學著，撰洪範外傳十篇，開元中獻之，玄宗賜帛，授偃師縣丞、安陽令。寧清愼剛正，重交遊，以氣節自任。少以明經調授鹽山尉。是時，安祿山始叛，僞署劉道玄爲景城守。寧唱義起兵，斬道玄首，傳檄郡邑，多有應者。賊將史思明來寇郡，寧以攝東光令將兵禦之。思明遣使說誘，寧立斬之。郡懼賊怨深後大兵至，奪寧兵及攝縣。初，寧佐採訪使巡按，常過平原，與太守顏眞卿密揣祿山必叛。至是，眞卿亦唱義，舉郡兵以拒祿山。會間使持書遺眞卿曰：「夫子爲衞君乎？」更無他詞。眞卿得書大喜，因奏署大理評事、河北採訪支使。寧以長子屬母弟曰：「惟爾所適，苟不乏嗣，吾無累矣。」

因往平原謂眞卿曰：「先人有嗣矣！古所謂死有輕於鴻毛者，寧是也，願佐公以定危難。」眞卿深然之。其後，寧計或不行，眞卿迫蹙棄郡，夜渡河而南，見肅宗於鳳翔。帝問拒賊之狀，眞卿曰：「臣不用穆寧之言，功業不成。」帝奇之，發驛召寧，將以右職待之。會眞卿以抗直失旨，事遂止。

上元二年，累官至殿中侍御史，佐鹽鐵轉運使。副元帥李光弼以餉運不繼，或惡寧者誣譖於光弼，光弼揚言欲殺寧。寧直抵徐州見光弼，喻以大義，不爲撓折。光弼深重之，寧得行其職。寶應初，轉侍御史，爲河南轉運租庸鹽鐵等副使。明年，遷戶部員外郎。無幾，加兼御史中丞，爲河南、江南轉運使。廣德初，加庫部郎中。是時河運不通，漕輓由漢、沔自商山達京師。選鎭夏口者，詔以寧爲鄂州刺史、鄂岳沔都團練使及淮西鄂岳租庸鹽鐵沿江轉運使，賜金紫。時淮西節度使李忠臣貪暴不奉法，設防戍以稅商賈，又縱兵士剽劫，行人殆絕。與寧夾淮爲理，憚寧威名，寇盜輒止。沔州別駕薛彥偉坐事忤旨，寧杖之致死，寧坐貶虔州司馬，重貶昭州平集尉。

大曆四年，起授監察御史，領轉運留後事於淄青。間一年，改檢校司封郎中、兼侍御史，領轉運留後事於江西。明年，拜檢校祕書少監，兼和州刺史，理有善政。居無何，官罷。代寧者以天寶版籍校見戶，誣以逋亡多，坐貶泉州司戶。寧子贊，守闕三年告冤，詔遣御史按覆，而人戶增倍，詔書召寧除右諭德。寧強毅不能事權貴，執政者以爲不附己，且憚其難制，故處之散位。寧默默不得志，且曰：「時不我容，我不時徇，則非吾之進也，在於退乎！」辭病居家，請告幾十旬者數矣。親友強之，復一朝請。上居奉天，寧詣行在，拜祕書少監。興元初，改右庶子。德宗還京師，寧曰：「可以行吾志矣。」因移病罷歸東都。貞元六年，就拜祕書監致仕。

寧好學，善教諸子，家道以嚴稱。事寡姊以悌聞。通達體命，未嘗服藥。每誡諸子曰：「吾聞君子之事親，養志爲大，直道而已。愼無爲諂，吾之志也。」貞元十年十月卒，時年七十九。四子：贊、質、員、賞。

贊字相明，釋褐爲濟源主簿。時父寧爲和州刺史，以剛直不屈於廉使，遂被誣奏，貶泉州司戶參軍。贊奔赴闕庭，號泣上訴，詔御史覆問，寧方得雪。詔曰：「令子申父之冤，憲臣奉君之命，楚劍不衝於牛斗，秦臺自洗於塵埃。」由是知名。累遷京兆兵曹參軍、殿中侍御史，轉侍御史，分司東都。

時陝州觀察使盧岳妾裴氏，以有子，岳妻分財不及，訴於官，贊鞫其事。御史中丞盧佋佐之，令深繩裴罪，贊持平不許。宰臣竇參與佋善，參、佋俱持權，怒贊以小事不受指使，遂下贄獄。侍御史杜倫希其意，誣贄受裴之金，鞭其使以成其獄，甚急。贄弟賞，馳詣闕，撾登聞鼓。詔三司使覆理無驗，出爲郴州刺史。參敗，徵拜刑部郎中。因次對，德宗嘉其才，擢爲御史中丞。時裴延齡判度支，以姦巧承恩。屬吏有贓犯，贄鞫理承伏，延齡請曲法出之，贄三執不許，以款狀聞。延齡誣贄不平，貶饒州別駕。丁母憂，再轉虔、常二州刺史。憲宗卽位，拜宣州刺史、御史中丞，充宣歙觀察使，所莅皆有政聲。永貞元年十一月卒，時年五十八，贈工部尚書。

贄與弟質、員、賞以家行人材爲搢紳所仰。贄官達，父母尚無恙，家法淸嚴。贄兄弟奉指使，笞責如僮僕，贄最孝謹。

質強直，應制策入第三等，其所條對，至今傳之。自補闕至給事中，時政得失，未嘗不先論諫。元和初，掌賦使院多擅禁繫戶人，而有笞掠至死者。質乃論奏鹽鐵轉運司應決私鹽繫囚，須與州府長吏監決。自是刑名畫一。憲宗以王承宗叛，用內官吐突承璀爲招討使。質率同列伏閤論奏，言自古無以中官爲將帥者。上雖改其名，心頗不悅，尋改質爲太子左庶子。五年，坐與楊憑善，出爲開州刺史。未幾卒。

員工文辭，尙節義，杜亞爲東都留守，辟爲從事、檢校員外郎。早卒，有文集十卷。

質兄弟俱有令譽而和粹，世以「滋味」目之：贄俗而有格爲酪，質美而多入爲酥，員爲醍醐，賞爲乳腐。近代士大夫言家法者，以穆氏爲高。

崔邠字處仁，淸河武城人。祖結，父倕，官卑。邠少舉進士，又登賢良方正科。貞元中授渭南尉。遷拾遺、補闕。常疏論裴延齡，爲時所知。以兵部員外郎知制誥至中書舍人，凡七年。又權知吏部選事。明年，爲禮部侍郎，轉吏部侍郎，賜以金紫。

邠溫裕沉密，尤敦淸儉，上亦器重之。裴垍將引爲相，病難於承答，事竟寢。兄弟同時奉朝請者四人，頗以孝敬怡睦聞。後改太常卿，知吏部尙書銓事。故事，太常卿初上，大閱四部樂於署，觀者縱焉。邠自私第去帽親導母輿，公卿逢者回騎避之，衢路以爲榮。居母憂，歲餘卒，元和十年三月也，時年六十二。贈吏部尙書，謚曰文簡。弟鄯、酈、鄲等六人。子瓘、璜，瓘子彥融，皆登進士第，歷位臺閣。

鄯少有文學，舉進士。元和中，歷監察御史。大和元年十月，自太子詹事拜左金吾衞大將軍。鄯昆弟六人，仕官皆至三品。邠、酈、鄲三人，知貢舉，掌銓衡。冠族閫望，爲時名德。鄯大和九年冬，爲左金吾大將軍，無病暴亡。不旬日有訓、注之亂，其亂始自金吾，君子乃知鄲之亡，崔氏積善之徵也。贈禮部尙書。子璵。

鄲字廣略，舉進士，平判入等，授集賢殿校書郎。三命升朝，爲監察御史、刑部員外郎。資質秀偉，神情重雅，人望而愛之，終不可捨，不知者以爲事高簡拘靜默耳。居內憂，釋服爲吏部員外。姦吏不敢欺，孤寒無援者未嘗留滯，銓敘之美，爲時所稱。再遷左司郎中。元和十三年，鄭餘慶爲禮儀詳定使，選時有禮學者共事，以鄲爲詳定判官、吏部郎中。十五年，遷諫議大夫。穆宗卽位，荒於禽酒，坐朝常晚。鄲與同列鄭覃等延英切諫，穆宗甚嘉之，畋遊稍簡。長慶中，轉給事中。

昭愍卽位，選侍講學士，轉中書舍人。入思政殿謝恩，鄲奏曰：「陛下用臣爲侍講，半歲有餘，未嘗問臣經義。今蒙轉改，實慚尸素，有愧厚恩。」帝曰：「朕機務稍閑，卽當請益。」高鉞曰〔一〕：「陛下意雖樂善，旣未延接儒生，天下之人，寧知重道？」帝深引咎，賜之錦綵。鄲退與同列高重抄撮六經嘉言要道，區分事類，凡十卷，名曰諸經纂要，冀人主易於省覽。上嘉之，賜錦綵二百匹、銀器等。

其年，轉禮部侍郎，東都試舉人。凡兩歲掌貢士，平心閱試，賞拔藝能，所擢者無非名士，至大中、咸通之代，爲輔相名卿者十數人。出爲陝州觀察使。舊弊有上供不足，奪吏俸以益之，歲八十萬，郾以廉使常用之直代之。居二年，政績聞於朝，遷鄂岳安黃等州觀察使。又五年，移浙西道都團練觀察使，所至用寬政安疲人〔三〕。及居鄂渚，則峻法嚴刑，未常貰一死罪。江湖之間，萑蒲是叢，因造蒙衝小艦，上下千里，期月而盡獲羣盜。凡三按廉車，率由清簡少事，財用有餘，人遂寧泰。開成元年卒，年六十九，贈吏部尚書，諡曰德。

郾與兄邠、弟鄲等皆有令譽。而郾疏財恢廓，昆仲所不及。子璐、瓌、瑾、珮、瑒。璐大和三年登進士第，出佐藩方，入升朝列，累至中書舍人。大中六年，知貢舉，旋拜禮部侍郎，出爲浙西觀察使。又遷鄂州刺史、鄂岳觀察使，終於位。瓌、珮、瑒官至郎署給諫。瑾大中十年登進士第，累居使府，歷尚書郎、知制誥。咸通十三年，知貢舉，選拔頗爲得人。尋拜禮部侍郎，出爲湖南觀察使。

鄲登進士第，累遷監察御史，三遷考功郎中。大和三年，以本官充翰林學士，轉中書舍人。六年，罷學士。八年，爲工部侍郎、集賢殿學士，權知禮部，眞拜兵部侍郎，本官判吏部東銓事。文宗勤於政道，每苦選曹訛弊，延英謂宰臣曰：「吏部殊不選才，安得摭實無濫，可釐革否？」李石對曰：「令錄可以商量，他官且宜循舊。」上曰：「循舊如配官耳，賢不肖安能甄別？」帝召三銓謂之曰：「卿等比選令錄，如何注擬？」鄲對曰：「資敍相當，問其爲治之術，視可否而擬之。」帝曰：「依資合得，而才劣者何授？」對曰：「與邊遠慢官。」帝曰：「如以不肖之才治邊民，則疾苦可知也。凡朝廷求理，遠近皆須得人。苟非其才，人受其弊矣。」

尋拜吏部侍郎。開成二年，出爲宣州刺史、兼御史中丞、宣歙觀察使。四年，入爲太常卿。七月，以本官同中書門下平章事，尋加中書侍郎、銀青光祿大夫。會昌初，李德裕用事，與鄲弟兄素善。鄲在相位累年，歷方鎭、太子師保卒。

竇羣字丹列，扶風平陵人。祖亶，同昌郡司馬。父叔向，以工詩稱，代宗朝，官至左拾遺。羣兄常、牟，弟鞏，皆登進士第，唯羣獨爲處士，隱居毗陵，以節操聞。及母卒，齧一指置棺中，因廬墓次終喪。後學春秋於啖助之門人盧庇者，著書三十四卷，號史記名臣疏。貞元中，蘇州刺史韋夏卿以丘園茂異薦，兼獻其書，不報。及夏卿入爲吏部侍郎，改京兆尹，中謝日，因對復薦羣。徵拜左拾遺，遷侍御史，充入蕃使祕書監張薦判官，羣因入對，奏曰：「陛下卽位二十年，始自草澤擢臣爲拾遺，是難其進也。今陛下以二十年難進之臣，用爲和蕃判官，一何易也？」德宗異其言，留之，復爲侍御史。

王叔文之黨柳宗元、劉禹錫皆慢羣，羣不附之。其黨議欲貶羣官，韋執誼止之。羣嘗謁王叔文，叔文命撤榻而進，羣揖之曰：「夫事有不可知者。」叔文曰：「如何？」羣曰：「去年李實伐恩恃貴，傾動一時，此時公逡巡路旁，乃江南一吏耳。今公已處實形勢，又安得不慮路旁有公者乎？」叔文雖異其言，竟不之用。

憲宗卽位，轉膳部員外、兼侍御史知雜，出爲唐州刺史。節度使于頔素聞其名，既謁見，羣危言激切，頔甚悅，奏留充山南東道節度副使、檢校兵部郎中、兼御史中丞，賜紫金魚袋。宰相武元衡、李吉甫皆愛重之，召入爲吏部郎中。元衡輔政，舉羣代己爲中丞。羣奏刑部郎中呂溫、羊士諤爲御史，吉甫以羊、呂險躁，持之數日不下，羣等怒怨吉甫。

三年八月，吉甫罷相，出鎭淮南，羣等欲因失恩傾之。吉甫嘗召術士陳登宿于安邑里第，翌日，羣令吏捕登考劾，僞構吉甫陰事，密以上聞。帝召登面訊之，立辯其僞。憲宗怒，將誅羣等，吉甫救之，出爲湖南觀察使。數日，改黔州刺史、黔州觀察使。在黔中屬大水壞其城郭，復築其城，徵督谿洞諸蠻，程作頗急，於是，辰、錦生蠻乘險作亂，羣討之不能定。六年九月，貶開州刺史。在郡二年，改容州刺史、容管經略觀察使。

九年，詔還朝，至衡州病卒，時年五十。羣性狠戾，頗復恩讎，臨事不顧生死。是時徵入，云欲大用，人皆懼駭，聞其卒方安。二子：謙餘、審餘。

兄常字中行，大曆十四年登進士第，居廣陵之柳楊。結廬種樹，不求苟進，以講學著書爲事，凡二十年不出。貞元十四年，鎮州節度使王武俊聞其賢，遣人致聘，辟爲掌書記，不就。其年，杜佑鎮淮南，奏授校書郎，爲節度參謀。元和六年，自湖南判官入爲侍御史，轉水部員外郎。出爲朗州刺史，歷固陵、潯陽、臨川三郡守。入爲國子祭酒，求致仕。寶曆元年卒，時年七十。子弘餘，會昌中爲黃州刺史。

牟字貽周，貞元二年登進士第，試祕書省校書郎、東都留守巡官。歷河陽、昭義從事，檢校水部郎中，賜緋，再爲留守判官。入爲都官郎中，出爲澤州刺史，入爲國子祭酒。長慶二年卒，時年七十四。子周餘，大中年祕書監。

牟弟庠，字冑卿，釋褐國子主簿。吏部侍郎韓皐出鎮武昌，辟爲推官。皐移鎮浙西，奏庠爲節度副使、殿中侍御史，遷澤州刺史。又爲宣歙副使，除奉天令、登州刺史、東都留守判官，歷信、婺二州刺史。卒年六十三。子縣、載。

鞏字友封，元和二年登進士第。袁滋鎮滑州，辟爲從事。滋改荆、襄二鎮，皆從之掌管記之任。平盧薛平又辟爲副使。入朝，拜侍御史，歷司勳員外、刑部郎中。元稹觀察浙東，奏爲副使、檢校祕書少監、兼御史中丞，賜金紫。稹移鎮武昌，鞏又從之。鞏能五言詩，昆仲之間，與牟詩俱爲時所賞重。性温雅，多不能持論，士友言議之際，吻動而不發，白居易等目爲「囁嚅翁」。終于鄂渚，時年六十。子六人，景餘、師裕最知名。

李遜字友道，後魏申公發之後，於趙郡謂之申公房。曾祖進德，太子中允。祖珍玉，昌明令。父震，雅州別駕。世寓於荊州之石首。

遜登進士第，辟襄陽掌書記，復從事於湖南，主其留務，頗有聲績，累拜池、濠二州刺史。先是，濠州之都將楊騰，削刻士卒，州兵三千人謀殺騰。騰覺之，走揚州，家屬皆死。濠兵不自戢，因行攘剽。及遜至郡，餘亂未殄，徐驅其間，爲陳逆順利害之勢，衆皆釋甲請罪，因以寧息。觀察使旨限外徵役，皆不從。入拜虞部郎中。

元和初，出爲衢州刺史。以政績殊尤，遷越州刺史、兼御史大夫、浙東都團練觀察使。先是，貞元初，皇甫政鎭浙東。嘗福建兵亂，逐觀察使吳詵，政以所鎭實壓閩境，請權益兵三千，俟賊平而罷。賊平向三十年，而所益兵仍舊。遜視事數日，舉奏停之。遜爲政以均一貧富、扶弱抑強爲己任，故所至稱理。

九年，入爲給事中。遜以舊制隻日視事對羣臣，遜奏論曰：「事君之義，有犯無隱。陳誠啓沃，不必擇辰。今羣臣數奏，乃俟隻日，是畢歲臣下覲天顏、獻可否能幾何？」憲宗嘉之，乃許不擇時奏對。俄遷戶部侍郎。

元和十年，拜襄州刺史，充山南東道節度、觀察等使。襄陽前領八郡，唐、鄧、隋在焉。是時方討吳元濟，朝議以唐、蔡鄰接，遂以鄧隸唐州，三郡別爲節制，命高霞寓領之，專俟攻討。遜以五州賦餉之。

時遜代嚴綬鎮襄陽，綬以八州兵討賊在唐州。既而綬以無功罷兵柄，命高霞寓代綬將兵於唐州，其襄陽軍隸于霞寓。軍士家口在襄州者，遜厚撫之，士卒多捨霞寓亡歸。既而霞寓爲賊所敗，乃移過于遜，言供饋不時。霞寓本出禁軍，內官皆佐之。既貶官，中人皆言遜撓霞寓軍，所以致敗。上令中使至襄州聽察曲直，奏言遜不直，乃左授太子賓客分司，又降爲恩王傅。

十三年，李師道効順，命遜爲左散騎常侍，馳赴東平諭之。師道得詔意動，卽請効順，旋爲其下所惑而止。遜還，未幾，除京兆尹，改國子祭酒。十四年，拜許州刺史，充忠武節度、陳許溵蔡等州觀察處置等使。是時，新罷兵戰，難遽完緝。及遜至，集大軍與之約束嚴具，示賞罰必信，號令數百言，士皆感悅。

長慶元年，幽、鎮繼亂，遜請身先討賊，不許，但命以兵一萬，會于行營。遜奉詔，卽日發兵，故先諸軍而至，由是進位檢校吏部尚書。尋改鳳翔節度使，行至京師，以疾陳乞，改刑部尙書。長慶三年正月卒，年六十三，廢朝一日，贈右僕射。

遜幼孤，寓居江陵，與其弟建，皆安貧苦，易衣併食，講習不倦。遜兄造，知二弟賢，日爲營丐，成其志業。建先遜一年卒。兄弟同致休顯，士君子多之。諡曰恭肅。造早卒。

建字杓直，家素清貧，無舊業。與兄造、遜於荆南躬耕致養，嗜學力文。擧進士，選授祕書省校書郎。德宗聞其名，用爲右拾遺、翰林學士。元和六年，坐事罷職，降詹事府司直。高郢爲御史大夫，奏爲殿中侍御史，遷兵部郎中、知制誥。自以草詔思遲，不願司文翰，改京兆尹。與宰相韋貫之友善，貫之罷相，建亦出爲澧州刺史。徵拜太常少卿，尋以本官知禮部貢擧。建取捨非其人，又惑於請託，故其年選士不精，坐罰俸料。明年，除禮部侍郎，竟以人情不洽，改爲刑部。

建名位雖顯，以廉儉自處，家不理垣屋，士友推之。長慶二年二月卒，贈工部尙書。三子：訥、愔、朴。訥最知名，官至華州刺史、檢校尙書右僕射。

薛戎字元夫，河中寶鼎人。少有學術，不求聞達，居於毗陵之陽羨山。年餘四十，不易其操。江西觀察使李衡辟爲從事，使者三返方應。故相齊映代衡，又留署職，府罷歸山。福建觀察使柳冕表爲從事，累月，轉殿中侍御史。

會泉州闕刺史，冕署戎權領州事。是時，姚南仲節制鄭滑，從事馬總以其道直爲監軍使誣奏，貶泉州別駕。冕附會權勢，欲構成總罪，使戎按問曲成之。戎以總無辜，不從冕意，別白其狀。戎還自泉州，冕盛氣擄衙而見賓客。戎遂歷東廂從容而入。冕度勢未可屈，徐起以見，一揖而退。又構其罪以狀聞，置戎于佛寺，環以武夫，恣其侵辱，如是累月，誘令成總之罪。操心如一，竟不動搖。杜佑鎮淮南，知戎之冤，乃上其表，發書論冕，戎難方解，遂辭職寓居於江湖間。

後閻濟美爲福建觀察使，備聞其事，奏充副使。又隨濟美移鎮浙東，改侍御史，入拜刑部員外郎。出爲河南令，累改衢、湖、常三州刺史，遷浙東觀察使。所莅皆以政績聞。居數歲，以疾辭官。長慶元年十月卒，贈左散騎常侍。戎檢身處約，不務虛名。俸入之餘，散於宗族。身歿之後，人無譏焉。兄弟五人，季弟放最知名。

放登進士第，性端厚寡言，於是非不甚繫意。累佐藩府，莅事幹敏，官至試大理評事，擢拜右拾遺，轉補闕，歷水部、兵部二員外，遷兵部郎中。

遇憲宗以儲皇好書，求端士輔導經義，選充皇太子侍讀。及穆宗嗣位，未聽政間，放多在左右，密參機命。穆宗常謂放曰：「小子初承大寶，懼不克荷，先生宜爲相，以匡不逮。」放叩頭曰：「臣實庸淺，獲侍冕旒，固不足猥塵大位。輔弼之任，自有賢能。」其言無矯飾，皆此類也。穆宗深嘉其誠，因召對思政殿，賜以金紫之服，轉工部侍郎、集賢學士，雖任非峻切，而恩顧轉隆。轉刑部侍郎，職如故。

穆宗常謂侍臣曰：「朕欲習學經史，何先？」放對曰：「經者，先聖之至言，仲尼之所發明，皆天人之極致，誠萬代不刊之典也。史記前代成敗得失之迹，亦足鑒其興亡，然得失相參，是非無準的，固不可爲經典比也。」帝曰：「六經所尚不一，志學之士，白首不能盡通，如何得其要？」對曰：「論語者六經之菁華，孝經者人倫之本，窮理執要，眞可謂聖人至言。是以漢朝論語首列學官，光武令虎賁之士皆習孝經，玄宗親爲孝經注解，皆使當時大理，四海乂寧。蓋人知孝慈，氣感和樂之所致也。」上曰：「聖人以孝爲至德要道，其信然乎！」轉兵部侍郎、禮部尚書，判院事。

放閨門之內，尤推孝睦，孤孀百口，家貧每不給贍，常苦俸薄。放因召對，懇求外任。其時偶以節制無闕，乃授以廉問。及鎭江西，惟用清潔爲理，一方之人，至今思之。寶曆元年，卒於江西觀察使，廢朝一日。

史臣曰：穆祕監之剛正不奪，如寒松倚巖，千丈勁節。而竇容州之敢決，如鷙鳥逐雀，英氣動人，巖穴之流，罕能及此。然矯激過當，君子不爲。如塤如篪，不通不介，士行之美，崔氏諸子有焉。建、遜之貞方，戎、放之道義，元和已來，稱爲令族，宜哉！

贊曰：穆之贇、質，竇之常、羣，迹參時傑，氣爽人文。二李英英，四崔濟濟。薛氏三門，難兄難弟。

校勘記

〔一〕高釴　本書卷一六八高釴傳、新書卷一六三崔邠傳作「高鉞」。

〔二〕所至用寬政　「所」字各本原無，據冊府卷六八〇補。

舊唐書卷一百五十六

列傳第一百六

于頔　韓弘 子公武　弘弟充　李質附　王智興 子晏平　晏宰

于頔字允元，河南人也，周太師燕文公謹之後也。始以蔭補千牛，調授華陰尉，黜陟使劉灣辟爲判官。又以櫟陽主簿攝監察御史，充入蕃使判官。再遷司門員外郎、兼侍御史，賜紫，充入西蕃計會使，將命稱旨〔一〕，時論以爲有出疆專對之能。

歷長安縣令、駕部郎中。出爲湖州刺史。因行縣至長城方山，其下有水曰西湖，南朝疏鑿，溉田三千頃，久堙廢。頔命設堤塘以復之，歲獲秔稻蒲魚之利，人賴以濟。州境陸地褊狹，其送終者往往不掩其棺槥，頔葬朽骨凡十餘所。改蘇州刺史，濬溝瀆，整街衢，至今賴之。吳俗事鬼，頔疾其淫祀廢生業，神宇皆撤去，唯吳太伯、伍員等三數廟存焉。雖爲政有績，然橫暴已甚，追憾湖州舊尉，封杖以計強決之。觀察使王緯奏其事，德宗不省。

及後頔累遷，乃與緯書曰：「一蒙惡奏，三度改官。」由大理卿遷陝虢觀察使，自以爲得志，益恣威虐。官吏日加科罰，其惴恐重足一跡。掾姚峴不勝其虐，與其弟汎舟于河，遂自投而死。

貞元十四年，爲襄州刺史，充山南東道節度觀察。地與蔡州鄰，吳少誠之叛，頔率兵赴唐州，收吳房、朗山縣，又破賊於濯神溝。於是廣軍籍，募戰士，器甲犀利，僩然專有漢南之地。小失意者，皆以軍法從事。因請升襄州爲大都督府，府比鄆、魏。時德宗方姑息方鎮，聞頔事狀，亦無可奈何，但允順而已。頔奏請無不從，於是公然聚斂，恣意虐殺，專以凌上威下爲務。鄧州刺史元洪，頔誣以贓罪奏聞，朝旨不得已爲流端州，命中使監焉。至隋州棗陽縣，頔命部將領士卒數百人劫洪至襄州，拘留之。中使奔歸京師，德宗怒，笞之數十。頔又表洪其責太重，復降中使景忠信宣旨慰諭，遂除洪吉州長史，然後洪獲赴謫所。又怒判官薛正倫，奏貶峽州長史。及敕下，頔怒已解，復奏請爲判官，德宗皆從之。正倫卒，未殯，頔以兵圍其宅，令孽男逼娶其嫡女。頔累遷至左僕射、平章事、燕國公。俄而不奉詔旨，擅總兵據南陽，朝廷幾爲之旰食。

及憲宗即位，威肅四方，頔稍戒懼。以第四子季友求尙主，憲宗以長女永昌公主降焉。其第二子方屢諷其父歸朝，入覲，册拜司空、平章事。

元和中，內官梁守謙掌樞密，頗招權利。有梁正言者，勇於射利，自言與守謙宗盟情厚，頔子敏與之遊處。正言取頔財賄，言路守謙，以求出鎭；久之無効，敏責其貨於正言，乃誘正言之僮，支解棄于溷中。八年春，敏奴王再榮詣銀臺門告其事，卽日捕頔孔目官沈壁、家僮十餘人於內侍獄鞫問。尋出付臺獄，詔御史中丞薛存誠、刑部侍郎王播、大理卿武少儀爲三司使按問，乃搜死奴於其第，獲之。頔率其男贊善大夫正、駙馬都尉季友，素服單騎，將赴闕下，待罪於建福門。門司不納，退於街南，負牆而立，遣人進表。閤門使以無引不受，日沒方歸。明日，復待罪於建福門，宰相喩令還第，貶爲恩王傅。敏長流雷州，錮身發遣。殿中少監、駙馬都尉季友追奪兩任官階，令其家循省。左贊善大夫正、祕書丞方並停見任。孔目官沈壁決四十，配流封州。奴犀牛與劉幹同手殺人，宜付京兆府決殺。敏行至商山賜死，梁正言、僧鑒虛並付京兆府決殺。

頔，其年十月，改授太子賓客〔二〕。十年，王師討淮、蔡，諸侯貢財助軍，頔進銀七千兩、金五百兩、玉帶二，詔不納，復還之。十三年，頔表求致仕，宰臣擬授太子少保，御筆改爲太子賓客。其年八月卒，贈太保，諡曰「厲」。其子季友從獵苑中，訴於穆宗，賜諡曰「思」。右丞張正甫封敕請還本諡。右補闕高鉞上疏論之曰〔三〕：

夫諡者，所以懲惡勸善，激濁揚淸，使忠臣義士知勸，亂臣賊子知懼。雖竊位於當時，死加惡謚者，所以懲暴戾，垂沮勸。孔子修春秋，亂臣賊子懼，蓋爲此也。垂範如此而不能救，況又隳其典法乎？

臣風聞此事是徐泗節度使李愬奏請。李愬勳臣節將，陛下寵其勳勞，賜其爵祿、車服、第宅則可，若亂朝廷典法，將何以沮勸？仲尼曰：「唯名與器，不可以假人。」名器，君之所司，若以假人，與之政也，政亡則國家從之。頔頃鎭襄、漢，殺戮不辜，恣行兇暴。移軍襄、鄧，迫脅朝廷，擅留逐臣，徼遮天使。當先朝嗣位之始，貴安反側，以靖四方，幸免鈇鉞之誅，得全腰領而斃，誠宜謚之「繆厲」，以沮兇邪；豈可曲加美名，以惠奸宄。如此，則是于頔生爲奸臣，死獲美謚，竊恐天下有識之士，謂聖朝無人，有此倒置。伏請速追前詔，却依太常謚爲厲。使朝典無虧，國章不濫。

太常博士王彥威又疏曰：

古之聖王立謚法者，所以彰善惡、垂勸誡。使一字之褒，賞踰紱冕；一言之貶，辱過朝市。此有國之典禮，陛下勸懲之大柄也。頔頃擁節旄，肆行暴虐，人神共憤，法令不容。擅興全師，僭爲正樂，侵辱中使，擅止制囚，殺戮不辜，誅求無度，臣故定謚爲厲。今陛下不忍，改賜爲「思」，誠出聖慈，實害聖政。

伏以陛下自臨宸扆，懋建大中，聞善若驚，從諫不倦。況當統天立極之始，所謂執法慎名之時，一垂恩光，大啓徼倖。且如頔之不法，然而陛下不忍加懲，臣恐今後不逞之徒如頔者衆矣，死援頔例，陛下何以處之？是恩曲於前，而弊生於後。若以李吉甫有賜謚之例，則甫之爲相也，有犯上殺人之罪乎？以頔況之，恐非倫類。如以頔常入財助國，改過來覲，兩使絕域，可以贖論。夫傷物害人，剝下奉上，納賄求幸，尤不可長其漸焉。

自兩河宿兵，垂七十年，王師憔征，瘡痏未息。及張茂昭以易定入覲，程權以滄景歸朝〔四〕，故恩禮殊尤，以勸來者。而于頔以文吏之職，居腹心之地，而偪强犯命，不獲已而入朝，豈茂昭之比乎！縱有入財使遠之勤，何以掩其惡迹。伏望陛下恩由義斷，澤以禮成，褒貶道存，僥倖路絕，則天下幸甚。

疏奏不報，竟謚爲思。

長慶中，以戚里勳家諸貴引用，于方復至和王傅，家富於財，方交結遊俠，務於速進。元稹作相，欲以其策平河朔羣盜，方以策晝干稹。而李逢吉之黨欲傾裴度，乃令人告稹欲結客刺度。事下法司，按鞫無狀，而方竟坐誅。

韓弘，潁川人。其祖、父無聞，世居滑之匡城。少孤，依母族，劉玄佐卽其舅也。事玄佐爲州掾，累奏試大理評事。玄佐卒，子士寧被逐，弘出汴州，爲宋州南城將，劉全諒時爲都知兵馬使。貞元十五年，全諒卒，汴軍懷玄佐之惠，又以弘長厚，共請爲留後，環監軍使請表其事，朝廷亦以玄佐故許之。自試大理評事檢校工部尚書、汴州刺史、兼御史大夫、宣武軍節度副大使知節度事、宋亳汴潁觀察等使。

時吳少誠遣人至汴，密與劉全諒謀，因曲環卒襲陳許。會全諒卒，其人在傳舍，弘喜獲節鉞，卽斬其人以聞。立出軍三千，助禁軍共討少誠。汴州自劉士寧之後，軍益驕恣，及陸長源遇害，頗輕主帥。其爲亂魁黨數十百人，弘視事數月，皆知其人。有部將劉鍔者，兇卒之魁也。弘欲大振威望，一日，引短兵於衙門，召鍔與其黨三百，數其罪，盡斬之以徇，血流道中，弘對賓僚言笑自若。自是訖弘入朝，二十餘年，軍衆十萬，無敢怙亂者。累授檢校左右僕射、司空。憲宗卽位，加同平章事。時王鍔檢校司空、平章事。致書于宰臣武元衡，恥在王鍔之下。憲宗方欲用形勢以臨淮西，乃授以司徒、平章事，班在鍔上。及用嚴綬爲招討，爲賊所敗，弘方鎭汴州，當兩河賊之衝要，朝廷慮其異志，欲以兵柄授之，而令李光顏、烏重胤實當旗鼓。乃授弘淮西諸軍行營都統，令兵部郎中、知制誥李程宣賜官告。弘實不離理所，唯令其子公武率師三千隸李光顏軍。弘雖居統帥，常不欲諸軍立功，陰爲逗撓之計。每聞獻捷，輒數日不怡，其危國邀功如是。吳元濟誅，以統帥功加檢校司徒、兼侍中，封許國公，罷行營都統。

十四年，誅李師道，收復河南二州，弘大懼。其年七月，盡攜汴之牙校千餘人入覲，對於便殿，拜舞之際，以其足疾，命中使掖之。宴賜加等，預册徽號大禮。進絹三十五萬匹、絁三萬匹、銀器二百七十件，三上章堅辭戎務，願留京師奉朝請。詔曰：

納大忠，樹嘉績，爲臣所以明極節；錫殊寵，進高秩，有國所以待元臣。況乎邦敎誕敷，王言總會，百辟攸憲，四方式瞻。永念于懷，久虛其位，載揚成命，僉曰休哉。宣武軍節度副大使知節度事、汴宋亳潁等州觀察處置等使、開府儀同三司、守司徒、兼侍中、使持節汴州諸軍事、汴州刺史、上柱國、許國公、食邑三千戶韓弘，降神挺材，積厚成器，中蘊深閎之量，外標嚴重之姿。有匡國濟時之心，推誠不耀；有夷兇禁暴之略，仗義益彰。自鎮浚郊，二十餘載，師徒稟訓而咸肅，吏士奉法而愈明。俗臻和平，人用庶富，威聲之重，隱若山崇。

屬者，淮濆濯征，命統羣帥，克殄殘孽，惟乃有指蹤之功。及齊境興妖，分師進討，遂梟元惡，惟乃有略地之效。既聞旋旆，俄請執珪，深陳魏闕之誠，遠繼韓侯之志，朝天有慶，就日方伸。又抗表章，固辭戎旅，三加敦諭，所守彌堅。于蕃于宣，諒切於注意；我弼我輔，難違其衷懇。式遂良願，載兼上司。論道之榮，因之以齊八政；中樞之長，昇之以贊萬務。玄衮赤舄，備于寵光，不有其人，孰膺斯任？可守司徒、兼中書令。

乃以吏部尚書張弘靖兼平章事，代弘鎮宣武。

憲宗崩，以弘攝冢宰。十五年六月，以本官兼河中尹、河中晉絳節度觀察等使。時弘弟充爲鄭滑節度使，子公武爲鄜坊節度使。父子兄弟，皆秉節鉞，人臣之寵，冠絕一時。二年，請老乞罷戎鎮，三表從之。依前守司徒、中書令。其年十二月病卒，時年五十八，贈太尉，賻絹二千匹、布七百端、米粟千石。

初，弘鎮大梁二十餘載，四州征賦皆爲己有，未嘗上供，有私錢百萬貫、粟三百萬斛、馬七千匹，兵械稱是。專務聚財積粟，峻法樹威，而莊重寡言，沉謀勇斷，鄰封如吳少誠、李師道輩皆憚之。詔使宣諭，弘多倨待。及齊、蔡賊平，勢屈入覲，兩朝寵待加等，弘竟以名位始終，人臣之幸也。時公武已卒，弘孫紹宗嗣。

公武自宣武馬步都虞候將兵誅蔡，賊平，檢校右散騎常侍、鄜州刺史、鄜坊等州節度使。丁所生憂，起復金吾將軍，仍舊職。十四年，父弘入朝，公武乞罷節度，入爲右金吾將軍。既而弘出鎮河中，季父充移鎮宣武，公武歎曰：「二父聯居重鎮，吾以孺子當執金吾職，家門之盛，懼不克勝。」堅辭宿衞，改右驍衞將軍。性頗恭遜，不以富貴自處。弘罷河中，居永崇里第，公武居宣陽里之北門，因省父，無疾暴卒，贈戶部尙書。

充依舅劉玄佐，歷河陽、昭義牙將，及兄弘節制宣武，召歸主親兵，奏授御史大夫。弘頗酷法，人人不自保。充獨謙恭執禮，未嘗懈怠，由是偏得士心。然以親逼權重，常不自安。

元和六年，因獵近郊，單騎歸于洛陽。時朝廷方姑息弘，亦憐充之無異志，擢拜右金吾衞將軍。十二月，轉大將軍，歷少府監。十五年，代姪公武爲鄜坊節度使、檢校工部尙書。長慶二年，幽、鎭、魏復亂，朝廷以王承元有冀卒數千在滑州，恐封疆相接，復相勸誘，命充與承元更換所守，檢校左僕射。是歲，汴州節度使李愿被三軍所逐，立都將李岕爲留後。朝廷以充久在汴州，衆心悅附，命充爲宣武節度使，兼統義成之師往討岕。會岕疽發腦，屬兵於紀綱李質。質以計誅首亂，送岕歸京師，充遂不戰而入大梁。時陳許李光顏亦奉詔討岕，軍於尉氏，意欲必先收汴，因大肆俘掠。汴州監軍使姚文壽亦欲招許下之師。充在中牟聞其謀，率衆徑至城下，汴人素懷充來，皆踊躍相賀，無復疑貳。詔加檢校司空。

詔割潁州隸滑州。充既安堵，密籍部伍間，得嘗構惡者千餘人。一日下令，并父母妻子立出之，敢逡巡境內者斬。自是軍政大理，汴人無不愛戴。

四年八月，例加司徒。詔未至，暴疾卒，時年五十五，贈司徒，謚曰肅。充雖內外皆將家，素不事豪侈，常以簡約自持，臨機決策，動無遺悔，善將者多之。

李質者，汴之牙將。李岕既爲留後，倚質爲心腹。及朝廷以岕爲郡守，志邀節鉞，質勸喩不從。會岕疽發首，乃與監軍姚文壽謀，斬岕傳首京師。有詔以韓充鎭汴，充未至，質權知軍州事，使衙牙兵二千人，皆日給酒食，物力爲之損屈。充將至，質曰：「若韓公始至，頓去二千人日膳，人情必大去；若不除之，後當無繼。不可留此弊以遺吾帥。」遂處分停日膳而後迎充。召爲金吾將軍，長慶三年四月卒。

王智興字匡諫，懷州温縣人也。曾祖靖，左武衞將軍。祖瓌，右金吾衞將軍。父縉，太子詹事。智興少驍銳，爲徐州衙卒，事刺史李洧。及李納謀叛，欲害洧，洧遂以徐州歸國。納怒，以兵攻徐甚急。智興健行，不四五日齎表京師求援。德宗發朔方軍五千人隨智興赴之，淄青圍解。自是，智興常以徐軍抗納，累歷滕、豐、沛、狄四鎮將。自是二十餘年爲徐將。

元和中，王師誅吳元濟，李師道與蔡賊謀撓沮王師，頻出軍侵徐，徐帥李愿以所部步騎悉委智興以抗之。鄆將王朝晏以兵攻沛，智興擊敗之。賊又令姚海率勁兵二萬圍豐，攻城甚急，智興復擊敗之。於賊壁獲美妾，智興懼軍士爭之，乃曰：「軍中有女子，安得不敗？此雖無罪，違軍法也。」卽斬之以徇。累官至侍御史、本軍都押衙。十三年，王師誅李師道，智興率徐軍八千會諸道之師進擊，與陳許之軍大破賊於金鄉，拔魚臺，俘斬萬計，以功遷御史中丞。賊平，授沂州刺史。

長慶初，河朔復亂，徵兵進討。穆宗素知智興善將，遷檢校左散騎常侍、兼御史大夫，充武寧軍節度副使、河北行營都知兵馬使。初，召智興以徐軍三千渡河，徐之勁卒皆在部下。節度使崔羣慮其旋軍難制，密表請追赴闕，授以他官。事未行，會赦王廷湊，諸道班師。智興先期入境，羣頗憂疑，令府僚迎勞，且誡之曰：「兵士悉輸甲仗於外，副使以十騎入城。」智興旣首處賓僚，聞之心動，率歸師斬關而入，殺軍中異己者十餘人，然後詣衙謝羣曰：「此軍情也。」羣治裝赴闕，智興遣兵士援送羣家屬。至埇橋，遂掠鹽鐵院緡幣及汴路進奉物，商旅貲貨，率十取七八。逐濠州刺史侯弘度，弘度棄城走。朝廷以罷兵，力不能加討，遂授智興檢校工部尚書、徐州刺史、御史大夫，充武寧軍節度、徐泗濠觀察使。自是智興務積財賄，以賂權勢，賈其聲譽，用度不足，稅泗口以裒益之，累加至檢校僕射、司空。

大和初，李同捷據滄德叛，智興上章，請躬督士卒討賊，從之。乃出全軍三萬，自備五月糧餉，朝廷嘉之，加檢校司徒、同平章事，兼滄德行營招撫使。初，同捷狂桀犯命，濟之以王廷湊，王師經年無功。及智興拔棣州，賊大懼，諸軍稍務進取。以智興首功，加守太傅，封鴈門郡王。賊平入朝，上賜宴麟德殿，賞賜珍玩名馬，進位侍中，改許州刺史、忠武軍節度、陳許蔡等州觀察使。大和七年，改授河中尹、河中節度、晉磁隰觀察等使，智興因入朝。九年五月，改汴州刺史、宣武軍節度、宋亳汴潁觀察等使。

開成元年七月卒，年七十九，贈太尉，不視朝三日。葬于洛陽楡林之北原，四鎮將校會葬者千人。智興九子，晏平、晏宰、晏皐、晏實、晏恭、晏逸、晏深、晏斌、晏韜，而晏平、晏宰最知名。

晏平幼從父征伐，以討李同捷功授檢校右散騎常侍、靈州大都督府長史、朔方靈鹽節度。丁父憂，奔歸洛陽。晏平居官貪黷，去鎮日，擅將征馬四百餘匹及兵仗七千事自衞，爲憲司所糾。減死，長流康州。以父喪，未赴流所，告於河北三鎮，三帥上表救解，請從昭雪，改授撫州司馬。給事中韋温、薛廷老、盧弘宣封還制書，改永州司戶。韋温又執不下，文宗令中使宣諭方行。

晏宰於昆仲間最稱偉器，大中後，歷上黨、太原節度使。扞迴鶻、党項，屢立邊功。晏臯仕至左威衞將軍。

史臣曰：于燕公以儒家子，逢時擾攘，不持士範，非義非俠，健者不爲，末塗淪躓，固其宜矣。韓、王二帥，乘險蹈利，犯上無君，豺狠噬人，鴟鶚幸夜，爵祿過當，其可已乎？謂之功臣，恐多慚色。

贊曰：于子淸狂，輕犯彝章。韓虐王剽，專恣一方。元和赫斯，揮劍披攘。擇肉之倫，爪距摧藏。

校勘記

〔一〕將命稱旨　「旨」字各本原作「於」，據册府卷六五三改。

〔二〕改授太子賓客　新書卷一七二于頔傳作「拜戶部尙書」。

〔三〕高釴　本書卷一六八高釴傳、新書卷一七二于頔傳作「高鈛」。

〔四〕程權　各本原作「陳權」，據本書卷一四三程日華傳改。

舊唐書卷一百五十七

列傳第一百七

王翃 兄翊　郗士美　李鄘 子柱 柱子磎　辛祕　馬摠　韋弘景　王彥威

王翃，太原晉陽人也。兄翊，乾元中累官至京兆少尹。性謙柔，淡於聲利，自商州刺史遷襄州刺史、山南東道節度觀察等使。入朝，充北蕃宣慰使，稱職，代宗素重之。及卽位，目爲純臣，遷刑部侍郎、御史中丞。居憲司雖不能舉振綱條，然以謹重知名。大曆二年卒。

翃爲侍郎時，翃自折衝授辰州刺史，遷朗州，有威望智術，所莅立名。大曆五年遷容州刺史、容管經略使。自安、史之亂，頻詔徵發嶺南兵募，隸南陽魯炅軍。炅與賊戰於葉縣，大敗，餘衆離散。嶺南谿洞夷獠乘此相恐爲亂，其首領梁崇牽自號

「平南十道大都統」，及其黨覃問等，誘西原賊張侯、夏永攻陷城邑，據容州。前後經略使陳仁琇、李抗、侯令儀、耿慎惑、元結、長孫全緒等，雖容州刺史，皆寄理藤州，或寄梧州。

及翃至藤州，言於衆曰：「吾爲容州刺史，安得寄理他邑！」乃出私財募將健，許奏以好爵，以是人各盡力。不數月，斬賊魁歐陽珪。馳於廣州，見節度使李勉，求兵爲援。勉曰：「容州陷賊已久，羣獠方強，卒難圖也。若務速攻，祇自敗耳，郡不可復也。」翃請曰：「大夫如未暇出師，但請移牒諸州，揚言出千兵援助，冀藉聲勢成萬一之功。」勉然之。翃乃以手札告諭義州刺史陳仁璀、藤州刺史李曉庭等，盟約討賊。翃復募三千餘人同力戰，日數合。節度使牒止翃用兵，翃慮惑將士，匿其牒，奮起士卒，大破賊數萬衆，擒其帥梁崇牽，賊遁數百里外，盡復容州故境。翃發使以聞，奏置順州，以遏餘寇。前後大小百餘戰，生擒賊帥上獻者七十餘人。累加銀青光祿大夫、兼御史中丞，充招討處置使。

翃又令其將張利用、李實等分兵討襲西原，遂收復鬱林諸州，部內漸安。後因哥舒晃殺節度使呂崇賁，嶺南復亂，翃遣大將李實悉所管兵赴援廣州。西原賊率覃問復招合夷獠曰：「容州兵馬盡赴廣州，郡可圖也。」於是悉衆來襲。翃知其來，伏兵禦之，生擒覃問，其衆大敗。代宗聞而壯之，遣中使慰勞，加金紫光祿大夫。

時西蕃入寇，河中元帥郭子儀統兵備之，乃徵翃爲河中少尹，充節度留後，領子儀之務。有悍將凌正者，橫暴擾軍政，約其徒夜譟斬關以逐翃。有告者，翃縮夜漏數刻，以差其期，賊驚而遁，卒誅正，軍城乂安。

歷汾州刺史、京兆尹。屬發涇原兵討李希烈，軍次滻水，翃備供頓，肉敗糧臭，衆怒以叛。翃奔至奉天，加御史大夫，改將作監，從幸山南。車駕還京，改大理卿。出爲福州刺史、福建觀察使，入爲太子賓客。貞元十二年，檢校禮部尙書，代董晉爲東都留守，判尙書省事、東畿汝防禦使。凡開置二十餘屯，市勁觔良鐵以爲兵器，簡練士卒，軍政頗修。無何，吳少誠阻命，翃賦車籍甲，不待完繕，東畿之人賴之。十八年卒，時七十餘，贈禮部尙書。

郗士美字和夫，高平金鄉人也。父純，字高卿，爲李邕、張九齡等知遇，尤以詞學見推，與顏眞卿、蕭穎士、李華皆相友善。舉進士，繼以書判制策，三中高第，登朝歷拾遺、補闕、員外、郎中、諫議大夫、中書舍人。處事不迴，爲元載所忌。魚朝恩署牙將李琮爲兩街功德使，琮暴橫，於銀臺門毀辱京兆尹崔昭。純詣元載抗論，以爲國恥，請速論奏，載不從，遂以疾辭。退歸東洛凡十年，自號伊川田父，淸名高節，稱於天下。及德宗卽位，崔祐甫作相，召拜左庶子、集賢學士。到京，以年老乞身，表三上，除太子詹事致仕，東歸洛陽。德宗召見，屢加褒歎，賜以金紫。公卿大夫皆賦詩祖送於都門，搢紳以爲美談。有文集六十卷行於世。

士美少好學，善記覽，父友顏眞卿、蕭穎士輩嘗與之討論經傳，應對如流，既而相謂曰：「吾曹異日當交於二都之間矣。」未冠，爲陽翟丞。李抱眞鎭潞州，辟爲從事，雅有參贊之績。其後易二帥，皆詔士美佐之。

由坊州刺史爲黔州刺史、兼御史大夫、持節黔中經略招討觀察鹽鐵等使。時溪州賊帥向子琪連結夷獠，控據山洞，衆號七八千，士美設奇略討平之。詔書勞慰，加檢校右散騎常侍，封高平郡公，再遷京兆尹。每別殿延問，必咨訪大政。出爲鄂州觀察使。

貞元十八年，伊愼有功，特授安黃節度。二十年，愼來朝，其子宥主留事，朝廷未能去。會宥母卒於京師，利主軍權，不時發喪。士美命從事託以他故過其境，宥果迎之，告以凶問，先備肩籃，卽日遣之。

元和五年，拜河南尹。明年三月，檢校工部尙書、潞州大都督府長史，充昭義節度。前政之豐給浮費，至皆減損，號令嚴肅。

及朝廷討王承宗，士美遣兵馬使王獻領勁兵一萬爲先鋒。獻兇惡恃亂，逗撓不進，遽令召至，數其罪斬之。下令曰：「敢後出者斬！」士美親鼓之。兵既合，而賊軍大敗，下三營，環柏鄉，屢以捷聞。上大悅曰：「吾故知士美能辦吾事。」于時四面七、八鎭兵共十餘萬，以環鎭、冀，未有首功，多犯法。士美兵士勇敢畏法，威聲甚振，承宗大懼，指期有破亡之勢，會詔班師，至今兩河間稱之。

十二年，以疾徵爲工部尙書，稍間，拜忠武節度使、檢校刑部尙書。至鎭踰月，寢疾，元和十四年九月卒，年六十四，贈尙書左僕射，謚曰景。士美善與人交，然諾之際豁如也，當時名稱翕然。

李鄘字建侯，江夏人。北海太守邕之姪孫。父暄，官至起居舍人。鄘大曆中舉進士，又以書判高等，授祕書正字。爲李懷光所辟，累遷監察御史。及懷光據蒲津叛，鄘與母妻陷賊中，恐禍及親，因僞白懷光曰：「兄病在洛，請母往視之。」懷光許焉，且戒妻子無得從，鄘皆遣行。後懷光知，責之，對曰：「鄘名隸軍籍，不得隨侍老母，奈何不使婦隨姑行也。」懷光無以罪之。時與故相高郢同在賊廷，乃密奏賊軍虛實及攻取之勢，德宗賜手詔以勞之。後事泄，懷光嚴兵召郢與鄘詰責。鄘詞激氣壯，三軍義之，懷光不敢殺，囚之獄中。懷光死，馬燧就獄致禮，表爲河東從事，尋以言不行，歸養洛中。襄州節度使嗣曹王皐致禮延辟，署從事，奏兼殿中侍御史。入爲吏部員外郎。

徐州張建封卒，其子愔爲將校所迫，俾領軍務。詔擇臨難不懾者卽其軍以諭之，遂命鄘爲徐州宣慰使。鄘直抵其軍，召將士，傳朝旨，陳禍福，脫監軍使桎梏，令復其位，兇黨不敢犯。及愔上表稱兵馬留後，鄘以爲非詔令所加，不宜稱號，立使削去，方受其表。遷吏部郎中。

順宗登極，拜御史中丞，遷京兆尹、尙書右丞。元和初，以京師多盜，復選爲京兆尹，擒奸禁暴，威望甚著。尋拜檢校禮部尙書、鳳翔尹、鳳翔隴右節度使。是鎭承前命帥，多用武將，有「神策行營」之號。初受命，必詣軍修謁。鄘旣受命，表陳其不可，詔遂去「神策行營」字，但爲鳳翔隴右節度。未幾，遷鎭太原，入爲刑部尙書、兼御史大夫、諸道鹽鐵轉運使。五年冬，出爲揚州大都督府長史、淮南節度使。鄘前在兩鎭，皆以剛嚴操下，遽變舊制，人情不安，故未幾卽改去。至淮南數歲，就加檢校左僕射，政嚴事理，府廩充積。

及王師征淮夷，鄆寇李師道表裏相援。鄘發楚、壽等州二萬餘兵，分壓賊境，日費甚廣，未嘗請於有司。時憲宗以兵興，國用不足，命鹽鐵副使程异乘驛諭江淮諸道，俾助軍用。鄘以境內富實，乃大籍府庫，一年所蓄之外，咸貢於朝廷。諸道以鄘爲倡首，悉索以獻，自此王師無匱乏之憂。

先是吐突承璀監淮南軍，貴寵莫貳，鄘亦以剛嚴素著，而差相敬憚，未嘗稍失。承璀歸，遂引以爲相。十二年，徵拜門下侍郎、同平章事。鄘出入顯重，素不以公輔自許，年侵勢過，頗安外鎮。登祖筵，聞樂而泣下曰：「宰相之任，非吾所長也。」行頗緩，至京師，又辭疾歸第。既未朝謁，亦不領政事，竟以疾辭，改授戶部尚書。俄換檢校左僕射，兼太子賓客，分司東都。尋以太子少傅致仕。元和十五年八月卒，贈太子太保，謚曰肅。

鄘強直無私飾，與楊憑、穆質、許孟容、王仲舒友善，皆任氣自負。然鄘當官嚴重，爲吏以峻法立操，所至稱理，而剛決少恩。鎮揚州七年，令行禁止，擒擿生殺，一委軍吏，參佐束手，居人頗陷非法，物議以此少之。

子柱，官至浙東觀察使。

柱子磎，字景望，博學多通，文章秀絕。大中十三年，一舉登進士第。歸仁晦鎮大梁，穆仁裕鎮河陽，自監察、殿中相次奏爲從事。入爲尚書水部員外郎，累遷吏部郎中，兼史館修撰，拜翰林學士、中書舍人。廣明中，分司洛下。遇巢、讓之亂，逃於河橋。光啓中避亂淮海，有僞襄王詔命，磎皆不從。

王鐸鎮滑臺，杖策詣之。鐸表薦于朝，昭宗雅重之，復召入翰林爲學士，拜戶部侍郎，遷禮部尚書。景福二年十月，與韋昭度並命中書門下平章事。宣制日，水部郎中、知制誥劉崇魯掠其麻哭之，奏云：「李磎奸邪，挾附權倖，以忝學士，不合爲相。」時宰臣崔昭緯與昭度及磎素不相協，密遣崇魯沮之也，乃左授太子少師。磎因上十章及納諫論三篇自雪，且數崇魯之惡。議者重其才而鄙其訟。昭宗素愛其才，而急於大用。至乾寧初，又上第十一表，乃復命爲相。數月，與昭度同爲王行瑜等所殺。

磎自在臺省，聚書至多，手不釋卷，時人號曰「李書樓」。所撰文章及注解書傳之闕疑，僅百餘卷，經亂悉亡。王行瑜死，德音昭雪，贈司徒，謚曰文。

子沇，字東濟，有俊才，與父同日遇害，詔贈禮部員外郎。

辛祕，隴西人。少嗜學，貞元年中，累登五經、開元禮科，選授華原尉，判入高等，調補長安尉。高郢爲太常卿，嘉其禮學，奏授太常博士。遷祠部、兵部員外郎，仍兼博士。山陵及郊丘二禮儀使皆署爲判官。當時推其達禮。

元和初，拜湖州刺史。未幾，屬李錡阻命，將收支郡，遂令大將監守五郡。蘇常杭睦四州刺史，或以戰敗，或被拘執；賊黨以祕儒者，甚易之。祕密遣衙門將丘知二勒兵數百人，候賊將動，逆戰大破之。知二中流矢墜馬，起而復戰，斬其將，焚其營，一州遂安。賊平，以功賜金紫，由是僉以祕材堪將帥。

及太原節度范希朝領全師出討王承宗，徵祕爲河東行軍司馬，委以留務。尋召拜左司郎中，出爲汝州刺史。九年，徵拜諫議大夫，改常州刺史，選爲河南尹。莅職修政，有可稱者。

十二年，拜檢校工部尚書，代郗士美爲潞州大都督府長史、御史大夫，充昭義軍節度、澤潞磁洺邢等州觀察使。是時以再討王承宗，澤潞壓境，凋費尤甚。朝議以兵革之後，思能完復者，遂以命祕。凡四歲，府庫積錢七十萬貫，餱糧器械稱是。及歸，道病，先自爲墓誌。將歿，又爲書一通，命緘致几上。其家發之，皆送終遵儉之旨。久歷重任，無豐財厚產，爲時所稱。元和十五年十二月卒，年六十四，贈左僕射，諡曰昭。

馬摠字會元，扶風人。少孤貧，好學，性剛直，不妄交遊。貞元中，姚南仲鎮滑臺，辟爲從事。南仲與監軍使不叶，監軍誣奏南仲不法。及罷免，摠坐貶泉州別駕，監軍入掌樞密。福建觀察使柳冕希旨欲殺摠，從事穆贊鞫摠，贊稱無罪，摠方免死。後量移恩王傅。元和初，遷虔州刺史。四年，兼御史中丞，充嶺南都護〔二〕、本管經略使。摠敦儒學，長於政術，在南海累年，淸廉不撓，夷獠便之。於漢所立銅柱之處，以銅一千五百斤特鑄二柱，刻書唐德，以繼伏波之迹。以綏蠻功，就加金紫。八年，轉桂州刺史、桂管經略觀察使，入爲刑部侍郎。裴度宣慰淮西，奏爲制置副使。吳元濟誅，度留摠蔡州，知彰義軍留後。尋檢校工部尚書、蔡州刺史、兼御史大夫，充淮西節度使。摠以申、光、蔡等州久陷賊寇，人不知法，威刑勸導，咸令率化。奏改彰義軍曰淮西，賊之僞迹，一皆削盪。

十三年，轉許州刺史、忠武軍節度、陳許溵等州觀察處置等使。明年，改華州刺史、潼關防禦、鎭國軍等使。十四年，遷檢校刑部尚書、鄆州刺史、天平軍節度、鄆曹濮等州觀察等使，就加檢校尚書左僕射。入爲戶部尚書。長慶三年卒，贈右僕射。

摠理道素優，軍政多暇，公務之餘，手不釋卷。所著奏議集、年曆、通曆、子鈔等書百餘卷，行於世。

韋弘景，京兆人。後周逍遙公敻之後。祖嗣立，終宣州司戶。父堯，終洋州興道令。弘景，貞元中始舉進士，爲汴州、浙東從事。元和三年，拜左拾遺，充集賢殿學士，轉左補闕，尋召入翰林爲學士。普潤鎮使蘇光榮爲涇原節度使，弘景草麻，漏敍光榮之功，罷學士，改司門員外郎，轉吏部員外、左司郎中，改吏部度支郎中。張仲方貶李吉甫謚，上怒，貶仲方。弘景坐與仲方善，出爲綿州刺史。宰相李夷簡出鎮淮南，奏爲副使，賜以金紫。入爲京兆少尹，遷給事中。

劉士涇以駙馬交通邪倖，穆宗用爲太僕卿，弘景與給事薛存慶封還詔書，論士涇曰：「伏以司僕正卿，位居九列。在周之命，伯冏其人，所以惟月膺名，象河稱重。漢朝亦以石慶之謹愿，陳萬年之行潔，皆踐斯職，謂之大僚。今士涇戚里常人，班敍散秩，以父任將帥，家富貲財，聲名不在於士林，行義無聞於朝野，忽長卿寺，有瀆官常。以親則人物未賢，以勳則寵待常厚，今叨顯任，誠謂謬官。傳曰：『惟名與器，不可假人。』蓋士涇之謂。臣等職司違失，實在守官。其劉士涇新除太僕卿敕，未敢行下。」穆宗遣宰臣宣諭，弘景等固執如前。宰臣不得已，改衞尉少卿。穆宗復遣諭弘景曰：「士涇父昌有邊功，士涇爲少列十餘年，又尙雲安公主，宜有加恩。朕思賞勞睦親之意，竟行前命。」穆宗怒〔三〕，乃令弘景使安南、邕容宣慰，時論翕然推重。

時蕭俛以清直在位，弘景議論常所輔助。遷刑部侍郎，轉吏部侍郎，銓綜平允，權邪憚其嚴勁，不敢干以非道。掌選二歲，改陝虢觀察使。歲滿，徵拜尙書左丞，駮吏部授官不當者六十人。弘景素以鯁亮稱，及居綱轄之地，郎吏望風脩整。會吏部員外郎楊虞卿以公事爲下吏所訕，獄未能辨，詔下弘景與憲司就尙書省詳讞。虞卿多朋游，人多嚮附之，弘景素所不悅，時已請告在第，及準詔就召，以公服來謁。弘景謂之曰：「有敕推公。」虞卿失容自退。轉禮部尙書，充東都留守，判東都尙書省事。繕完宮室，至今賴之。

大和五年五月卒，年六十六，贈尙書左僕射。弘景歷官行事，始終以直道自立，議論操持，無所阿附，當時風敎，尤爲倚賴。自長慶已來，目爲名卿。

王彥威，太原人。世儒家，少孤貧，苦學，尤通三禮。無由自達，元和中遊京師，求爲太常散吏。卿知其書生，補充檢討官。彥威於禮閣掇拾自隋已來朝廷沿革、吉凶五禮，以類區分，成三十卷獻之，號曰元和新禮，由是知名，特授太常博士。

憲宗晏駕，未定謚。淮南節度使李夷簡以憲宗功高列聖，宜特稱祖，穆宗下禮官議。彥威奏曰：「據禮經，三代之制，始封之君，謂之太祖。太祖之外，又祖有功而宗有德，故夏后氏祖顓頊而宗禹，殷人祖契而宗湯，周人郊祀后稷，祖文王而宗武王。自東漢魏晉，漸違經意，沿革不一，子孫以推美爲先，自始祖已下並有建祖之制。蓋非典訓，不可法也。國朝祖宗制度，本於周禮，以景皇帝爲太祖，又祖神堯而宗太宗。自高宗已降，但稱宗。謂之尊名，可爲成法。不然，則太宗造有區夏，理致昇平；玄宗掃清內難，翊戴聖父；肅宗龍飛靈武，收復兩都，此皆應天順人，撥亂返正，至於廟號，亦但稱宗。謹按經義，祖者始也，宗者尊也，故傳曰『始封必爲祖』，書曰『德高可宗，故號高宗』。今宜本三代之定制，去魏、晉之亂法，守貞觀、開元之憲章，而擬議大名，垂以爲訓。大行廟號，宜稱宗。」制從之。

故事，祔廟之禮，先告於太極殿，然後奉神主赴太廟。祔禮畢，不再告于太極殿。時憲宗祔廟禮畢，執政詳舊典，令有司再告祔享禮畢于太極殿。彥威執議以爲不可，執政怒。會宗正寺進祝版，誤以憲宗爲睿宗。執政銜其強，奏祝版參差，博士之罪，彥威坐削一階，奪兩季俸。彥威殊不低迴，每議禮事，守正不阿附，君子稱之。累轉司封員外郎中。弘文館舊不置學士，文宗特置一員以待彥威。尋使魏博宣慰，特賜金紫。五年，遷諫議大夫。朝廷自誅李師道，收復淄青十二州，未定戶籍，乃命彥威充十二州勘定兩稅使。朝法振舉，人不以爲煩。以本官兼史館修撰。

彥威通悉典故，宿儒碩學皆讓之。時以僕射上事儀注，前後不定，中丞李漢奏定，朝議未以爲允。中書門下奏請依元和七年已前儀注，左右僕射上日，請受諸司四品六品丞郎已下拜。彥威奏論曰：「臣謹按開元禮：凡受册官，並與卑官答拜。國朝官品令，三師三公正一品，尚書令正二品，並是册拜授官。上之日，亦無受朝官再拜之文。僕射班次三公，又是尚書令副貳之職，雖端揆之重，有異百僚，然與羣官比肩事主。禮曰：『非其臣卽答拜之。』又曰：『大夫之臣不稽首。』非尊家臣，以避君也。卽僕射上日受常參官拜，事頗非儀。況元和七年已經奏議，酌爲定制，編在國章。近年上儀，又有受拜之禮，禮文乍變，物論未安，請依元和七年敕爲定。」時李程爲左僕射，宰執難於改革，雖不從其議，論者稱之。

興平縣人上官興因醉殺人亡竄，吏執其父下獄，興自首請罪，以出其父。京兆尹杜悰、御史中丞宇文鼎以其首罪免父，有光孝義，請減死配流。彥威與諫官上言曰：「殺人者死，百王共守。若許殺人不死，是教殺人。興雖免父，不合減死。」詔竟許決流。彥威詣中書投宰相面論，語訐氣盛，執政怒，左授河南少尹。未幾，改司農卿。李宗閔重之，旣秉政，授靑州刺史、兼御史大夫，充平盧軍節度、淄青等觀察使。

開成元年，召拜戶部侍郎，尋判度支。彥威儒學雖優，亦勤吏事，然貨泉之柄，素非所長，性旣剛訐，自恃有餘。嘗紫宸廷奏曰：「臣自計司按見管錢穀文簿，皆量入以爲出，使經費必足，無所刻削。且百口之家，猶有歲蓄，而軍用錢物，一切通用，悉隨色額占定，終歲支給，無毫釐之差。倘臣一旦愚迷，欲自欺竊，亦不可得也。」名曰度支占額圖。旣而又進供軍圖，曰：「起至德、乾元之際，迄於永貞、元和之初，天下有觀察者十，節度二十有九，防禦者四，經略者三。犄角之師，犬牙相制，大都通邑，無不有兵，都計中外兵額至八十餘萬〔三〕。長慶戶口凡三百三十五萬，而兵額約九十九萬，通計三戶資一兵。今計天下租賦，一歲所入，總不過三千五百餘萬，而上供之數三之一焉。三分之中〔四〕，二給衣賜。自留州留使兵士衣賜之外，其餘四十萬衆，仰給度支。伏以時逢理安，運屬神聖，然而兵不可弭，食哉惟時。憂勤之端，兵食是切。臣謬司邦計，虔奉睿圖，輒纂事功，庶裨聖覽。」又纂集國初已來至貞元帝代功臣，如左氏傳體敍事，號曰唐典，進之。

彥威既掌利權，心希大用。時內官仇士良、魚弘志禁中用事。先是左右神策軍多以所賜衣物於度支中估，判使多曲從，厚給其價。開成初，有詔禁止，然趨利者猶希意從其請託。至是，彥威大結私恩，凡內官請託，無不如意，物議鄙其躁妄。復脩王播舊事，貢奉羨餘，殆無虛日。會邊軍上訴衣賜不時，兼之朽故。宰臣惡其所爲，令攝度支人吏付臺推訊。彥威略不介懷，入司視事。及人吏受罰，左授衞尉卿，停務，方還私第。

三年七月，檢校禮部尚書，代殷侑爲許州刺史，充忠武軍節度、陳許溵觀察等使。會昌中，入爲兵部侍郎，歷方鎮，檢校兵部尚書。卒，贈僕射，謚曰靖。

史臣曰：世以治軍戎，決權變，非儒者之事。而王翃、郗士美釋縫掖之儒衣〔五〕，奮將軍之旗鼓，俾士赴湯火，威振藩籬，何其壯也。所謂非秦無人，吾謀適不用也。二子遭遇英主，伸其效用，宜哉！李建侯不屈於賊庭，馬會元見伸於貝錦，臨危挺操，所謂貞臣，將相之榮，固其宜矣。辛潞州之特達，韋僕射之峻整，王尙書之果敢，皆一時之偉器也。若以道自牧，求福不回，卽能臣也。而彥威欲爲巧宦，不亦疏乎？

贊曰：見危致命，臨難不恐。士美、建侯，仁者之勇。弘景陸離，駁正黃扉。貪名喪道，狂哉彥威。

校勘記

〔一〕嶺南都護　御覽卷二五一及卷二七八、册府卷一三三「嶺南」均作「安南」。

〔二〕穆宗怒　按此句與上文文義不貫。册府卷四六〇此句上有「弘景執奏不可中人宣諭再三弘景不爲之迴」十八字。

〔三〕兵額　各本原作「各額」，據册府卷四八六、全唐文卷七二九改。

〔四〕三分之中　「分」字各本原作「萬」，據册府卷四八六、全唐文卷七二九改。

〔五〕縫掖　校勘記卷五三引張宗泰說：「縫」當作「逢」字。

舊唐書卷一百五十八

列傳第一百八

武元衡 從父弟儒衡　鄭餘慶 子澣　澣子允謨　茂休　處誨　從讜

韋貫之 兄綬　弟纁　子澳

武元衡字伯蒼，河南緱氏人。曾祖載德〔一〕，天后從父弟，官至湖州刺史。祖平一，善屬文，終考功員外郎、修文館學士，事在逸人傳。父就，殿中侍御史，以元衡貴，追贈吏部侍郎。元衡進士登第，累辟使府，至監察御史。後爲華原縣令。時畿輔有鎮軍督將恃恩矜功者，多撓吏民，元衡苦之，乃稱病去官。放情事外，沉浮讌詠者久之。德宗知其才，召授比部員外郎。一歲，遷左司郎中。時以詳整稱重。貞元二十年，遷御史中丞。嘗因延英對罷，德宗目送之，指示左右曰：「元衡眞宰相器也。」

順宗卽位，以病不親政事。王叔文等使其黨以權利誘元衡，元衡拒之。時奉德宗山陵，元衡爲儀仗使。監察御史劉禹錫，叔文之黨也，求充儀仗判官，元衡不與，其黨滋不悅。數日，罷元衡爲右庶子。憲宗卽位，始册爲皇太子〔三〕，元衡贊引，因識之，及登極，復拜御史中丞。持平無私，綱條悉舉，人甚稱重。尋遷戶部侍郎。元和二年正月，拜門下侍郎、平章事，賜金紫，兼判戶部事。上爲太子時，知其進退守正，及是用爲宰相，甚禮信之。

初，浙西節度李錡請入覲，乃拜爲右僕射，令入朝，旣而又稱疾，請至歲暮。上問宰臣，鄭絪請如錡奏，元衡曰：「不可。且錡自請入朝，詔旣許之，卽又稱疾，是可否在錡。今陛下新臨大寶，天下屬耳目，若使奸臣得遂其私，則威令從茲去矣。」上以爲然，遽追之，錡果計窮而反。

先是，高崇文平蜀，因授以節度使。崇文理軍有法，而不知州縣之政，上難其代者，乃以元衡代崇文，拜檢校吏部尚書，兼門下侍郎、平章事，充劍南西川節度使。將行，上御安福門以臨慰之。高崇文旣發成都，盡載其軍資、金帛、帟幕、伎樂、工巧以行。元衡至，則庶事節約，務以便人。比三年，公私稍濟。撫蠻夷，約束明具，不輒生事。重愼端謹，雖淡於接物，而開府極一時之選。八年，徵還。至駱谷，重拜門下侍郎、平章事。

時李吉甫、李絳情不相叶，各以事理曲直於上前。元衡居中，無所違附，上稱爲長者。及吉甫卒，上方討淮、蔡，悉以機務委之。時王承宗遣使奏事，請赦吳元濟。請事於宰相，辭禮悖慢，元衡叱之，承宗因飛章詆元衡，咎怨頗結。元衡宅在靜安里，九年六月三日，將朝，出里東門，有暗中叱使滅燭者，導騎訶之，賊射之中肩。又有匿樹陰突出者，以棓擊元衡左股。其徒馭已爲賊所格奔逸，賊乃持元衡馬，東南行十餘步害之，批其顱骨懷去。及衆呼偕至，持火照之，見元衡已踣於血中，卽元衡宅東北隅墻之外。時夜漏未盡，陌上多朝騎及行人，鋪卒連呼十餘里，皆云賊殺宰相，聲達朝堂，百官恟恟，未知死者誰也。須臾，元衡馬走至，遇人始辨之。既明，仗至紫宸門，有司以元衡遇害聞，上震驚，却朝而坐延英，召見宰相。惋慟者久之，爲之再不食。册贈司徒，贈賻布帛五百匹、粟四百石，輟朝五日，謚曰忠愍。

元衡工五言詩，好事者傳之，往往被於管絃。

初，八年，元衡自蜀再輔政，時太白犯上相，歷執法。占者言：「今之三相皆不利，始輕末重。」月餘，李絳以足疾免。明年十月，李吉甫以暴疾卒。至是，元衡爲盜所害，年五十八。始元衡與吉甫齊年，又同日爲宰相。及出鎭，分領揚、益。及吉甫再入，元衡亦還。吉甫先一年以元衡生月卒，元衡後一年以吉甫生月卒。吉凶之數，若符會焉。先是長安謠曰「打麥麥打三三三」，既而旋其袖曰「舞了也」。解者謂：「打麥」者，打麥時也；「麥打」者，蓋謂暗中突擊也；「三三三」，謂六月三日也；「舞了也」，謂元衡之卒也。自是京師大恐，城門加衞兵，察其出入，物色伺之。其偉狀異製、燕趙之音者，多執訊之。元衡從父弟儒衡。

儒衡字庭碩，才度俊偉，氣直貌莊，言不妄發，與人交友，終始不渝。相國鄭餘慶不事華潔，後進趨其門者多垢衣敗服，以望其知。而儒衡謁見，未嘗輒易所好，但與之正言直論，餘慶因亦重之。憲宗以元衡橫死王事，嘗嗟惜之，故待儒衡甚厚。累遷戶部郎中。十二年，權知諫議大夫事，尋兼知制誥。皇甫鎛以宰相領度支，剝下以媚上，無敢言其罪者。儒衡上疏論列，鎛密訴其事，帝曰：「勿以儒衡上疏，卿將報怨耶！」鎛不復敢言。

儒衡氣岸高雅，論事有風彩，羣邪惡之，尤爲宰相令狐楚所忌。元和末年，垂將大用，楚畏其明俊，欲以計沮之，以離其寵。有狄兼謨者，梁公仁傑之後，時爲襄陽從事。楚乃自草制詞，召狄兼謨爲拾遺，曰：「朕聽政餘暇，躬覽國書，知奸臣擅權之由，見母后竊位之事，我國家神器大寶，將遂傳於他人。洪惟昊穹，降鑒儲祉，誕生仁傑，保佑中宗，使絕維更張，明辟乃復。宜福胄胤，與國無窮。」及兼謨制出，儒衡泣訴於御前，言其祖平一在天后朝辭榮終老，當時不以爲累。憲宗再三撫慰之，自是薄楚之爲人。然儒衡守道不回，嫉惡太甚，終不至大任。尋正拜中書舍人。時元稹依倚內官，得知制誥，儒衡深鄙之。會食瓜閣下，蠅集於上，儒衡以扇揮之曰：「適從何處來，而遽集於此？」同僚失色，儒衡意氣自若。遷禮部侍郎。長慶四年卒，年五十六。

鄭餘慶字居業，滎陽人。祖長裕，官至國子司業，終潁川太守。長裕弟少微，爲中書舍人、刑部侍郎。兄弟有名於當時。父慈，與元德秀友善，官至太子舍人。

餘慶少勤學，善屬文。大曆中舉進士。建中末，山南節度使嚴震辟爲從事，累官殿中侍御史，丁父憂罷。貞元初入朝，歷左司、兵部員外郎，庫部郎中。八年，選爲翰林學士。十三年六月，遷工部侍郎，知吏部選事。時有玄法寺僧法湊爲寺衆所訴，萬年縣尉盧伯達斷還俗，後又復爲僧，伯達上表論之。詔中丞宇文邈、刑部侍郎張彧、大理卿鄭雲逵等三司與功德使判官諸葛述同按鞫。時議述胥吏，不合與憲臣等同入省按事，餘慶上疏論列，當時翕然稱重。

十四年，拜中書侍郎、平章事。餘慶通究六經深旨，奏對之際，多以古義傅之。與度支使于頔素善，每奏事餘慶皆議可之。未幾，頔以罪貶。時又歲旱人飢，德宗與宰臣議，將賑給禁衛六軍。事未行，爲中書吏所洩，餘慶貶郴州司馬。凡六載。順宗登極，徵拜尚書左丞。

憲宗嗣位之月，又擢守本官平章事。未幾，屬夏州將楊惠琳阻命，宰臣等論奏，多議兵事。餘慶復以古義上言，夏州軍士皆仰給縣官，又有「介馬萬蹄」之語。時議以餘慶雖好古博雅而未適時。有主書滑涣，久司中書簿籍，與內官典樞密劉光琦情通。宰相議事，與光琦異同者，令涣達意，未嘗不遂所欲。宰相杜佑、鄭絪皆姑息之，議者云佑私呼爲滑八，四方書幣貲貨，充集其門，弟泳官至刺史。及餘慶再入中書，與同僚集議，涣指陳是非，餘慶怒其僭，叱之。尋而餘慶罷相，爲太子賓客。其年八月，涣贓汚發，賜死；上寖聞餘慶叱涣事，甚重之，乃改爲國子祭酒。尋拜河南尹。三年，檢校兵部尙書，兼東都留守。六年四月，正拜兵部尙書。

餘慶再爲相，罷免皆非大過，尤以淸儉爲時所稱。洎中外踐更，鬱爲耆德，朝廷得失，言成準的。時京兆尹元義方、戶部侍郎判度支盧坦，皆以勳官前任至三品，據令合立門戟，各請戟立於其第。時義方以加上柱國，坦以前任宣州觀察使請戟。近代立戟者，率有銀青階，而義方只據勳官，有司不詳覆而給之，議者非之，臺司將劾而未果。會餘慶自東都來，發論大以爲不可。由是，臺司移牒詰禮部，左司郎中陸則、禮部員外崔備皆罰俸，奪元、盧之門戟。

餘慶受詔撰惠昭太子哀册，其辭甚工。有醫工崔環，自淮南小將爲黄州司馬。敕至南省，餘慶執之封還，以爲諸道散將無故授正員五品官，是開徼倖之路，且無闕可供。言或過理，由是稍忤時權，改太子少傅，兼判太常卿事。初德宗自山南還宫，關輔有懷光、吐蕃之虞，都下驚憂，遂詔太常集樂去大鼓。至是，餘慶始奏復用大鼓。

九年，拜檢校右僕射，兼興元尹，充山南西道節度觀察使，三歲受代。十二年，除太子少師。尋以年及懸車，請致仕，詔不許。時累有恩赦敍階，及天子親謁郊廟，行事官等皆得以恩授三品五品，不復計考，其使府賓吏，又以軍功借賜命服而後入拜者十八九。由是，在朝衣綠者甚少，郎官諫官有被紫垂金者。又丞郎中謝洎郎官出使，多賜章服，以示加恩，於是寵章尤濫，當時不以服章爲貴，遂詔餘慶詳格令立制，條奏以聞。

十三年，拜尙書左僕射。自兵興以來，處左右端揆之位者多非其人，及餘慶以名臣居之，人情美洽。憲宗以餘慶諳練典章，朝廷禮樂制度有乖故事，專委餘慶參酌施行，遂用爲詳定使。餘慶復奏刑部侍郎韓愈、禮部侍郎李程爲副使，左司郎中崔郾、吏部郎中陳珮、刑部員外郎楊嗣復、禮部員外郎庾敬休並充詳定判官。朝廷儀制、吉凶五禮，咸有損益焉。改鳳翔尹、鳳翔隴節度使。

十四年，兼太子少師、檢校司空，封滎陽郡公，兼判國子祭酒事。以太學荒毁日久，生徒不振，奏率文官俸給修兩京國子監。

及穆宗登極，以師傅之舊，進位檢校司徒，優禮甚至。元和十五年十一月卒，詔曰：「故金紫光祿大夫、檢校司徒、兼太子少師、上柱國、滎陽郡開國公、食邑二千戶鄭餘慶，始以衣冠禮樂，行於山東，餘力文章，遂成志學。出入清近，盈五十年。再秉台衡，屢分戎律。凡所要職，無不踐更。貴而能貧，卑以自牧。謇諤聞於臺閣，柔睦化於閨門。受命有考父之恭，待士比公孫之廣。焚書逸禮，盡可口傳；古史舊章，如因心匠。朕方咨稟，庶罔昏踰。神將祝予，痛悼何及！乞言既阻，賵禮宜優，可贈太保。」時年七十五，謚曰貞。

餘慶砥名礪行，不失儒者之道，清儉率素，終始不渝。四朝居將相之任，出入垂五十年，祿賜所得，分給親黨，其家頗類寒素。自至德已來，方鎮除授，必遣中使領旌節，就第宣賜，皆厚以金帛遺之。求媚者唯恐其數不廣，故王人一來，有獲錢數百萬者。餘慶每受方任，天子必誡其使曰：「餘慶家貧，不得妄有求取。」專欲振起儒教，後生謁見者率以經學諷之，而周其所急，理家理身，極其儉薄。及修官政，則喜開廣。鎮岐下一歲，戎事可觀。又創立儒宮，以來學者。雖行己可學，而往往近於沽激，故當時議者不全德許之。上以家素清貧，不辦喪事，宜令所司特給一月俸料以充賻贈，用示褒榮。有文集、表疏、碑誌、詩賦共五十卷，行於世。

兄承慶，官不顯。弟膺甫，官至主客員外郎中、楚懷鄭三州刺史。次弟具瞻、羽客、時然，皆官至縣令賓佐。餘慶子澣。

澣本名涵，以文宗藩邸時名同，改名澣。貞元十年舉進士。以父謫官，累年不任。自祕書省校書郎遷洛陽尉，充集賢院修撰，改長安尉、集賢校理。轉太常寺主簿，職仍故。遷太常博士，改右補闕。獻疏切直，人爲危之。及餘慶入朝，憲宗謂餘慶曰：「卿之令子，朕之直臣，可更相賀。」遂遷起居舍人，改考功員外郎。刺史有驅迫人吏上言政績，請刊石紀政者。澣探得其情，條責廉使，巧跡遂露，人服其敏識。時餘慶爲僕射，請改省郎，乃換國子博士、史館修撰。丁母憂，除喪，拜考功郎中。復丁內艱，終制，退居汜上。長慶中，徵爲司封郎中、史館修撰，累遷中書舍人。

文宗登極，擢爲翰林侍講學士。上命撰經史要錄二十卷，書成，上喜其精博，因摘所上書語類，上親自發問，澣應對無滯，錫以金紫。大和二年，遷禮部侍郎，典貢舉二年，選拔造秀，時號得人。轉兵部侍郎，改吏部，出爲河南尹，皆著能名。入爲左丞，旋拜刑部尚書，兼判左丞事。出爲山南西道節度觀察使，檢校戶部尚書、興元尹、兼御史大夫。餘慶之鎮興元，創立儒宮，開設學館，至澣之來，復繼前美。開成四年閏正月，以戶部尚書徵。詔下之日，卒于興元，年六十四，贈右僕射，諡曰宣。有文集、制誥共三十卷，行於世。滁四子：允謨、茂諶、處誨、從讜。

允謨以蔭累官臺省，歷蜀、彭、濠、晉四州刺史，位終太子右庶子。

茂諶避國諱改茂休，開成二年登進士第，四遷太常博士、兵部員外郎、吏部郎中、絳州刺史，位終祕書監。

處誨字延美，於昆仲間文章拔秀，早爲士友所推。大和八年登進士第，釋褐祕府，轉監察、拾遺、尚書郎、給事中。累遷工部、刑部侍郎，出爲越州刺史、浙東觀察使、檢校刑部尚書、汴州刺史、宣武軍節度觀察等使，卒于汴。處誨族父朗。初朗爲定州節度使時，處誨爲工部侍郎，因早朝假寐於待漏院，忽夢己爲浙東觀察使，經過汴州，而朗爲汴帥，留連飲餞，仰視屋棟，飾以黃土，賓從皆所識。明年，朗果自定州鎭宣武，辟韋重掌書記。重將行，處誨告以所夢。明年，處誨轉刑部侍郎。其年秋，授浙東觀察使。行及潼關，朗遣從事迎勞，仍致手書，令先疏所夢。比至汴，宴于清暑亭，賓佐悉符夢中。朗仰視屋棟曰：「此亦黃士也。」四坐感歎移時。後五年，朗卒，處誨繼爲汴州節度使，乃賦詩一章，刻于廳事，以盡思朗之悲。處誨方雅好古，且勤於著述，撰集至多。爲校書郎時，撰次明皇雜錄三篇，行於世。

從讜字正求，會昌二年登進士第，釋褐祕書省校書郎，歷拾遺、補闕、尙書郎、知制誥。故相令狐綯、魏扶，皆父貢舉門生，爲之延譽，尋遷中書舍人。咸通三年，知貢舉，拜禮部侍郎，轉刑部，改吏部侍郎。典選平允，時無屈人。垂將作輔，以權臣請託不行，改檢校刑部尙書、太原尹、北都留守、河東節度觀察等使。踰年，乞還不允，改檢校兵部尙書、汴州刺史、宣武軍節度觀察等使。期年報政，美聲流聞。當途者懼其大用，改廣州刺史、嶺南節度使。

五管爲南詔蠻所擾，天下徵兵，時有龐勛之亂，不暇邊事。從讜在鎭，北兵寡弱，夷獠棼然，乃擇其土豪，授之右職，禦侮扞城，皆得其效。雖郡邑屢陷，而交、廣晏然。俄而懿宗厭代，從讜以久在番禺，不樂風土，思歸戀闕，形於賦詠，累上章求爲分司散秩。僖宗徵還，用爲刑部尙書，尋以本官同平章事。

乾符中，盜起河南，天下騷動。陰山府沙陀都督李國昌部族方強，虎視北邊。屬靈州防禦使段文楚軍儲不繼，郡兵乏食，乃密引沙陁部攻城，殺文楚，遂據振武軍雲、朔等州。又令其子克章、克用大合諸部，南侵忻、代。前帥竇瀚、李侃、李蔚相繼以重臣鎮并部，皆不能遏。俄而康傳圭爲三軍所殺，軍士益驕，矜功責賞，動爲譟聚。加以河南、河北七道兵帥，雲合都下，人不聊生，沙陁連陷城邑，朝廷難於擇帥。僖宗欲以宰臣臨制之，詔曰：「開府儀同三司、門下侍郎、兼兵部尙書、充太淸宮使、弘文館大學士、延資庫使、上柱國、滎陽郡開國公、食邑二千戶鄭從讜，自處鈞衡，屢來麟鳳，才高應變，動必硏機。朕以北門興王故地，以爾嘗施惠化，尙有去思。方當用武之時，暫輟調元之職，佇殲兇醜，副我憂勤。可檢校司空、同平章事、太原尹、北都留守、河東節度，兼行營招討等使。」制下，許自擇參佐。乃奏長安令王調爲副使，兵部員外郎、史館修撰劉崇龜爲節度判官，前司勳員外郎、史館修撰趙崇爲觀察判官，前進士劉崇魯充推官，前左拾遺李渥充掌書記，前長安尉崔澤充支使。開幕之盛，冠於一時。時中朝瞻望者，目太原爲「小朝廷」，言名人之多也。

時新承軍亂之後，殺掠攻剽，無日無之。從讜貌温而氣勁，沉機善斷，奸無遁情。凡兇謀盜發，無不落其彀中，以是羣豪惕息。舊府城都虞候張彥球者，前帥令率兵三千逐沙陁於百井，中路而還，縱兵破鑰，殺故帥康傳圭。及從讜至，搜索其魁誅之，知彥球意善，有方略，召之開喩，坦然無疑，悉以兵柄委之。

廣明初，李鈞、李琢繼率本道之師出雁門，爲沙陀所敗。十二月，黃巢犯長安，僖宗出幸，傳詔謂從讜曰：「卿志安封域，權總戎麾，夷夏具瞻，社稷全賴。今月五日，草賊黃巢奔衝，十六日，駐蹕梁、漢。上慚九廟，下愧萬方。藩閫乍聞，痛憤應切。專差供奉官劉全及往彼慰喻。卿宜差點本道兵士，酌量多少，付北面副招討使諸葛爽，俾令入援。」從讜承詔雪涕，團結戎伍，遣牙將論安、後院軍使朱玫率步騎五千，從諸葛爽入關赴難。時中和元年五月也。

論安軍次離石。是月，沙陀李克用軍奄至，營于汾東，稱奉詔赴難入關。從讜具廩餼犒勞，信宿不發，克用傅城而呼曰：「本軍將南下，欲與相公面言。」從讜登城謂之曰：「僕射父子，咸通以來奮激忠義，血戰爲國，天下之人受賜。老夫歷事累朝，位忝將相，今日羣盜擾攘，輿駕奔播，蕩覆神州，不能荷戈討賊，以酬聖獎，老夫之罪也。然多難圖勳，是僕射立功立事之時也。所恨受命守藩，不敢辱命，無以仰陪戎棨。若僕射終以君親爲念，破賊之後，車駕還宮，却得待罪闕庭，是所願也。唯僕射自愛。」克用拜謝而去。然雜虜不戢，肆掠近甸，從讜遣大將王蟾、薛威出師追擊之。翌日，契苾部救兵至，沙陀大敗而還。初論安率師入關，至陰地，以數百卒擅歸，從讜集諸部校斬之於鞠場，並以兵衆付朱玫赴難。時鄭畋亦以宰相鎮鳳翔，與從讜宗人，同年登進士，畋亦舉兵岐下，以遏賊巢。廣明首唱仗義，斷賊首尾，逆徒名爲「二鄭」。國威復振，二儒帥之功也。

二年十一月，代北監軍使陳景思奉詔赦沙陁部，許討賊自贖。由是沙陁五部數萬人南下，不敢蹈境，乃自嵐、石沿河而南，唯李克用以數百騎臨城敍別。從讜遺之名馬、器幣而訣。三年，克用破賊立功，授河東節度代從讜，還至楡次，遣使致禮，謂從讜曰：「予家尊在雁門，且還覲省。相公徐治行裝，勿遽首途。」從讜承詔，即日牒監軍使周從寓請知兵馬留後事，書記劉崇魯知觀察留後事，戒之曰：「俟面李公，按籍而還。」

五月十五日，從讜離太原。時京城雖復，車駕未還，道途多寇。行次絳州，唐彥謙爲刺史，留駐數月。冬，詔使追赴行在，復輔政，歷司空、司徒，正拜侍中。光啓末，固辭機務，以疾還第。卒，有司謚曰文忠。

從讜知人善任，性不驕矜，故所至有聲績。在太原時，大將張彥球強桀難制，前後帥守以疑間貽釁，故軍旅不寧。及從讜撫封四年，知其才用可委，開懷任遇，得其死力。故抗虜全城，多彥球之効也，累奏爲行軍司馬。及再秉政，用爲金吾將軍，累郡刺史。在絳州時，彥謙判官陸扆嗜學有才思，寓於郡齋，日與之談宴，無間先後，乃稱之於朝，位至淸顯。在汴時，以兄處誨嘗爲鎭帥，歿於是郡，訖一政受代，不於公署舉樂，其友悌知禮，操履如此。國之名臣，文忠有焉。

韋貫之本名純，以憲宗廟諱，遂以字稱。八代祖夐，仕周，號逍遥公。父肇，官至吏部侍郎，有重名於時。貫之即其第二子。少舉進士，貞元初，登賢良科，授校書郎。秩滿，從調判入等，再轉長安縣丞。德宗末年，京兆尹李實權移宰相，言其可否，必數日而詔行。人有以貫之名薦於實者，答曰：「是其人居與吾同里，亟聞其賢，但吾得識其面而進於上。」舉笏示說者曰：「實已記其名氏矣。」說者喜，驟以其語告於貫之，且曰：「子今日詣實而明日受賀矣。」貫之唯唯，數歲終不往，然是後竟不遷。

永貞中，始除監察御史。上書舉季弟纁自代，時議不以爲私。轉右補闕，而纁代爲監察。元和元年，杜從郁爲左補闕，貫之與崔羣奏論，尋降爲左拾遺。又論遺、補雖品不同，皆是諫官。父爲宰相，子爲諫官，若政有得失，不可使子論父。改爲祕書丞。

後與中書舍人張弘靖考制策，第其名者十八人，其後多以文稱。轉禮部員外郎。新羅人金忠義以機巧進，至少府監，蔭其子爲兩館生，貫之持其籍不與，曰：「工商之子不當仕。」忠義以藝通權倖，爲請者非一，貫之持之愈堅。既而疏陳忠義不宜汚朝籍，詞理懇切，竟罷去之。改吏部員外郎。三年，復策賢良之士，又命貫之與戶部侍郎楊於陵、左司郎中鄭敬、都官郎中李益同爲考策官。貫之奏居上第者三人，言實指切時病，不顧忌諱，雖同考策者皆難其詞直，貫之獨署其奏，遂出爲果州刺史，道中黜巴州刺史。俄徵爲都官郎中、知制誥。踰年，拜中書舍人，改禮部侍郎。凡二年，所選士大抵抑浮華，先行實，由是趨競者稍息。轉尚書右丞，中謝日面賜金紫。

明年，以本官同中書門下平章事。淮西之役，鎮州盜竊發輦下，殺宰相武元衡，傷御史中丞裴度。及度爲相，二寇並征，議者以物力不可。貫之請釋鎮以養威，攻蔡以專力。上方急於太平，未可其奏。貫之進言：「陛下豈不知建中之事乎？天下之兵，始於蔡急魏應，齊趙同惡。德宗率天下兵，命李抱眞、馬燧急攻之，物力用屈，於是朱泚乘之爲亂，朱滔隨而向闕，致使梁、漢爲府，奉天有行，皆陛下所聞見。非他，不能忍待次第，速於撲滅故也。陛下獨不能寬歲月，俟拔蔡而圖鎮邪？」上深然之，而業已下伐鎮詔。後滅蔡而鎮自服，如其策焉。初，王師征蔡，以汴帥韓弘爲都統，又命汝帥烏重胤、許帥李光顏合兵而進。貫之以爲諸將四面討賊，各銳進取，今若置統督，復令二帥連營，則持重養威，未可以歲月下也。貫之之議不從，四年而始克蔡。尋遷中書侍郎。同列以張仲素、段文昌進名爲學士，貫之阻之，以行止未正，不宜在內庭。

貫之爲相，嚴身律下，以淸流品爲先，故門無雜賓。有張宿者，有口辯，得幸於憲宗，擢爲左補闕。將使淄青，宰臣裴度欲爲請章服，貫之曰：「此人得幸，何要假其恩寵耶？」其事遂寢。宿深銜之，卒爲所搆，誣以朋黨，罷爲吏部侍郎。不涉旬，出爲湖南觀察使。弟虢州刺史纁，亦貶遠郡。時兩河留兵，國用不足，命鹽鐵副使程异使諸道督課財賦。异所至方鎭，皆諷令捃拾進獻。貫之謂兩稅外不忍橫賦加人，所獻未滿异意，遂率屬內六州留錢以繼獻，由是罷爲太子詹事，分司東都。

上卽位，擢爲河南尹，徵拜工部尙書。未行，長慶元年卒於東都，年六十二，詔贈尙書右僕射。貫之自布衣至貴位，居室無改易。歷重位二十年，苞苴寶玉，不敢到門。性沉厚寡言，與人交，終歲無款曲，未曾僞詞以悅人。身歿之後，家無羨財。有文集三十卷。伯兄綬，德宗朝爲翰林學士。貞元之政，多參決於內署。綬所議論，常合中道，然畏愼致傷，晚得心疾，故不極其用。

纁有精識奧學，爲士林所器。閨門之內，名教相樂。故韋氏兄弟令稱，推於一時。纁累官至太常少卿。

貫之子澳、潾。

澳字子斐，大和六年擢進士第，又以弘詞登科。性貞退寡慾，登第後十年不仕。伯兄温，與御史中丞高元裕友善。温請用澳爲御史，謂澳曰：「高二十九持憲綱，欲與汝相面，汝必得御史。」澳不答。温曰：「高君端士，汝不可輕。」澳曰：「然恐無呈身御史。」竟不詣元裕之門。

周墀鎭鄭滑，辟爲從事。墀輔政，以澳爲考功員外郎、史館修撰。墀初作相，私謂澳曰：「才小任重，何以相救？」澳曰：「荷公重知，願公無權足矣。」墀愕然，不喻其旨，澳曰：「爵賞刑罰，非公共欲行者，願不以喜怒憎愛行之。但令百司羣官各舉其職，則公斂衽於廟堂之上，天下自理，何要權耶？」墀深然之。不周歲，以本官知制誥，尋召充翰林學士，累遷戶部兵部侍郎、學士承旨。與同僚蕭寘深爲宣宗所遇，每二人同直，無不召見，詢訪時事。每有邦國刑政大事，中使傳宣草詞，澳心欲論諫，即曰：「此一事，須降御札，方敢施行。」遲留至旦，必論其可否，上旨多從之。出爲京兆尹，不避權豪，京師讋憚。

會判戶部宰相蕭鄴改判度支，澳於延英對。上曰「戶部闕判使」，澳對以府事，上言「戶部闕判使」者三，又曰：「卿意何如？」澳對曰：「臣近年心力減耗，不奈繁劇，累曾陳乞一小鎭，聖慈未垂矜允。」上默然不樂其奏。澳甥柳玭知其對，謂澳曰：「舅之獎遇，特承聖知，延英奏對，恐未得中。」澳曰：「吾不爲時相所信，忽自宸旨，委以使務，必以吾他歧得之，何以自明？我意不錯。爾須知時事漸不堪，是吾徒貪爵位所致，爾宜志之！」大中十二年，檢校工部尚書，兼孟州刺史，充河陽三城懷孟澤節度等使，辭於內殿。上曰：「卿自求便，我不去卿。」在河陽累年，中使王居方使魏州，令傳詔旨謂澳曰：「久別無恙，知卿奉道，得何藥術，可具居方口奏。」澳因中使上章陳謝，又曰：「方士殊不可聽，金石有毒，切不宜服食。」帝嘉其忠，將召之，而帝厭代。

懿宗卽位，遷檢校戶部尚書，兼青州刺史、平盧節度觀察處置等使。入爲戶部侍郎，轉吏部，銓綜平允，不受請託。爲執政所惡，出爲邠州刺史、邠寧節度使。宰相杜審權素不悅於澳，會吏部發澳時簿籍，吏緣爲奸，坐罷鎭，以祕書監分司東都。嘗戲吟云：「莫將韋鹽同殷鹽，錯認容身作保身。」此句聞於京師，權幸尤怒之。上表求致仕，宰相疑其怨望，拜河南尹。制出，累上章辭疾，以松檟在秦川，求歸樊川別業，許之。踰年，復授戶部侍郎，以疾不拜而卒。贈戶部尚書，謚曰貞。

潾亦登進士第，無位而卒。潾子庾、庠、序、雍、郊。

庾登進士第，累佐使府，入朝爲御史，累遷兵部郎中、諫議大夫。從僖宗幸蜀，改中書舍人，累拜刑部侍郎，判戶部事。車駕還京，充頓遞使，至鳳翔病卒。

序、雍、郊皆登進士第。序、雍官至尚書郎。郊文學尤高，累歷清顯。自禮部員外郎知制誥，正拜中書舍人。昭宗末，召充翰林學士，累官戶部侍郎、學士承旨，卒。

史臣曰：二武朗拔精裁，爲時羽儀，嫉惡太甚，遭罹不幸，俾刃喋血，誠可哀哉！令狐中傷，爲惡滋甚，君子之行，其若是乎？鄭貞公博雅好古，一代儒宗。文忠致君，無忝乃祖，衣冠之盛，近代罕儔。韋氏三宗，世多才俊。純、纁忠懿，爲時元龜，作輔論兵，言皆體國。澳之貞亮，不替祖風。三代諡貞，考行無愧。

贊曰：后族崢嶸，平一辭榮。高風襲慶，鍾在二衡。猗與貞公，繼以文忠。純、纁文雅，綽有父風。

校勘記

〔一〕載德　各本原作「德載」，據本書卷一八三武承嗣傳、新書卷七四宰相世系表改。

〔二〕憲宗卽位始冊爲皇太子　冊府卷一七二作「帝始冊爲皇太子」。

舊唐書卷一百五十九

列傳第一百九

衞次公 子洙　鄭絪 子祗德　祗德子顥　韋處厚　崔羣　路隨 父泌

衞次公字從周，河東人。器韻和雅，弱冠舉進士。禮部侍郎潘炎目爲國器，擢居上第，參選調。吏部侍郎盧翰嘉其才，補崇文館校書郎，改渭南尉。次公善鼓琴，京兆尹李齊運使其子交歡，意欲次公授之琴，次公拒之，由是終身未嘗操絃。

嚴震之鎭興元，辟爲從事，授監察，轉殿中侍御史。貞元八年，徵爲左補闕，尋兼翰林學士。二十一年正月，德宗昇遐。時東宫疾恙方甚，倉卒召學士鄭絪等至金鑾殿。中人或云：「內中商量，所立未定。」衆人未對，次公遽言曰：「皇太子雖有疾，地居冢嫡，內外繫心。必不得已，當立廣陵王。若有異圖，禍難未已。」絪等隨而唱之，衆議方定。

及順宗在諒闇，外有王叔文輩操權樹黨，無復經制，次公與鄭絪同處內廷，多所匡正。

轉司勳員外郎。久之，以本官知制誥，賜紫金魚袋，仍爲學士，權知中書舍人。尋知禮部貢舉，斥浮華，進貞實，不爲時力所搖。眞拜中書舍人，仍充史館修撰，遷兵部侍郎、知制誥，復兼翰林學士。與鄭絪善，會鄭絪罷相，次公左授太子賓客，改尚書右丞，兼判戶部事，拜陝、虢等州都防禦觀察處置等使。請罷錢三百萬，人得蘇息，政聞于朝。徵爲兵部侍郎。選人李勣、徐有功之孫名在黜中，次公召而謂之曰：「子之祖先，勳在王府，豈限常格。」並優秩而遣之。

改尚書左丞，恩顧頗厚。上方命爲相，已命翰林學士王涯草詔，時淮夷宿兵歲久，次公累疏請罷。會有捷書至，相詔方出，憲宗令追之，遂出爲淮南節度使、檢校工部尚書，兼揚州大都督府長史、御史大夫。元和十三年十月，受代歸朝，道次病卒，贈太子少保，年六十六，謚曰敬。次公自少入仕，歷大僚，節操趨尚，始終如一，爲衆推重。

子洙，登進士第，尚憲宗女臨眞公主。累官至給事中、駙馬都尉、工部侍郎。

鄭絪字文明。父羨，池州刺史。絪少有奇志，好學，善屬文。大曆中，有儒學高名，如張參、蔣乂、楊綰、常袞，皆相知重。絪擢進士第，登宏詞科，授秘書省校書郎、鄠縣尉。張延賞鎭西川，辟爲書記，入除補闕、起居郎，兼史職。無幾，擢爲翰林，轉司勳員外郎、知制誥。德宗朝，在內職十三年，小心兢謙，上遇之頗厚。

貞元末，德宗晏駕，順宗初卽位，遺詔不時宣下，絪與同列衞次公密申正論，中人不敢違。及王伾、王叔文朋黨擅權之際，絪又能守道中立。憲宗監國，遷中書舍人，依前學士，俄拜中書侍郎、平章事，加集賢殿大學士，轉門下侍郎、宏文館大學士。憲宗初，勵精求理，絪與杜黃裳同當國柄。黃裳多所關決，首建議誅惠琳、斬劉闢及他制置。絪謙默多無所事，由是貶秩爲太子賓客。出爲嶺南節度觀察等使、廣州刺史、檢校禮部尚書，以廉政稱。入爲工部尚書，轉太常卿，又爲同州刺史、長春宮使，改東都留守。入歷兵部尚書，旋爲河中節度使。大和二年，入爲御史大夫、檢校左僕射、兼太子少保。

絪以文學進，恬澹，踐歷華顯，出入中外者踰四十年。所居雖無赫奕之稱，而守道敦篤，耽悅墳典，與當時博聞好古之士，爲講論名理之游，時人皆仰其耆德焉。及文宗卽位，以年力衰耄，累表陳乞，遂以太子太傅致仕。三年十月卒，年七十八，贈司空，謚曰宣。子祗德。

祗德子顥，登進士第，結綬弘文館校書。遷右拾遺、內供奉，詔授銀青光祿大夫，遷起居郎。尙宣宗女萬壽公主，拜駙馬都尉。歷尙書郎、給事中、禮部侍郎。典貢士二年，振拔滯才，至今稱之。遷刑部、吏部侍郎。大中十三年，檢校禮部尙書、河南尹。

顥居戚里，有器度。大中時，恩澤無對。及宣宗棄代，追感恩遇，嘗爲詩序曰：「去年壽昌節，赴麟德殿上壽，迴憩于長興里第。昏然晝寢，夢與十數人納涼於別館。館宇蕭灑，相與聯句。予爲數聯，同遊甚稱賞。既寤，不全記諸聯，唯省十字云『石門霧露白，玉殿莓苔青』，乃書之于楹。私怪語不祥，不敢言於人。不數日，宣宗不豫，廢朝會，及宮車上僊，方悟其事。追惟顧遇，續石門之句爲十韻云：『間歲流虹節，歸軒出禁扃。奔波陶畏景，蕭灑夢殊庭。境象非曾到，崇嚴昔未經。日車烏斂翼，風動鶴飄翎。異苑人爭集，涼臺筆不停。石門霧露白，玉殿莓苔青。若匪災先兆，何當思入冥。御鑪虛仗馬，華蓋負云亭。白日成千古，金縢閟九齡。小臣哀絕筆，湖上泣青萍。』」未幾，顥亦卒。

韋處厚字德載，京兆人。父萬，監察御史，爲荆南節度參謀。處厚本名淳，避憲宗諱，改名處厚。幼有至性，事繼母以孝聞。居父母憂，廬於墓次。既免喪，遊長安。通五經，博覽史籍，而文思贍逸。元和初，登進士第，應賢良方正，擢居異等，授秘書省校書郎。裴垍以宰相監修國史，奏以本官充直館，改咸陽縣尉，遷右拾遺，並兼史職。修德宗實錄五十卷上之，時稱信史。轉左補闕、禮部考功二員外。早爲宰相韋貫之所重，時貫之以議兵不合旨出官，處厚坐友善，出爲開州刺史。入拜戶部郎中，俄以本官知制誥。穆宗以其學有師法，召入翰林，爲侍講學士，換諫議大夫，改中書舍人，侍講如故。

時張平叔以便佞詼諧，他門捷進，自京兆少尹爲鴻臚卿、判度支，不數月，宜授戶部侍郎。平叔以征利中穆宗意，欲希大任。以榷鹽舊法爲弊年深，欲官自糶鹽，可富國強兵，勸農積貨，疏利害十八條。詔下其奏，令公卿議。處厚抗論不可，以平叔條奏不周，經慮未盡，以爲利者返害，爲簡者至煩，乃取其條目尤不可者，發十難以詰之。時平叔傾巧有恩，自謂言無不允。及處厚條件駁奏，穆宗稱善，令示平叔，平叔詞屈無以答，其事遂寢。

處厚以幼主荒怠，不親政務，既居納誨之地，宜有以啓導性靈，乃銓擇經義雅言，以類相從，爲二十卷，謂之六經法言，獻之。錫以繒帛銀器，仍賜金紫。以憲宗實錄未成，詔處厚與路隨兼充史館修撰。實錄未成，許二人分日入內，仍放常參。處厚俄又權兵部侍郎。

敬宗嗣位，李逢吉用事，素惡李紳，乃構成其罪，禍將不測。處厚與紳皆以孤進，同年進士，心頗傷之，乃上疏曰：

臣竊聞朋黨議論，以李紳貶黜尙輕。臣受恩至深，職備顧問，事關聖聽，不合不言。紳先朝奬用，擢在翰林，無過可書，無罪可戮。今羣黨得志，讒嫉大興。詢於人情，皆甚歎駭。詩云：「萋兮斐兮，成是貝錦。彼譖人者，亦已太甚。」又曰：「讒言罔極，交亂四國。」自古帝王，未有遠君子、近小人而致太平者。古人云：「三年無改於父之道，可謂孝矣。」李紳是前朝任使，縱有罪愆，猶宜洗釁滌瑕，念舊忘過，以成無改之美。今逢吉門下故吏，遍滿朝行，侵毀加誣，何詞不有？所貶如此，猶爲太輕。蓋曾參有投杼之疑，先師有拾塵之戒。伏望陛下斷自聖慮，不惑奸邪，則天下幸甚！建中之初，山東向化，只緣宰相朋黨，上負朝廷。楊炎爲元載復讎，盧杞爲劉晏報怨，兵連禍結，天下不平。伏乞聖明，察臣愚懇。

帝悟其事，紳得減死，貶端州司馬。

處厚正拜兵部侍郎，謝恩於思政殿。時昭愍狂恣，屢出畋遊，每月坐朝不三四日，處厚因謝從容奏曰：「臣有大罪，伏乞面首。」帝曰：「何也？」處厚對曰：「臣前爲諫官，不能先朝死諫，縱先聖好畋及色，以至不壽，臣合當誅。然所以不死諫者，亦爲陛下此時在春宮，年已十五。今則陛下皇子始一歲矣，臣安得更避死亡之誅？」上深感悟其意，賜錦綵一百匹、銀器四事。

寶曆元年四月，羣臣上尊號，御殿受册肆赦。李逢吉以李紳之故，所撰赦文但云左降官已經量移者與量移，不言未量移者，蓋欲紳不受恩例。處厚上疏曰：「伏見赦文節目中，左降官有不該恩澤者。在宥之體，有所未弘。臣聞物議皆言逢吉恐李紳量移，故有此節。若如此，則應是近年流貶官，因李紳一人皆不得量移。事體至大，豈敢不言？李紳先朝獎任，曾在內廷，自經貶官，未蒙恩宥。古人云：『人君當記人之功，忘人之過。』管仲拘囚，齊桓舉爲國相；冶長縲紲，仲尼選爲密親。有罪猶宜滌蕩，無辜豈可終累？況鴻名大號，册禮重儀，天地百靈之所鑒臨，億兆八紘之所瞻戴，恩澤不廣，實非所宜。臣與逢吉素無讎嫌，與李紳本非親黨，所論者全大體，所陳者在至公。伏乞聖慈察臣肝膽，倘蒙允許，仍望宣付宰臣，應近年左降官，並編入赦條，令準舊例，得量移近處。」帝覽奏，深悟其事〔一〕，乃追改赦文，紳方霑恩例。處厚爲翰林承旨學士，每立視草，惬會聖旨。常奉急命於宣州徵鷹鷙及楊、益、兩浙索奇文綾綿，皆抗疏不奉命，且引前時赦書爲證，帝皆可其奏。

寶曆季年，急變中起，文宗底綏內難，詔命將降，未有所定。處厚聞難奔赴，昌言曰：「春秋之法，大義滅親，內惡必書，以明逆順。正名討罪，於義何嫌？安可依違，有所避諱！」遂奉藩教行焉。是夕，詔命制置及踐祚禮儀，不暇責所司，皆出於處厚之議。及禮行之後，皆叶舊章。以佐命功，旋拜中書侍郎、同中書門下平章事、監修國史，加銀青光祿大夫，進爵靈昌郡公。

處厚在相位，務在濟時，不爲身計。中外補授，咸得其宜。初，貞元中宰相齊抗奏減冗員，罷諸州別駕，其在京百司當入別駕者，多處之朝列。元和以來，兩河用兵，偏裨立功者，往往擢在周行，率以儲寀王官雜補之，皆盛服趨朝，朱紫塡擁。久次當進及受代閑居者，常數十人，趨中書及宰相私第，摩肩候謁，繁於辭語。及處厚秉政，復奏置六雄、十望、十緊、三十四州別駕以處之，而淸流不雜，朝政淸肅。

文宗勤於聽政，然浮於決斷，宰相奏事得請，往往中變。處厚常獨論奏曰：「陛下不以臣等不肖，用爲宰相，參議大政。凡有奏請，初蒙聽納，尋易聖懷。若出自宸衷，卽示臣等不信；若出於橫議，臣等何名鼎司？且裴度元勳宿德，歷輔四朝，孜孜竭誠，人望所屬，陛下固宜親重。竇易直良厚，忠事先朝，陛下固當委信。微臣才薄，首蒙陛下擢用，非出他門，言旣不從，臣宜先退。」卽趨下再拜陳乞。上矍然曰：「何至此耶！卿之志業，朕素自知，登庸作輔，百職斯舉。縱朕有所失，安可遽辭，以彰吾薄德？」處厚謝之而去，出延英門復令召還，謂曰：「凡卿所欲言，並宜啓論。」處厚因對彰善癉惡，歸之法制，凡數百言；又裴度勳高望重，爲人盡心切直，宜久任，可壯國威。帝皆聽納。自是宰臣敷奏，人不敢橫議。

俄而滄州李同捷叛，朝廷加兵。魏博史憲誠中懷向背，裴度以宿舊自任，待憲誠於不疑。嘗遣親吏請事至中書，處厚謂曰：「晉公以百口於上前保爾使主，處厚則不然，但仰俟所爲，自有朝典耳。」憲誠聞之大懼，自此輸竭，竟有功於滄州。又嘗以理財制用爲國之本，撰大和國計二十卷以獻。李載義累破滄、鎭兩軍，兵士每有俘執，多遣刳剔，處厚以書喻之，載義深然其旨。自此滄、鎭所獲生口，配隸遠地，前後全活數百千人。

處厚居家循易，如不克任。至於廷諍敷啓，及馭轄待胥吏，勁確巍然不可奪。質狀非魁偉，如甚懦者，而庶僚請事，畏惕相顧，雖與語移晷，不敢私謁。急於用才，酷嗜文學，嘗病前古有以浮議坐廢者，故推擇羣材，往往棄瑕錄用，亦爲時所譏。雅信釋氏因果，晚年尤甚。聚書踰萬卷，多手自刊校。奉詔修元和實錄，未絕筆，其統例取捨，皆處厚創起焉。大和二年十二月，因延英奏對，造膝之際，忽奏「臣病作」，遽退。文宗命中官扶出歸第，一夕而卒，年五十六，贈司空。處厚當國柄二周歲，啓沃之謀，頗叶時譽，咸共惜之。

崔羣字敦詩，清河武城人，山東著姓。十九登進士第，又制策登科，授秘書省校書郎，累遷右補闕。元和初，召爲翰林學士，歷中書舍人。羣在內職，常以讜言正論聞於時。憲宗嘉賞，降宣旨云：「自今後學士進狀，並取崔羣連署，然後進來。」羣以禁密之司，動爲故事，自爾學士或惡直醜正，則其下學士無由上言。羣堅不奉詔，三疏論奏方允。

元和七年，惠昭太子薨，穆宗時爲遂王，憲宗以澧王居長，又多內助，將建儲貳，命羣與澧王作讓表，羣上言曰：「大凡己合當之，則有陳讓之儀；己不合當，因何遽有讓表？今遂王嫡長，所宜正位青宮。」竟從其奏。時魏博節度使田季安進絹五千匹，充助修開業寺。羣以爲事實無名，體尤不可，請止其所進。羣前後所論多愜旨，無不聽納。遷禮部侍郎，選拔才行，咸爲公當。轉戶部侍郎。

十二年七月〔二〕，拜中書侍郎、同中書門下平章事。十四年，誅李師道，上顧謂宰臣曰：「李師古雖自襲祖父，然朝廷待之始終。其妻於師道卽嫂叔也，雖云逆族，若量罪輕重，亦宜降等。又李宗奭雖抵嚴憲，其情比之大逆亦有不同。其妻士族也，今與其子女俱在掖廷〔三〕，於法皆似稍深。卿等留意否？」羣對曰：「聖情仁惻，罪止元兇。其妻近屬，倘獲寬宥，實合弘煦之道。」於是師古妻裴氏、女宜娘，詔出於鄧州安置。宗奭妻韋氏及男女先沒掖廷，並釋放，其奴婢、資貨皆復賜之。又鹽鐵福建院官權長孺坐贓，詔付京兆府決殺，長孺母劉氏求哀於宰相，羣因入對言之。憲宗愍其母耄年，乃曰：「朕將屈法赦長孺何如？」羣曰：「陛下仁惻卽赦之，當速令中使宣諭。如待正敕，卽無及也。」長孺竟得免死長流。羣之啓奏平恕，多此類也。

時憲宗急於邊寇，頗奬聚斂之臣，故藩府由是希旨，往往捃拾，目爲進奉。處州刺史苗稷進羨餘錢七千貫，羣議以爲違詔，受之則失信於天下，請却賜本州，代貧下租稅。時論美之。

度支使皇甫鎛陰結權倖，以求宰相，羣累疏其奸邪。嘗因對面論，語及天寶、開元中事，羣曰：「安危在出令，存亡繫所任。玄宗用姚崇、宋璟、張九齡、韓休、李元紘、杜暹則理，用林甫、楊國忠則亂。人皆以天寶十五年祿山自范陽起兵，是理亂分時，臣以爲開元二十年罷賢相張九齡，專任奸臣李林甫，理亂自此已分矣。用人得失，所繫非小。」詞意激切，左右爲之感動，鎛深恨之，而憲宗終用鎛爲宰相。無何，羣臣議上尊號，皇甫鎛欲加「孝德」兩字，羣曰：「有睿聖則孝德在其中矣。」竟爲鎛所構，憲宗不樂，出爲湖南觀察都團練使。

穆宗卽位，徵拜吏部侍郎，召見別殿，謂羣曰：「我昇儲位，知卿爲羽翼。」羣曰：「先帝之意，元在陛下。頃者授陛下淮西節度使，臣奉命草制，且曰：『能辨南陽之牘，允符東海之貴。』若不知先帝深旨，臣豈敢輕言？」數日，拜御史中丞。浹旬，授檢校兵部尙書，兼徐州刺史、武寧軍節度、徐泗濠觀察等使。初，幽、鎭逆命，詔授沂州刺史王智興爲武寧軍節度副使，領徐州兵討伐。羣以智興早得士心，表請因授智興旄鉞，竟寢不報。智興自河北迴戈，城內皆是父兄，開關延入，羣爲智興所逐。朝廷坐其失守，授秘書監，分司東都。未幾，改華州刺史、兼御史大夫，復改宣州刺史、歙池等州都團練觀察等使，徵拜兵部尚書。久之，改檢校吏部尚書、江陵尹、荊南節度觀察使。踰歲，改檢校右僕射，兼太常卿。大和五年，拜檢校左僕射，兼吏部尚書。六年八月卒，年六十一，册贈司空。

羣有沖識精裁，爲時賢相，清議以儉素之節，其終不及厥初。羣年未冠舉進士，陸贄知舉，訪於梁肅，議其登第有才行者，肅曰：「崔羣雖少年，他日必至公輔。」果如其言。

羣弟于，登進士，官至郎署，有令名。子充，亦以文學進，歷三署，終東都留守。

路隨字南式，其先陽平人。高祖節，高宗朝爲越王府東閤祭酒。曾祖惟恕，官至睦州刺史。祖傪之，仕終太子通事舍人。

父泌字安期，少好學，通五經，尤嗜詩、易、左氏春秋，能諷其章句，皆究深旨。博涉史傳，工五言詩。性端亮寡言，以孝悌聞於宗族。建中末，以長安尉從調，與李益、韋綬等書判同居高第，泌授城門郎。屬德宗違難奉天，泌時在京師，棄妻子潛詣行在所。又從幸梁州，排潰軍而出，再爲流矢所中，裂裳濡血，以策說渾瑊，瑊深重之，辟爲從事。瑊討懷光，累奏爲副元帥判官、檢校戶部郎中、兼御史中丞。河中平，隨瑊與吐蕃會盟于平涼，因刼盟陷蕃。在絕域累年，棲心於釋氏之教，爲贊普所重，待以賓禮，卒於戎鹿〔四〕。

貞元十九年，吐蕃遣邊將書求和，隨哀泣上疏，願允其請，表三上，德宗命中使諭旨。朝廷懲其宿詐，俟更要於後信，訖數歲不報。元和中，蕃使復款塞，隨復五獻封章，請修和好。又上書於宰執哀訴，裴垍、李藩皆協力敷奏，憲宗可之。命祠部郎中徐復報聘，乃特於詔中疏平涼陷蕃者名氏，令歸中國。吐蕃因復等還，遣使來朝，遂以泌及鄭叔矩之喪與銘及遺錄至，朝野傷歎。憲宗憫之，贈絳州刺史，賜絹二百匹，至葬日，委所在官給喪事。泌累贈太子少保。

泌陷蕃之歲，隨方在孩提，後稍長成，知父在蕃，乃日夜啼號，坐必西嚮，饌不食肉，母氏言其形貌肖先君，遂終身不照鏡。後以通經調授潤州參軍，爲李錡所困，使知市事，隨翛然坐市中，一不介意。韋夏卿爲東都留守，聞而辟之，由是聲名日振。元和五年，邊吏以訃至，隨居喪，益以孝聞。服闋，擢拜左補闕。

會李絳諷上納諫，憲宗皇帝曰：「諫官路隨、韋處厚章疏相繼，朕常深用其言。」自是識者敬伏焉。俄遷起居郎，轉司勳員外郎。自補闕至司勳員外，皆充史館修撰。穆宗卽位，遷司勳郎中，賜緋魚袋，與韋處厚同入翰林爲侍講學士，採三代皇王興衰，著六經法言二十卷奏之，拜諫議大夫，依前侍講學士。將修憲宗實錄，復命兼充史職。敬宗登極，拜中書舍人、翰林學士，仍賜紫。有以金帛謝除制者，必叱而却之曰：「吾以公事接私財耶？」終無所納。文宗卽位，韋處厚入相，隨代爲承旨，轉兵部侍郎、知制誥。大和二年，處厚薨，隨代爲相，拜中書侍郎，加監修國史。初，韓愈撰順宗實錄，說禁中事頗切直，內官惡之，往往於上前言其不實，累朝有詔改修。及隨進憲宗實錄後，文宗復令改正永貞時事，隨奏曰：

臣昨面奉聖旨，以順宗實錄頗非詳實，委臣等重加刊正，畢日聞奏。臣自奉宣命，取史本欲加筆削。近見衞尉卿周居巢、諫議大夫王彥威、給事中李固言、史官蘇景胤等各上章疏，具陳刊改非甚便宜。又聞班行如此議論頗衆。臣伏以史册之作，勸誡所存，事有當書，理宜歸實。匹夫美惡尙不可誣，人君得失無容虛載。聖旨以前件實錄記貞元末數事，稍非摭實，蓋出傳聞，審知差舛，便令刊正。頃因坐日，屢形聖言，通計前後，至于數四。臣及宗閔、僧孺亦以永貞已來，歲月至近，禁中行事，在外固難詳知。陛下所言，皆是接於耳目。旣聞乖謬，因述古今，引前史直不疑盜嫂之言，及第五倫撾公之說，皆多此比類，難盡信書。所冀睿鑒詳於聽言，深宮愼於行事。持此比類，上開聰明，特蒙降察，稍恕前謬。由是近垂宣命，令有改修。

臣等伏以貞觀已來，累朝實錄有經重撰，不敢固辭，但欲粗刪深誤，亦固盡存諸說。宗閔、僧孺相與商量，緣此書成於韓愈，今史官李漢、蔣係皆愈之子壻，若遣參撰，或致私嫌。以臣旣職監修，盍令詳正，及經奏請，事遂施行。今者庶僚競言，不知本起，表章交奏，似有他疑。臣雖至昧，容非自請。旣迫羣議，輒冒上聞。縱臣果獲修成，必懼終爲時累。且韓愈所書，亦非己出，元和之後，已是相循。縱其密親，豈害公理？使歸本職，實謂正名。其實録伏望條示舊記最錯誤者，宣付史官，委之修定。則冀聖祖垂休，永無慚於傳信；下臣非據，獲減戾於侵官。彰清朝立政之方，表公器不私之義。流言自弭，時論攸宜。

詔曰：「其實録中所書德宗、順宗朝禁中事，尋訪根柢，蓋起謬傳，諒非信史。宜令史官詳正刊去，其他不要更修。餘依所奏。」四年，轉門下侍郎，加崇文館大學士。七年，兼太子太師，備禮册拜。表上史官所修憲宗、穆宗實錄。八年，辭疾，不得謝。會李德裕連貶至袁州長史，隨不署奏狀，始爲鄭注所忌。九年四月，拜檢校尚書右僕射、同中書門下平章事，兼潤州刺史、鎭海軍節度、浙江西道觀察等使。大和九年七月，遘疾于路，薨于揚子江之中流，年六十，册贈太保，謚曰貞。

隨有學行大度，爲諫官能直言，在內廷匡益。自寶曆初爲承旨學士，卽參大政矣。後十五年在相位〔五〕，宗閔、德裕朋黨交興，攘臂於其間，李訓、鄭注始終奸詐，接武於其後，而隨藏器韜光，隆汚一致，可謂得君子中庸而常居之也。

史臣曰：衞次公、鄭絪、韋處厚、崔羣、路隨等，皆以文學飾身，致位崇極。秉之忠讜，垂名簡書，茲實有足多也。絪有其位，有其時，懷獨善之謀，晦衆濟之道，左遷非不幸也。次公因獻捷之書，輟已成之詔，命也夫。處厚危言切議，振士友之急，稱同列之善，君子哉！

贊曰：衞、鄭、韋、路，秉之博陵。文學政事，爲時所稱。

校勘記

〔一〕深悟其事　「深悟」二字各本原無，據冊府卷五五三補。

〔二〕十二年　「十」字各本原無，據新書卷一六五崔羣傳、通鑑卷二四〇改。

〔三〕今與其子女　「與」字各本原無，據唐會要卷三九、冊府卷一五〇補。

〔四〕卒於戎鹿　校勘記卷五三引張宗泰說：「鹿」字義不可通，疑當作「幕」。

〔五〕十五年　合鈔卷二一〇路隨傳作「五年」。

舊唐書卷一百六十

列傳卷第一百一十

韓愈　張籍　孟郊　唐衢　李翺　宇文籍　劉禹錫

柳宗元　韋辭

韓愈字退之，昌黎人。父仲卿，無名位。愈生三歲而孤，養於從父兄。愈自以孤子，幼刻苦學儒，不俟奬勵。大曆、貞元之間，文字多尙古學，效楊雄、董仲舒之述作，而獨孤及、梁肅最稱淵奧，儒林推重。愈從其徒遊，銳意鑽仰，欲自振於一代。洎舉進士，投文於公卿間，故相鄭餘慶頗爲之延譽，由是知名於時。

尋登進士第。宰相董晉出鎭大梁，辟爲巡官。府除，徐州張建封又請爲其賓佐。愈發言眞率，無所畏避，操行堅正，拙於世務。調授四門博士，轉監察御史。德宗晚年，政出多門，宰相不專機務，宮市之弊，諫官論之不聽。愈嘗上章數千言極論之，不聽，怒貶爲連州陽山令，量移江陵府掾曹。元和初，召爲國子博士，遷都官員外郎。時華州刺史閻濟美以公事停華陰令柳澗縣務，俾攝掾曹。居數月，濟美罷郡，出居公館，澗遂諷百姓遮道索前年軍頓役直。後刺史趙昌按得澗罪以聞，貶房州司馬。愈因使過華，知其事，以爲刺史相黨，上疏理澗，留中不下。詔監察御史李宗奭按驗，得澗贓狀，再貶澗封溪尉。以愈妄論，復爲國子博士。愈自以才高，累被擯黜，作進學解以自喻曰：

國子先生晨入太學，召諸生立館下，誨之曰：「業精于勤荒于嬉，行成于思毀于隨。方今聖賢相逢，治具畢張，拔去兇邪，登崇俊良。占小善者率以錄，名一藝者無不庸。爬羅剔抉，刮垢磨光。蓋有幸而獲選，孰云多而不揚？諸生業患不能精，無患有司之不明；行患不能成，無患有司之不公。」

言未既，有笑于列者曰：「先生欺予哉！弟子事先生，于茲有年矣。先生口不絕吟於六藝之文，手不停披於百家之編。記事者必提其要，纂言者必鈎其玄。貪多務得，細大不捐。燒膏油以繼晷，常矻矻以窮年。先生之業，可謂勤矣。觝排異端，攘斥佛、老，補苴罅漏，張皇幽眇。尋墜緒之茫茫，獨旁搜而遠紹；障百川而東之，迴狂瀾於既倒。先生之於儒，可謂有勞矣。沉浸醲郁，含英咀華，作爲文章，其書滿家。上規姚、姒，渾渾無涯。周誥、殷盤，佶屈聱牙。春秋謹嚴，左氏浮誇。易奇而法，詩正而葩。

下逮莊、騷，太史所錄，子雲、相如，同工異曲。先生之於文，可謂閎其中而肆其外矣。少始知學，勇於敢爲；長通於方，左右具宜。先生之於爲人，可謂成矣。然而公不見信於人，私不見助於友，跋前躓後，動輒得咎。暫爲御史，遂竄南夷。三爲博士，冗不見治。命與仇謀，取敗幾時。冬煖而兒號寒，年豐而妻啼饑。頭童齒豁，竟死何裨？不知慮此，而反教人爲！」

先生曰：「吁，子來前。夫大木爲杗，細木爲桷，欂櫨侏儒，椳闑扂楔，各得其宜，施以成室者，匠氏之工也。玉札丹砂、赤箭青芝、牛溲馬勃、敗鼓之皮，俱收幷蓄，待用無遺者，醫師之良也。登明選公，雜進巧拙，紆餘爲妍，卓犖爲傑，校短量長，唯器是適者，宰相之方也。昔者，孟軻好辯，孔道以明，轍環天下，卒老于行。荀卿守正，大論是弘，逃讒于楚，廢死蘭陵。是二儒者，吐辭爲經，擧足爲法，絕類離倫，優入聖域，其遇于世何如也？今先生學雖勤，不由其統；言雖多，不要其中；文雖奇，不濟於用；行雖修，不顯於衆。猶且月費俸錢，歲靡廩粟，子不知耕，婦不知織，乘馬從徒，安坐而食，踵常塗之促促，窺陳編以盜竊。然而聖主不加誅，宰臣不見斥，此非其幸哉！動而得謗，名亦隨之。投閒置散，乃分之宜。若夫商財賄之有無，計班資之崇庳，忘己量之所稱，指前人之瑕疵，是所謂詰匠氏之不以杙爲楹，而訾醫師以昌陽引年，欲進其豨苓也。」

執政覽其文而憐之，以其有史才，改比部郎中、史館修撰。踰歲，轉考功郎中、知制誥，拜中書舍人。

俄有不悅愈者，摭其舊事，言愈前左降為江陵掾曹，荆南節度使裴均館之頗厚，均子鍔凡鄙，近者鍔還省父，愈為序餞鍔，仍呼其字。此論喧於朝列，坐是改太子右庶子。元和十二年八月，宰臣裴度為淮西宣慰處置使，兼彰義軍節度使，請愈為行軍司馬，仍賜金紫。淮、蔡平，十二月隨度還朝，以功授刑部侍郎，仍詔愈撰平淮西碑，其辭多敍裴度事。時先入蔡州擒吳元濟，李愬功第一，愬不平之。愬妻出入禁中，因訴碑辭不實，詔令磨愈文。憲宗命翰林學士段文昌重撰文勒石。

鳳翔法門寺有護國眞身塔，塔內有釋迦文佛指骨一節，其書本傳法，三十年一開，開則歲豐人泰。十四年正月，上令中使杜英奇押宮人三十人，持香花，赴臨皋驛迎佛骨。自光順門入大內，留禁中三日，乃送諸寺。王公士庶，奔走捨施，唯恐在後。百姓有廢業破產、燒頂灼臂而求供養者。愈素不喜佛，上疏諫曰：

伏以佛者，夷狄之一法耳。自後漢時始流入中國，上古未嘗有也。昔黃帝在位百年，年百一十歲；少昊在位八十年，年百歲；顓頊在位七十九年，年九十八歲；帝嚳在位七十年，年百五歲；帝堯在位九十八年，年百一十八歲；帝舜及禹年皆百歲。此時天下太平，百姓安樂壽考，然而中國未有佛也。其後殷湯亦年百歲，湯孫太戊在位七十五年，武丁在位五十年，書史不言其壽，推其年數，蓋亦俱不減百歲。周文王年九十七歲，武王年九十三歲，穆王在位百年。此時佛法亦未至中國，非因事佛而致此也。漢明帝時始有佛法，明帝在位纔十八年耳。其後亂亡相繼，運祚不長，宋、齊、梁、陳、元魏已下，事佛漸謹，年代尤促。唯梁武帝在位四十八年，前後三度捨身施佛，宗廟之祭，不用牲牢，晝日一食，止於菜果；其後竟爲侯景所逼，餓死臺城，國亦尋滅，事佛求福，乃更得禍。由此觀之，佛不足信，亦可知矣。

高祖始受隋禪，則議除之。當時羣臣識見不遠，不能深究先王之道、古今之宜，推闡聖明，以救斯弊，其事遂止。臣嘗恨焉！伏惟皇帝陛下，神聖英武，數千百年以來未有倫比。卽位之初，卽不許度人爲僧尼、道士，又不許別立寺觀。臣當時以爲高祖之志，必行於陛下之手。今縱未能卽行，豈可恣之轉令盛也！

今聞陛下令羣僧迎佛骨於鳳翔，御樓以觀，舁入大內，令諸寺遞迎供養。臣雖至愚，必知陛下不惑於佛，作此崇奉以祈福祥也。直以年豐人樂，徇人之心，爲京都士庶設詭異之觀、戲玩之具耳。安有聖明若此而肯信此等事哉？然百姓愚冥，易惑難曉，苟見陛下如此，將謂眞心信佛。皆云天子大聖，猶一心敬信，百姓微賤，於佛豈合惜身命。所以灼頂燔指，百十爲羣，解衣散錢，自朝至暮，轉相倣效，唯恐後時，老幼奔波，棄其生業。若不卽加禁遏，更歷諸寺，必有斷臂臠身以爲供養者。傷風敗俗，傳笑四方，非細事也。

佛本夷狄之人，與中國言語不通，衣服殊製。口不道先王之法言，身不服先王之法服〔一〕，不知君臣之義、父子之情。假如其身尚在，奉其國命，來朝京師，陛下容而接之，不過宣政一見，禮賓一設，賜衣一襲，衞而出之於境，不令惑於衆也。況其身死已久，枯朽之骨，兇穢之餘，豈宜以入宮禁！孔子曰：「敬鬼神而遠之。」古之諸侯，行弔於國，尙令巫祝先以桃茢，祓除不祥，然後進弔。今無故取朽穢之物，親臨觀之，巫祝不先，桃茢不用，羣臣不言其非，御史不舉其失，臣實恥之。乞以此骨付之水火，永絕根本，斷天下之疑，絕後代之惑。使天下之人，知大聖人之所作爲出於尋常萬萬也，豈不盛哉！豈不快哉！佛如有靈，能作禍祟，凡有殃咎，宜加臣身。上天鑒臨，臣不怨悔。

疏奏，憲宗怒甚。間一日，出疏以示宰臣，將加極法。裴度、崔羣奏曰：「韓愈上忤尊聽，誠宜得罪，然而非內懷忠懇，不避黜責，豈能至此？伏乞稍賜寬容，以來諫者。」上曰：「愈言我奉佛太過，我猶爲容之。至謂東漢奉佛之後，帝王咸致夭促，何言之乖剌也？愈爲人臣，敢爾狂妄，固不可赦。」于是人情驚惋，乃至國戚諸貴亦以罪愈太重，因事言之，乃貶爲潮州刺史。

愈至潮陽，上表曰：

臣今年正月十四日，蒙恩授潮州刺史，卽日馳驛就路。經涉嶺海，水陸萬里。臣所領州，在廣府極東，去廣府雖云二千里，然來往動皆踰月。過海口，下惡水，濤瀧壯猛，難計期程，颶風鱷魚，患禍不測。州南近界，漲海連天，毒霧瘴氛，日夕發作。臣少多病，年纔五十，髮白齒落，理不久長。加以罪犯至重，所處又極遠惡，憂惶慚悸，死亡無日。單立一身，朝無親黨，居蠻夷之地，與魑魅同羣。苟非陛下哀而念之，誰肯爲臣言者。

臣受性愚陋，人事多所不通，唯酷好學問文章，未嘗一日暫廢，實爲時輩推許。臣於當時之文，亦未有過人者，至於論述陛下功德，與詩、書相表裏，作爲歌詩，薦之郊廟，紀太山之封，鏤白玉之牒，鋪張對天之宏休，揚厲無前之偉跡，編於詩、書之策而無愧，措於天地之間而無虧。雖使古人復生，臣未肯多讓。伏以大唐受命有天下，四海之內，莫不臣妾，南北東西，地各萬里。自天寶之後，政治少懈，文致未優，武克不綱。孽臣姦隸，外順內悖，父死子代，以祖以孫，如古諸侯，自擅其地，不朝不貢，六七十年。四聖傳序，以至陛下，躬親聽斷，干戈所麾，無不從順。宜定樂章，以告神明，東巡泰山，奏功皇天，使永永萬年，服我成烈。當此之際，所謂千載一時不可逢之嘉會，而臣負罪嬰釁，自拘海島，戚戚嗟嗟，日與死迫，曾不得奏薄伎於從官之內、隸御之間，窮思畢精，以贖前過。懷痛窮天，死不閉目！瞻望宸極，魂神飛去。伏惟陛下，天地父母，哀而憐之。

憲宗謂宰臣曰：「昨得韓愈到潮州表，因思其所諫佛骨事，大是愛我，我豈不知？然愈爲人臣，不當言人主事佛乃年促也。我以是惡其容易。」上欲復用愈，故先語及，觀宰臣之奏對。而皇甫鎛惡愈狷直，恐其復用，率先對曰：「愈終太狂疏，且可量移一郡。」乃授袁州刺史。

初，愈至潮陽，既視事，詢吏民疾苦，皆曰：「郡西湫水有鱷魚，卵而化，長數丈，食民畜產將盡，以是民貧。」居數日，愈往視之，令判官秦濟炮一豚一羊，投之湫水，呪之曰：

前代德薄之君，棄楚、越之地，則鱷魚涵泳於此可也。今天子神聖，四海之外，撫而有之。況揚州之境，刺史縣令之所治，出貢賦以共天地宗廟之祀，鱷魚豈可與刺史雜處此土哉？刺史受天子命，令守此土，而鱷魚睅然不安谿潭，食民畜熊鹿麞豕，以肥其身，以繁其卵，與刺史爭爲長。刺史雖駑弱，安肯爲鱷魚低首而下哉？今潮州大海在其南，鯨鵬之大，蝦蠏之細，無不容，鱷魚朝發而夕至。今與鱷魚約，三日乃至七日，如頑而不徙，須爲物害，則刺史選材伎壯夫，操勁弓毒矢，與鱷魚從事矣！

呪之夕，有暴風雷起於湫中。數日，湫水盡涸，徙於舊湫西六十里。自是潮人無鱷患。

袁州之俗，男女隸於人者，踰約則沒入出錢之家。愈至，設法贖其所沒男女，歸其父母。仍削其俗法，不許隸人。

十五年，徵爲國子祭酒，轉兵部侍郎。會鎭州殺田弘正，立王廷湊，令愈往鎭州宣諭。愈既至，集軍民，諭以逆順，辭情切至，廷湊畏重之。改吏部侍郎。轉京兆尹，兼御史大夫。以不臺參，爲御史中丞李紳所劾。愈不伏，言準敕仍不臺參。紳、愈性皆褊僻，移刺往來，紛然不止，乃出紳爲浙西觀察使，愈亦罷尹，爲兵部侍郎。及紳面辭赴鎭，泣涕陳敍，穆宗憐之，乃追制以紳爲兵部侍郎，愈復爲吏部侍郎。

長慶四年十二月卒，時年五十七，贈禮部尚書，謚曰文。

愈性弘通，與人交，榮悴不易。少時與洛陽人孟郊、東郡人張籍友善。二人名位未振，愈不避寒暑，稱薦於公卿間，而籍終成科第，榮於祿仕。後雖通貴，每退公之隙，則相與談讌，論文賦詩，如平昔焉。而觀諸權門豪士，如僕隸焉，瞪然不顧。而頗能誘厲後進，館之者十六七，雖晨炊不給，怡然不介意。大抵以興起名教弘獎仁義爲事。凡嫁內外及友朋孤女僅十人。

常以爲自魏、晉已還，爲文者多拘偶對，而經誥之指歸，遷、雄之氣格，不復振起矣。故愈所爲文，務反近體，抒意立言，自成一家新語。後學之士，取爲師法。當時作者甚衆，無以過之，故世稱「韓文」焉。然時有恃才肆意，亦有盭孔、孟之旨。若南人妄以柳宗元爲羅池神，而愈譔碑以實之；李賀父名晉，不應進士，而愈爲賀作諱辨，令舉進士；又爲毛穎傳，譏戲不近人情：此文章之甚紕繆者。時謂愈有史筆，及撰順宗實錄，繁簡不當，敍事拙於取捨，頗爲當代所非。穆宗、文宗嘗詔史臣添改，時愈壻李漢、蔣係在顯位，諸公難之。而韋處厚竟別撰順宗實錄三卷。有文集四十卷，李漢爲之序。

子昶，亦登進士第。

張籍者，貞元中登進士第。性詭激，能爲古體詩，有警策之句，傳於時。調補太常寺太祝，轉國子助教、秘書郎。以詩名當代，公卿裴度、令狐楚，才名如白居易、元稹，皆與之遊，而韓愈尤重之。累授國子博士、水部員外郎，轉水部郎中，卒。世謂之張水部云。

孟郊者，少隱於嵩山，稱處士。李翺分司洛中，與之遊。薦於留守鄭餘慶，辟爲賓佐。

性孤僻寡合，韓愈一見以爲忘形之契，常稱其字曰東野，與之唱和於文酒之間。鄭餘慶鎭興元，又奏爲從事，辟書下而卒。餘慶給錢數萬葬送，贍給其妻子者累年。

唐衢者，應進士，久而不第。能爲歌詩，意多感發。見人文章有所傷歎者，讀訖必哭，涕泗不能已。每與人言論，既相別，發聲一號，音辭哀切，聞之者莫不悽然泣下。嘗客遊太原，屬戎帥軍宴，衢得預會。酒酣言事，抗音而哭，一席不樂，爲之罷會，故世稱唐衢善哭。左拾遺白居易遺之詩曰：「賈誼哭時事，阮籍哭路歧。唐生今亦哭，異代同其悲。唐生者何人？五十寒且饑。不悲口無食，不悲身無衣。所悲忠與義，悲甚則哭之。太尉擊賊日，尚書叱盜時。大夫死兇寇，諫議謫蠻夷。每見如此事，聲發涕輒隨。我亦君之徒，鬱鬱何所爲？不能發聲哭，轉作樂府辭。」其爲名流稱重若此。竟不登一命而卒。

李翺字習之，涼武昭王之後。父楚金，貝州司法參軍。翺幼勤於儒學，博雅好古，爲文尚氣質。貞元十四年登進士第，授校書郎。三遷至京兆府司錄參軍。元和初，轉國子博士、史館修撰。

十四年，太常丞王涇上疏請去太廟朔望上食，詔百官議。議者以開元禮，太廟每歲禴、祠、蒸、嘗、臘，凡五享。天寶末，玄宗令尙食每月朔望具常饌，令宮闈令上食於太廟，後遂爲常。由是朔望不視朝，比之大祠。翺奏議曰：

國語曰，王者日祭。禮記曰，王立七廟，皆月祭之。周禮時祭，禴祠蒸嘗。漢氏皆雜而用之。蓋遭秦火，詩、書、禮經燼滅，編殘簡缺，漢乃求之。先儒穿鑿，各伸己見，皆託古聖賢之名，以信其語，故所記各不同也。古者廟有寢而不墓祭，秦、漢始建寢廟於園陵，而上食焉。國家因之而不改。貞觀、開元禮並無宗廟日祭月祭之禮，蓋以日祭月祭，既已行於陵寢矣，故太廟之中，每歲五饗六告而已。不然者，房玄齡、魏徵輩皆一代名臣，窮極經史，豈不見國語、禮記有日祭月祭之詞乎？斯足以明矣。

伏以太廟之饗，籩豆牲牢，三代之通禮，是貴誠之義也。園陵之奠，改用常饌，秦、漢之權制，乃食味之道也。今朔望上食於太廟，豈非用常褻味而貴多品乎？且非禮所謂「至敬不饗味而貴氣臭」之義也。傳稱：屈到嗜芰，有疾，召其宗老而屬之曰：「祭我必以芰。」及祭薦芰，其子違命去芰而用羊饋籩豆脯醢，君子是之。言事祖考之義，當以禮爲重，不以其生存所嗜爲獻，蓋明非食味也。然則薦常饌於太廟，無乃與芰爲比乎？且非三代聖王之所行也。況祭器不陳俎豆，祭官不命三公，執事者唯宮闈令與宗正卿而已。謂之上食也，安得以爲祭乎？且時享于太廟，有司攝事，祝文曰：「孝曾孫皇帝臣某，謹遣太尉臣名，敢昭告于高祖神堯皇帝、祖妣太穆皇后竇氏。時惟孟春，永懷罔極。謹以一元大武、柔毛剛鬣、明粢薌萁、嘉蔬嘉薦醴齊，敬脩時享，以申追慕。」此祝辭也。前享七日質明，太尉誓百官於尚書省曰：「某月某日時享于太廟，各揚其職。不供其事，國有常刑。」凡陪享之官，散齋四日，致齋三日，然後可以爲祭也。宗廟之禮，非敢擅議，雖有知者，其誰敢言？故六十餘年，行之不廢。今聖朝以弓矢旣櫜，禮樂爲大，故下百僚，可得詳議。臣等以爲貞觀、開元禮并無太廟上食之文，以禮斷情，罷之可也。至若陵寢上食，採國語、禮記日祭月祭之詞，因秦、漢之制，修而存之，以廣孝道可也。如此，則經義可據，故事不遺。大禮旣明，永息異論，可以繼二帝三王，而爲萬代法。與其瀆禮越古，貴因循而憚改作，猶天地之相遠也。

知禮者是之，事竟不行。

翺性剛急，論議無所避。執政雖重其學，而惡其激訐，故久次不遷。翺以史官記事不實，奏狀曰：「臣謬得秉筆史館，以記注爲職。夫勸善懲惡，正言直筆，紀聖朝功德，述忠賢事業，載姦臣醜行，以傳無窮者，史官之任也。凡人事迹，非大善大惡，則衆人無由得知，舊例皆訪於人，又取行狀諡議，以爲依據。今之作行狀者，多是其門生故吏，莫不虛加仁義禮智，妄言忠肅惠和。此不唯其處心不實，苟欲虛美於受恩之地耳。蓋爲文者，又非游、夏、遷、雄之列，務於華而忘其實，溺於文而棄其理。故爲文則失六經之古風，紀事則非史遷之實錄。臣今請作行狀者，但指事實，直載事功。假如作魏徵傳，但記其諫諍之辭，足以爲正直；段秀實但記其倒用司農印以追逆兵，以象笏擊朱泚，足以爲忠烈。若考功視行狀，不依此者不得受。依此則考功下太常，牒史館，然後定諡。伏乞以臣此奏下考功。」從之。尋權知職方員外郎。十五年六月，授考功員外郎，並兼史職。

翺與李景儉友善。初，景儉拜諫議大夫，舉翺自代。至是，景儉貶黜，七月出翺爲朗州刺史。俄而景儉復爲諫議大夫，翺亦入爲禮部郎中。翺自負辭藝，以爲合知制誥，以久未如志，鬱鬱不樂，因入中書謁宰相，面數李逢吉之過失，逢吉不之校。翺心不自安，乃請告。滿百日，有司準例停官，逢吉奏授廬州刺史。大和初，入朝爲諫議大夫，尋以本官知制誥。三年二月，拜中書舍人。

初，諫議大夫柏耆將使滄州軍前宣諭，翺嘗贊成此行。柏耆尋以擅入滄州得罪，翺坐謬舉，左授少府少監。俄出爲鄭州刺史。五年，出爲桂州刺史、御史中丞，充桂管都防禦使。七年，改授潭州刺史、湖南觀察使。八年，徵爲刑部侍郎。九年，轉戶部侍郎。七月，檢校戶部尚書、襄州刺史，充山南東道節度使。會昌中，卒於鎮，謚曰文。

宇文籍字夏龜。父滔，官卑。少好學，尤通春秋。竇羣自處士徵爲右拾遺，表籍自代，由是知名。登進士第，宰相武元衡出鎮西蜀，奏爲從事。以咸陽尉直史館，與韓愈同修順宗實錄，遷監察御史。王承宗叛，詔捕其弟駙馬都尉承系，其賓客中有爲誤識者。又蘇表以破淮西策干宰相武元衡，元衡不用。以籍舊從事，令召表訊之，籍因與表狎。元衡怒，坐貶江陵府戶曹參軍。至任，節度使孫簡知重之，欲令兼幕府職事。籍辭曰：「籍以君命譴黜，亦當以君命升。假榮偷奬，非所願也。」後考滿，連辟藩府，入爲侍御史，轉著作郞，遷駕部員外郞、史館修撰。與韋處厚、韋表微、路隨、沈傳師同修憲宗實錄。俄以本官知制誥，轉庫部郞中。大和中，遷諫議大夫，專掌史筆，罷知制誥。籍性簡澹寡合，耽玩經史，精於著述，而風望峻整，爲時輩推重。大和二年正月卒，時年五十九，贈工部侍郞。

子臨，大中初登進士第。

劉禹錫字夢得，彭城人。祖雲，父漵，仕歷州縣令佐，世以儒學稱。禹錫貞元九年擢進士第，又登宏辭科。禹錫精於古文，善五言詩，今體文章復多才麗。從事淮南節度使杜佑幕，典記室，尤加禮異。從佑入朝，爲監察御史。與吏部郎中韋執誼相善。

貞元末，王叔文於東宮用事，後輩務進，多附麗之，禹錫尤爲叔文知獎，以宰相器待之。順宗卽位，久疾不任政事，禁中文誥，皆出於叔文，引禹錫及柳宗元入禁中，與之圖議，言無不從。轉屯田員外郎、判度支鹽鐵案，兼崇陵使判官。頗怙威權，中傷端士。宗元素不悅武元衡，時武元衡爲御史中丞，乃左授右庶子。侍御史竇羣奏禹錫挾邪亂政，不宜在朝，羣卽日罷官。韓皐憑藉貴門，不附叔文黨，出爲湖南觀察使。旣任喜怒凌人，京師人士不敢指名，道路以目，時號二王、劉、柳。

叔文敗，坐貶連州刺史，在道，貶朗州司馬。地居西南夷，土風僻陋，舉目殊俗，無可與言者。禹錫在朗州十年，唯以文章吟詠，陶冶情性。蠻俗好巫，每淫祠鼓舞，必歌俚辭。禹錫或從事於其間，乃依騷人之作，爲新辭以敎巫祝。故武陵谿洞間夷歌，率多禹錫之辭也。

初禹錫、宗元等八人犯衆怒，憲宗亦怒，故再貶。制有「逢恩不原」之令。然執政惜其才，欲洗滌痕累，漸序用之。會程异復掌轉運，有詔以韓皐及禹錫等爲遠郡刺史〔二〕。屬武元衡在中書，諫官十餘人論列，言不可復用而止。

禹錫積歲在湘、澧間，鬱悒不怡，因讀張九齡文集，乃敍其意曰：「世稱曲江爲相，建言放臣不宜於善地，多徙五谿不毛之鄉。今讀其文章，自內職牧始安，有瘴癘之歎，自退相守荆州，有拘囚之思。託諷禽鳥，寄辭草樹，鬱然與騷人同風。嗟夫，身出於遐陬，一失意而不能堪，矧華人士族，而必致醜地，然後快意哉！議者以曲江爲良臣，識胡雛有反相，羞與凡器同列，密啓廷諍，雖古哲人不及，而燕翼無似，終爲餒魂。豈忮心失恕，陰謫最大，雖二美莫贖耶？不然，何袁公一言明楚獄而鍾祉四葉。以是相較，神可誣乎？」

元和十年，自武陵召還，宰相復欲置之郎署。時禹錫作遊玄都觀詠看花君子詩，語涉譏刺，執政不悅，復出爲播州刺史。詔下，御史中丞裴度奏曰：「劉禹錫有母，年八十餘。今播州西南極遠，猿狖所居，人迹罕至。禹錫誠合得罪，然其老母必去不得，則與此子爲死別，臣恐傷陛下孝理之風。伏請屈法，稍移近處。」憲宗曰：「夫爲人子，每事尤須謹愼，常恐貽親之憂。今禹錫所坐，更合重於他人，卿豈可以此論之？」度無以對。良久，帝改容而言曰：「朕所言，是責人子之事，然終不欲傷其所親之心。」乃改授連州刺史。去京師又十餘年，連刺數郡。

大和二年，自和州刺史徵還，拜主客郎中。禹錫銜前事未已，復作遊玄都觀詩序曰：

「予貞元二十一年爲尙書屯田員外郎，時此觀中未有花木，是歲出牧連州，尋貶朗州司馬。居十年，召還京師，人人皆言有道士手植紅桃滿觀，如爍晨霞，遂有詩以志一時之事。旋又出牧，于今十有四年，得爲主客郎中。重遊玆觀，蕩然無復一樹，唯兎葵燕麥，動搖於春風，因再題二十八字，以俟後遊。」其前篇有「玄都觀裏桃千樹，總是劉郎去後栽」之句，後篇有「種桃道士今何在，前度劉郎又到來」之句，人嘉其才而薄其行。禹錫甚怒武元衡、李逢吉，而裴度稍知之。大和中，度在中書，欲令知制誥，執政又聞詩序，滋不悅，累轉禮部郎中、集賢院學士。度罷知政事，禹錫求分司東都。終以恃才褊心，不得久處朝列。六月，授蘇州刺史，就賜金紫。秩滿入朝，授汝州刺史，遷太子賓客，分司東都。

禹錫晚年與少傅白居易友善，詩筆文章，時無在其右者。常與禹錫唱和往來，因集其詩而序之曰：「彭城劉夢得，詩豪者也。其鋒森然，少敢當者。予不量力，往往犯之。夫合應者聲同，交爭者力敵。一往一復，欲罷不能。由是每制一篇，先於視草，視竟則興作，興作則文成。一二年來，日尋筆硯，同和贈答，不覺滋多。大和三年春以前，紙墨所存者，凡一百三十八首。其餘乘興仗醉，率然口號者不在此數。因命小姪龜兒編錄，勒成兩軸。仍寫二本，一付龜兒，一授夢得小男崙郎，各令收藏，附兩家文集。予頃與元微之唱和頗多，或在人口。嘗戲微之云：『僕與足下二十年來爲文友詩敵，幸也，亦不幸也。吟詠情性，播揚名聲，其適遺形，其樂忘老，幸也。然江南士女語才子者，多云元、白，以子之故，使僕不得獨步於吳、越間，此亦不幸也。今垂老復遇夢得，非重不幸耶？」夢得夢得，文之神妙，莫先於詩。若妙與神，則吾豈敢？如夢得『雪裏高山頭白早，海中仙果子生遲』，『沉舟側畔千帆過，病樹前頭萬木春』之句之類，眞謂神妙矣。在在處處，應有靈物護持，豈止兩家子弟祕藏而已！」其爲名流許與如此。夢得嘗爲西塞懷古、金陵五題等詩，江南文士稱爲佳作，雖名位不達，公卿大僚多與之交。

開成初，復爲太子賓客分司，俄授同州刺史。秩滿，檢校禮部尙書、太子賓客分司。會昌二年七月卒，時年七十一，贈戶部尙書。

子承雍，登進士第，亦有才藻。

柳宗元字子厚，河東人。後魏侍中濟陰公之系孫。曾伯祖奭，高宗朝宰相〔三〕。父鎭，太常博士，終侍御史。宗元少聰警絕衆，尤精西漢詩騷。下筆構思，與古爲侔。精裁密緻，璨若珠貝。當時流輩咸推之。登進士第，應舉宏辭，授校書郎、藍田尉。貞元十九年，爲監察御史。

順宗卽位，王叔文、韋執誼用事，尤奇待宗元。與監察呂温密引禁中，與之圖事。轉尙書禮部員外郎。叔文欲大用之，會居位不久，叔文敗，與同輩七人俱貶。宗元爲邵州刺史，在道，再貶永州司馬。既罹竄逐，涉履蠻瘴，崎嶇堙厄，蘊騷人之鬱悼，寫情敍事，動必以文。爲騷文十數篇，覽之者爲之悽惻。

元和十年，例移爲柳州刺史。時朗州司馬劉禹錫得播州刺史，制書下，宗元謂所親曰：「禹錫有母年高，今爲郡蠻方，西南絕域，往復萬里，如何與母偕行。如母子異方，便爲永訣。吾於禹錫爲執友，胡忍見其若是？」卽草章奏，請以柳州授禹錫，自往播州。會裴度亦奏其事，禹錫終易連州。

柳州土俗，以男女質錢，過期則沒入錢主，宗元革其鄉法。其已沒者，仍出私錢贖之，歸其父母。江嶺間爲進士者，不遠數千里皆隨宗元師法；凡經其門，必爲名士。著述之盛，名動於時，時號柳州云。有文集四十卷。元和十四年十月五日卒，時年四十七。子周六、周七，纔三四歲。觀察使裴行立爲營護其喪及妻子還於京師，時人義之。

韋辭字踐之。祖召卿，洛陽丞。父翃，官至侍御史。辭少以兩經擢第，判入等，爲祕書省校書郎。貞元末，東都留守韋夏卿辟爲從事。後累佐使府，皆以參畫稱職。元和九年，自藍田令入拜侍御史，以事累出爲朗州刺史，再貶江州司馬。長慶初，韋處厚、路隨以公望居顯要，素知辭有文學理行，亟稱薦之。擢爲戶部員外，轉刑部郎中，充京西北和糴使。尋爲戶部郎中、兼御史中丞，充鹽鐵副使，轉吏部郎中。文宗卽位，韋處厚執政，且以澄汰浮華、登用藝實爲事，乃以辭與李翺同拜中書舍人。

辭素無清藻，文筆不過中才，然處事端實，游官無黨。與李翺特相善，俱擅文學高名。疏達自用，不事檢操。處厚以激時用，頗不厭公論，辭亦倦於潤色，苦求外任，乃出爲潭州刺史、御史中丞、湖南觀察使。在鎭二年，吏民稱治。大和四年卒，時年五十八，贈右散騎常侍。

史臣曰：貞元、大和之間，以文學聳動搢紳之伍者，宗元、禹錫而已。其巧麗淵博，屬辭比事，誠一代之宏才。如俾之詠歌帝載，黼藻王言，足以平揖古賢，氣吞時輩。而蹈道不謹，昵比小人，自致流離，遂隳素業。故君子羣而不黨，戒懼慎獨，正爲此也。韓、李二文公，於陵遲之末，遑遑仁義，有志於持世範，欲以人文化成，而道未果也。至若抑楊、墨，排釋、老，雖於道未弘，亦端士之用心也。

贊曰：天地經綸，無出斯文。愈、翺揮翰，語切典墳。犧雞斷尾，害馬敗羣。僻塗自噬，劉、柳諸君。

校勘記

〔一〕先王之法服　「服」字各本原作「行」，據韓昌黎集卷三九、通鑑卷二四〇改。

〔二〕韓臯　校勘記卷五三謂考韓臯傳無此事，並引沈炳震說：「臯」字誤，或當作「泰」，或作「曅」。

〔三〕高宗朝宰相　「高宗」，各本原作「高祖」。本書卷七七柳亨傳載，柳奭至永徽三年，始爲中書令。新書卷七三上宰相世系表云：「奭字子燕，相高宗。」據改。

舊唐書卷一百六十一

列傳第一百一十一

李光進 弟光顏　烏重胤　王沛 子逢　李珙　李祐　董重質

楊元卿 子延宗　劉悟 子從諫 孫稹　劉沔　石雄

李光進，本河曲部落稽阿跌之族也。父良臣，襲雞田州刺史，隸朔方軍。光進姉適舍利葛旃，殺僕固瑒而事河東節度使辛雲京。光進兄弟少依葛旃，因家于太原。

光進勇毅果敢，其武藝兵略次于葛旃。肅宗自靈武觀兵，光進從郭子儀破賊，收兩京，累有戰功。至德中，授代州刺史，封范陽郡公，食邑二百戶。上元初，郭子儀爲朔方節度，以軍討大同、横野、淸夷、范陽及河北殘寇，用光進爲都知兵馬使。尋遷渭北節度使。永泰初，進封武威郡王。大曆四年，檢校戶部尙書，知省事。未幾，又轉檢校刑部尙書、兼太子太保。是歲冬十月，葬母於京城之南原，將相致祭者凡四十四幄，窮極奢靡，城內士庶，觀者如堵〔一〕。

元和四年，王承宗反〔二〕，范希朝引師救易定，表光進爲步都虞候，戰於木刀溝，光進有功。六年，拜銀青光祿大夫、檢校工部尙書，充單于大都護、振武節度使。詔以光進夙有誠節，克著茂勳，賜姓李氏。其弟光顏除洺州刺史，充本州團練使。兄弟恩澤同時，人皆歎異。八年，遷靈武節度使。光進嘗從馬燧救臨洺，戰洹水，收河中，皆有功。前後軍中之職，無所不歷，中丞、大夫悉曾兼帶。先是救易定之師，光進、光顏皆在其行，故軍中呼光進爲大大夫，光顏爲小大夫。十年七月卒。

光進兄弟少以孝睦推於軍中。及居母喪，三年不歸寢室。光顏先娶妻，其母委以家事。母卒，光進始娶。光顏使其妻奉管籥、家籍、財物，歸于其姒。光進命反之，且謂光顏曰：「新婦逮事母，嘗命以主家，不可改也。」因相持泣良久，乃如初。卒時年六十五，贈尙書左僕射。

光顏與兄光進以葛旃善騎射，兄弟自幼皆師之，葛旃獨許光顏之勇健，已不能逮。及長，從河東軍爲裨將，討李懷光、楊惠琳皆有功。後隨高崇文平蜀，搴旗斬將，出入如神；由是稍稍知名。自憲宗元和已來，歷授代、洺二州刺史、兼御史大夫。九年，將討淮、蔡，九月，遷陳州刺史，充忠武軍都知兵馬使。踰月，遷忠武軍節度使、檢校工部尚書。

會朝廷徵天下兵，環申、蔡而討吳元濟，詔光顏以本軍獨當一面。光顏於是引兵臨溵水，抗洄曲。明年五月，破元濟之師於時曲。初，賊衆晨壓光顏之壘而陣，光顏不得出，乃自毁其栅之左右，出騎以突之。光顏將數騎冒堅而衝之，出入者數四，賊衆盡識，矢集於身如蝟。其子攬光顏馬鞅，止其深入，光顏舉刃叱之，乃退。於是人爭奮躍，賊乃大潰，死者數千人。捷聲至京師，人人相賀。時伐蔡之師，大小凡十餘鎭，自裴度使還，唯奏光顏勇而知義，終不辱命。至是，果立功焉。

是歲十一月，光顏又與懷汝節度烏重胤同破元濟之衆於小溵河，平其栅。初，都統韓弘令諸軍齊攻賊城，賊又徑攻烏重胤之壘。重胤禦之，中數槍，馳請救於光顏。光顏以小溵橋賊之堡也，乘其無備，使田穎、宋朝隱襲而取之，乃平其城塹，由是克救重胤。韓弘以光顏違令，取穎及朝隱將戮之。穎及朝隱勇而材，軍中皆惋惜之。光顏畏弘不敢留。會中使景忠信至，知其情，乃矯詔令所在械繫之。走馬入見，具以本末聞。憲宗赦忠信矯詔罪，令卽往釋穎及朝隱。弘及光顏迭以表論。憲宗謂弘使曰：「穎等違都統令，固當處死。但光顏以其襲賊有功，亦可宥之。軍有三令五申，宜捨此以收來效。」及以詔諭弘，弘不悅。

十一年，光顏連敗元濟之衆，拔賊凌雲栅，憲宗大悅，賜其告捷者奴婢銀錦。進位檢校尚書左僕射。

十二年四月，光顏敗元濟之衆三萬于郾城，其將張伯良奔于蔡州，殺其賊什二三，獲馬千匹，器甲三萬聯，皆畫雷公符，仍書云：「速破城北軍。」尋而郾城守將鄧懷金請以城降，光顏許之，而收郾城。初，鄧懷金以官軍圍青陵城，絕其歸路，懷金懼，謀於郾城令董昌齡。昌齡母素誡其子令降，昌齡因此勸懷金歸款于光顏，且曰：「城中之人，父母妻子皆質于蔡州，如不屈而降，則家盡屠矣。請來攻城，我則舉烽求救。救兵將至，官軍逆擊之必敗，此時當以城降。」光顏從之，賊果敗走。於是昌齡執印，帥吏列于門外，懷金與諸將素服倒戈，列于門內，光顏受降，乃入羅城，其城自壞五十餘步。

時韓弘爲汴帥，驕矜倔強，常倚賊勢索朝廷姑息，惡光顏力戰，陰圖撓屈，計無所施。遂舉大梁城求得一美婦人，教以歌舞絃管六博之藝，飾之以珠翠金玉衣服之具，計費數百萬，命使者送遺光顏，冀一見悅惑而怠於軍政也。使者卽齎書先造光顏壘曰：「本使令公德公私愛，憂公暴露，欲進一妓，以慰公征役之思，謹以候命。」光顏曰：「今日已暮，明旦納焉。」詰朝，光顏乃大宴軍士，三軍咸集，命使者進妓。妓至則容止端麗，殆非人間所有，一座皆驚。光顏乃於座上謂來使曰：「令公憐光顏離家室久，捨美妓見贈，誠有以荷德也。然光顏受國家恩深，誓不與逆賊同生日月下。今戰卒數萬，皆背妻子，蹈白刃，光顏奈何以女色爲樂？」言訖，涕泣嗚咽。堂下兵士數萬，皆感激流涕。乃厚以縑帛酬其來使，俾領其妓自席上而迴，謂使者曰：「爲光顏多謝令公。光顏事君許國之心，死無貳矣！」自此兵衆之心，彌加激勵。

及裴度至行營，率賓從於方城沱口觀板築，五溝賊遽至，注弩挺刃，勢將及度，光顏決戰於前以却之。時光顏預慮其來，先使田布以二百騎伏於溝中，出賊不意交擊之，度方獲免。布又先扼其溝中歸路，賊多棄騎越溝，相牽墜壓而死者千餘人。是日微光顏之救，度幾陷矣。是月，賊知光顏勇冠諸將，乃悉其衆出當光顏之師。時李愬乘其無備，急引兵襲蔡州，拔之，獲元濟。董重質棄洄曲軍，入城降愬。光顏知之，躍馬入賊營，大呼以降，賊衆萬餘人，皆解甲投戈請命。賊平，加檢校司空。

十三年春，命中官宴光顏於居第，賜舁米二十餘車。憲宗又御麟德殿召對，賜金帶錦綵。朝廷東討李師道，授光顏義成軍節度使。至鎮，尋赴行營。數旬之內，再敗賊軍於濮陽，殺戮數千人，進軍深入。

十四年，西蕃入寇，移授邠寧節度使。時鹽州爲吐蕃所毀，命李文悅爲刺史，令光顏充勾當修築鹽州城使，仍許以陳許六千人隨赴邠寧。是歲，吐蕃侵涇原。自田縉鎮夏州，以貪猥侵撓党項羌，乃引吐蕃入寇。及蕃軍攻涇州，邊將郝玼血戰始退〔三〕。初，光顏聞賊攻涇州，料兵赴救，邠師喧然曰：「人給五十千而不識戰陣，彼何人也！常額衣資不得而前蹈白刃，此何人也！」憤聲恟恟不可遏。光顏素得士心，曲爲陳說大義，言發涕流，三軍感之，亦泣下，乃欣然即路，擊賊退之。

穆宗即位，就加特進，仍與一子四品正員官。尋詔赴闕，賜開化里第，進加同中書門下平章事。穆宗以光顏功冠諸將，故召赴闕，諷賜優給。已而帶平章復鎭，所以報勳臣也。長慶初，遷鳳翔節度使，依前檢校司空、同中書門下平章事。歲末，復授許州節度使。朝廷以光顏昔鎭陳許，頗得士心，將討鎭、冀，故有此拜。赴鎭日，宰相百僚以故事送別於章敬寺，穆宗御通化門臨送之，賜錦綵、銀器、良馬、玉帶等物。二年，討王廷湊，命光顏兼深州行營諸軍節度使。光顏既受命而行，懸軍討賊，艱於饋運，朝廷又以滄、景、德、棣等州俾之兼管，以其鄰賊之郡，可便飛輓。光顏以朝廷制置乖方，賊帥連結，未可朝夕平定，事若差跌，即前功悉棄，乃懇辭兼鎭。尋以疾作，表祈歸鎭。朝廷果討賊無功而赦廷湊。四年，敬宗即位，正拜司徒。

汴州李夵逐其帥叛，詔光顏率陳許之師討之。營于尉氏，俄而誅夵。遷太原尹、北京留守、河東節度使，進階開府儀同三司，仍於正衙受册司徒兼侍中。二年九月卒，年六十六，廢朝三日，贈太尉，謚曰忠。

烏重胤，潞州牙將也。元和中，王承宗叛，王師加討。潞帥盧從史雖出軍，而密與賊通。時神策行營吐突承璀與從史軍相近，承璀與重胤謀，縛從史於帳下。是日，重胤戒嚴，潞軍無敢動者。憲宗賞其功，授潞府左司馬，遷懷州刺史，兼充河陽三城節度使。會討淮、蔡，用重胤壓境，仍割汝州隸河陽。自王師討淮西三年，重胤與李光顏掎角相應，大小百餘戰，以至元濟誅。就加檢校尚書右僕射，轉司空。蔡將有李端者，過溵河降重胤。其妻爲賊束縛於樹，臠食至死，將絕猶呼其夫曰：「善事烏僕射。」其得人心如此。

元和十三年，代鄭權爲橫海軍節度使。既至鎭，上言曰：「臣以河朔能拒朝命者，其大略可見。蓋刺史失其職，反使鎭將領兵事。若刺史各得職分，又有鎭兵，則節將雖有祿山、思明之姦，豈能據一州爲叛哉？所以河朔六十年能拒朝命者，祇以奪刺史、縣令之職，自作威福故也。臣所管德、棣、景三州，已舉公牒，各還刺史職事訖，應在州兵，並令刺史收管。又景州本是弓高縣，請却廢爲縣，歸化縣本是草市，請廢縣依舊屬德州。」詔並從之。由是法制修立，各歸名分。

及屯軍深州，重胤以朝廷制置失宜，賊方憑陵，未可輕進，觀望累月。穆宗急於誅叛，遂以杜叔良代之，以重胤檢校司徒，兼興元尹，充山南西道節度使。召至京師，復以本官爲天平軍節度、鄆曹濮等州觀察等使。李同捷據滄州，請襲父位，朝廷不從。議者慮狡童拒命，欲以重臣代，乃移鎮兗海，加太子太師、平章事，俾兼領滄景節度〔四〕，仍舊割齊州隸之，蓋望不勞師而底定。制出旬日，重胤卒，贈太尉。

重胤出自行間，及爲長帥，赤心奉上。能與下同甘苦，所至立功，未嘗矜伐。而善待賓僚，禮分同至，當時名士，咸願依之。身歿之日，軍士二十餘人，皆割股肉以爲祭酹，雖古之名將，無以加焉。

子漢弘嗣，起復授左領軍衞將軍。漢弘上表乞終服紀，文宗嘉詔從之。服闋，方授官。

王沛，許州人。年十八，有勇決。許州節度使上官涚奇其才，以女妻之，署爲牙門將。及涚卒，子壻田偁迫脅涚子，欲邀襲位，懼監軍使不順其事，將結謀伏兵以圖之。沛竊知其謀，密告監軍，因盡擒其黨於伏匿之所。監軍范日用以其事聞，德宗乃以陳許行軍司馬劉昌裔總統其軍，賜沛手詔，令護涚之子赴上都。既至，召見，德宗謂之曰：「據卿忠義，寵宜加等。但昌裔所奏，祇請加監察御史，朕意殊爲不足。卿速歸，便宜付昌裔，更令奏來。」遂騆騎而還，未至許州，拜開府儀同三司、兼御史中丞，依前本職。

吳元濟反，李光顏受命攻討，奇沛節槪，署行營兵馬使，別統勁兵屯于近郊。及軍合，連破蔡寇。頻詔進軍，諸將觀望，無敢先渡溵河。沛率兵五千，夜渡溵河合流口，徑扼賊喉而成城。自是，河陽、宣武、太原、魏博等軍繼渡，犄角進攻郾城。沛先結壘與賊對，賊將鄧懷金率衆面縛而降。蔡賊平，沛隨李光顏入朝，光顏具陳沛功，加御史大夫。

旣還鎭，光顏受詔討鄆寇。及李師道誅，詔分許州兵戍于邠，以沛爲都將，救鹽州，擊退吐蕃。以功加寧州刺史，遷陳州。李㝏反，詔沛兼忠武節度副使，率師討㝏。㝏平，加檢校右散騎常侍，遷兗海沂密節度、觀察等使。此邦新造，人情獷驁，沛明申法令，選蒐軍政，期年大理。明年，改檢校工部尙書，充忠武軍節度、陳許蔡觀察等使。卒于鎭，贈右僕射。子逢。

逢少沉勇，從父征伐有功，爲忠武都知兵馬使。大和中，入宿衞，歷諸衞將軍。從石雄、劉沔破迴紇于天德。性果決，用法嚴。其時有二千人不上陣，官賜賞給，逢皆不與。或非之，逢曰：「健兒向前冒白刃，若無功而賞，其如冒刃者何？」王宰攻劉稹，逢領陳許七千人屯翼城，代田令昭。賊平，檢校左散騎常侍。累遷至忠武軍節度、陳許觀察等使。

李珙，山東甲姓，代修婚姻。至珙，不好讀書，唯以弓馬爲務。長六尺餘，氣貌魁岸。嘗詣澤潞謁李抱眞，異之，將選爲衙門將，旋以酒酣使氣，復欲棄之。都將王虔休謂抱眞曰：「李珙，奇士也，若不能用，不如殺之，無爲他人所得。」抱眞死，虔休爲帥，乃依虔休，累爲昭義大將。吐突承璀之擒盧從史，烏重胤實預其謀，珙初不知，將救從史。聞重胤受朝旨，乃觀望不進，重胤以此德之。後領河陽，乃置於麾下。然朝廷以與從史厚善，竟出爲北邊一校。元和十年，征淮西，重胤懇表爲諸道行營都虞候，詔特從之，俄以母憂去職。服闋，除右武衞上將軍。長慶四年八月卒，年六十四，廢朝一日。

李祐，本蔡州牙將。事吳元濟，驍勇善戰。自王師討淮西，祐爲行營將，每抗官軍，皆憚之。元和十二年，爲李愬所擒。愬知祐有膽略，釋其死，厚遇之。推誠定分，與同寢食，往往帳中密語，達曙不寐。人有耳屬於外者，但屢聞祐感泣聲。而軍中以前時爲祐殺傷者多，營壘諸卒會議，皆恨不殺祐。愬以衆情歸怨，慮不能全，因送祐於京師，乃上表救之。

憲宗特恕，遂遣祐賜愬。愬大喜，卽以三千精兵付之。祐所言，無有所疑，竟以祐破蔡，擒元濟。以功授神武將軍，遷金吾將軍、檢校左散騎常侍、夏州刺史、御史大夫、夏綏銀宥節度使。寶曆初，入爲右金吾大將軍。尋以吐蕃入寇，出爲涇州刺史、涇原節度使。大和初，討李同捷，遷檢校戶部尚書、滄州刺史、滄德景節度使。大和三年五月卒。

董重質，本淮西牙將，吳少誠之子壻也。性勇悍，識軍機，善用兵。及元濟拒命，重質又爲謀主，領大軍當王師，連歲不拔，皆重質之謀也。元和十二年，宰相裴度督兵淮西，至郾城，元濟乃悉發左右及守城之卒，委重質而拒度。時李愬乘虛入蔡，旣擒元濟，重質之家在蔡，愬乃安卹之，仍使其子持書禮以召重質。重質見其子，知城已陷，及元濟囚窘之狀，乃慨然以單騎歸愬，白衣叩伏，愬揖登階，以賓禮與之食。憲宗欲殺之，愬奏許以不死而來降，請免之，且乞於本軍驅使。於是，貶春州司戶參軍。

明年，轉太子少詹事，委武寧軍收管驅使，仍加金紫。十五年，徵入，授左神武軍將軍，知軍事，兼御史中丞。仍賜金帛，與有功者等。尋授鹽州刺史，又遷左右神策及諸道劍南西川行營節度使、檢校左散騎常侍。大和四年，又轉夏綏銀宥節度使。五年，就加檢校工部尙書。重質訓兵立法，羌戎畏服。八年八月卒，贈尙書右僕射。

楊元卿，祖子華，德州安陵縣丞。父寓，申州鍾山縣令。元卿少孤，慷慨有才略。及冠，尙漂蕩江嶺之表，縱遊放言，人謂之狂生。時吳少誠專蔡州，朝廷姑息之。元卿白衣謁見，署以劇縣，旋辟爲從事，奏授試大理評事。亦事少陽，後奏轉監察裏行。因上奏，宰相李吉甫深加慰納，自是一歲或再隨奏至京師。元卿每與少陽言，諭以大義，乃爲凶黨所構，賴節度判官蘇肇保持，故免。元卿潛奉朝廷，內耗少陽之事。

及少陽死，其子元濟繼立，元卿說曰：「先尙書性吝，諸將皆飢寒。今須布惠以自固也。府中有無，元卿熟知之，曷若散聘諸道，卑辭厚禮，以丈人行呼羣帥，庶幾一助，而諸將大獲矣。元卿願將留後表上聞，朝廷安得不從哉？」元濟許之，元卿卽日離蔡，以賊勢盈虛條奏，潛請詔諸道拘留使者。及元濟覺，元卿妻陳氏幷四男並爲元濟所殺，同坊一射垜。蘇肇以保持元卿，亦同日被害。詔授元卿岳王府司馬，尋遷太子僕射。

元和十三年，授蔡州刺史、兼御史中丞。未行，改授光祿少卿。初，朝廷比令元卿與李愬會議，於唐州東境選要便處，權置行蔡州。如百姓官健有歸順者，便準敕優恤；必令全活。既而召見，元卿遽奏請借度支錢，及言事頗多不合旨。宰相裴度亦以諸將討賊三年，功成在旦暮，如更分土地與元卿，卽恐相侵生事，故罷前命而改授焉。是歲，旣平淮西，元卿奏曰：「淮西甚有寶貨及犀帶，臣知之，往取必得。」上曰：「朕本討賊，爲人除害，今賊平人安，則我求之得矣。寶貨犀帶，非所求也，勿復此言。」是月，詔授左金吾衞將軍。未幾，改汾州刺史，復徵爲左金吾衞將軍。

長慶初，易置鎭、魏守臣，元卿詣宰相深陳利害，幷具表其事。後穆宗感悟，賜白玉帶，旋授檢校左散騎常侍、涇州刺史、涇原渭節度觀察等使，兼充四鎭北庭行軍。元卿乃奏置屯田五千頃，每屯築牆高數仞，鍵閉牢密，卒然寇至，盡可保守。加檢校工部尙書。營田成，復加使號。居六年，涇人論奏，爲立德政碑，移授懷州刺史，充河陽三城節度觀察等使。大和五年，就加檢校司空，進階光祿大夫，以其營田納粟二十萬石，以裨經費故也。是歲，改授汴宋亳觀察等使。凡所廢置，皆有弘益，詔並從之。年七十，寢疾，歸洛陽，詔授太子太保。是歲八月卒，廢朝三日，贈司徒。元卿始以毁家効順，累授方鎭。然性險巧，所至好聚斂，善結交，涇人得情，亦由此也。

子延宗，開成中爲磁州刺史，坐謀逐河陽節度使以自立，爲其黨所告，臺司推鞫得實，誅之。

劉悟，正臣之孫也。正臣本名客奴。天寶末，祿山叛，平盧軍節度使柳知晦受賊僞署〔五〕，客奴時職居牙門，襲殺知晦，馳章以聞，授平盧軍節度使，賜名正臣。

悟少有勇力，叔逸準爲汴帥，積緡錢數百萬於洛中，悟輒破扃鐍，悉盜用之。既而懼，亡歸李師古。始亦未甚知，後因擊毬馳突，衝師古馬仆，師古怒，將斬之。悟猛以氣語押觸師古，師古奇而免之，因令管壯士，將後軍，累署衙門右職，奏授淄青節度都知兵馬使、兼監察御史。

元和末，憲宗既平淮西，下詔誅師道，師道遣悟將兵拒魏博軍，而數促悟戰。悟未及進，馳使召之。悟度使來必殺己，乃僞疾不出，令都虞候往迎之。使者亦果以誠告其人云：「奉命殺悟以代悟。」都虞候即時先還，悟劫之得其實，乃召諸將與謀曰：「魏博田弘正兵強，出戰必敗，不出則死。今天子所誅者，司空一人而已，悟與公等皆爲所驅迫，使就其死。何如殺其來使，整戈以取鄆，立大功，轉危亡爲富貴耶！」衆咸曰：「善，唯都將所命！」悟於是立斬其使，以兵取鄆，圍其內城，兼以火攻其門。不數刻，擒師道并男二人，並斬其首以獻。擢拜悟檢校工部尚書、兼御史大夫、義成軍節度使，封彭城郡王，仍賜實封五百戶，錢二萬貫，莊、宅各一區。十五年正月入覲，又加檢校兵部尚書，餘如故。

穆宗卽位，以恩例遷檢校尚書右僕射。是歲十月，移鎭澤潞，旋以本官兼平章事。長慶元年，幽州大將朱克融叛，囚其帥張弘靖，朝廷求名將以鎭漁陽，乃加悟檢校司空、平章事，充盧龍軍節度使。悟以幽州方亂，未克進討，請授之節鉞，徐圖之，乃復以悟爲澤潞節度，拜檢校司徒，兼太子太傅，依前平章事。時監軍劉承偕頗恃恩權，常對衆辱悟，又縱其下亂法，悟不能平。異日有中使至，承偕宴之，請悟，悟欲往。左右皆曰：「往則必爲其困辱矣。」軍衆因亂，悟不止之，乃擒承偕至牙門，殺其二僕，欲幷害承偕，悟救之獲免。朝廷不獲已，貶承偕。自是悟頗縱恣，欲效河朔三鎭。朝廷失意不逞之徒，多投寄潞州以求援。往往奏章論事，辭旨不遜。寶曆元年九月病卒，贈太尉。遺表請以其子從諫繼纘戎事。敬宗下大臣議。僕射李絳以澤潞內地，與三鎭事理不同，不可許。宰相李逢吉、中尉王守澄受其賂，曲爲奏請。

從諫自將作監主簿，起復雲麾將軍，守金吾衞大將軍同正、檢校左散騎常侍，兼御史大夫，充昭義節度副大使，知節度觀察等留後。二年，加金吾上將軍、檢校工部尙書，充昭義節度等使。文宗卽位，進檢校司空。六年十二月入覲，七年春歸藩，加同中書門下平章事。

九年，李訓事敗，宰相王涯等四人被禍。時涯兼掌邦計，雖不與李訓同謀，然不自異於其間，既死非其罪，從諫素德涯之私恩〔七〕，心頗不平，四上章請涯等罪名，仇士良輩深憚之。是時中官頗橫，天子不能制，朝臣日憂陷族，賴從諫論列而鄭覃、李石方能粗秉朝政。

先是有蕭洪者，詐稱太后弟，因仇士良保任，許之厚賂。及洪累授方鎮，納賂不滿士良之志，士良怒，遣人上書論洪非太后之親，又以蕭本者爲太后弟。從諫深知內宮之故，乃自潞府飛章論之曰：「臣聞造僞以亂眞者，匹夫知之尚不可，況天下皆知乎？執疏以爲親者，在匹夫之家尚不可，況處大國之朝乎？臣受國恩深，奉公心切，知有此失，安敢不言？伏唯皇帝陛下仁及萬方，孝敦九族，而推心無黨，唯理是求。微臣所以不避直言，切論深事。伏見金吾將軍蕭本稱是太后親弟，受此官榮。今喧然國都，迨聞藩府，自上及下，異口同音，皆言蕭弘是眞，蕭本是僞。臣傍聽衆論，徧察羣情，咸思發明，以正名分。今年二月，其蕭弘投臣當道，求臣上聞，自言：比者福建觀察使唐扶及監軍劉行立具審根源，已曾論奏。其時屬蕭本得爲外戚，來自左軍，臺司既不敢研窮，聖意遂勸還鄉里。自兹議論，轉益沸騰。臣亦令潛問左軍，權論大體，而士良推至公之道，發不黨之言。蓋蕭本自度孤危，妄有憑恃。伏以名居國舅，位列朝班，而眞僞不分，中外所恥。切慮皇太后受此罔惑，已有恩情，若含垢於一時，終取笑於千古。伏乞追蕭弘赴闕，與蕭本對推，細詰根源，必辨眞僞。」詔令三司使推按。帝以二蕭雖詐，託名太后之宗，不欲誅之，俱流嶺表。從諫進位檢校司徒。會昌三年卒。

大將郭誼等匿喪，用其姪稹權領軍務。時宰相李德裕用事，素惡從諫之姦回，奏請劉稹護喪歸洛，以聽朝旨。稹竟叛。德裕用中丞李回奉使河朔，說令三鎭加兵討稹，乃削奪稹官，命徐許滑孟魏鎭幽幷八鎭之師，四面進攻。四年，郭誼斬稹，傳首京師。從諫妻裴氏。初，稹拒命，裴氏召集大將妻同宴，以酒爲壽，泣下不能已。諸婦請命，裴曰：「新婦各與汝夫文字，勿忘先相公之拔擢，莫効李丕背恩，走投國家。子母爲託，故悲不能已也。」諸婦亦泣下，故潞將叛志益堅。稹死，裴亦以此極刑。稹族屬昆仲九人，皆誅。

劉沔，許州牙將也。少事李光顏，爲帳中親將。元和末，光顏討吳元濟，常用沔爲前鋒。蔡將有董重質者，守洄曲，其部下乘騾卽戰，號「騾子軍」，最爲勁悍，官軍常警備之。沔驍銳善騎射，每與騾軍接戰，必冒刃陷堅，俘馘而還，故忠武一軍，破賊第一。淮、蔡平，隨光顏入朝，憲宗留宿衞，歷三將軍。歷鹽州刺史、天德軍防禦使，在西北邊累立奇効。大和末，河西党項羌叛，沔以天德之師屢誅其酋渠，移授振武節度使，檢校右散騎常侍、單于大都護。開成中，党項雜虜大擾河西，沔率吐渾、契苾、沙陀三部落等諸族萬人、馬三千騎，徑至銀、夏討襲，大破之，俘獲萬計，告捷而還。以功加檢校戶部尚書。會昌初，迴紇部飢，烏介可汗奉太和公主至漠南求食〔七〕。過杷頭峯，犯雲、朔、北川。朝廷以太原重地，控扼諸戎，乃移沔河東節度使、檢校尚書左僕射、太原尹、北京留守。詔與幽州張仲武協力招撫迴鶻，竟破虜寇，迎公主還宮。以功進位檢校司空，尋改滑州刺史、義成軍節度使。

四年，潞帥劉從諫卒，子稹匿喪，擅主留務，要求旌鉞。武宗怒，命忠武節度使王宰、徐州節度李彥佐等，充潞府西南面招撫使，遂復授沔太原節度，充潞府北面招討使。沔與張仲武不協，方徵兵幽州，乃移沔爲鄭滑節度使，進位檢校司徒。既而以疾求歸洛陽，授太子太保，卒。

初，沔爲忠武小校，從李光顏討淮西，爲捉生將。前後遇賊血戰，鋒刃所傷，幾死者數四。嘗傷重臥草中，月黑不知歸路，昏然而睡，夢人授之雙燭，曰：「子方大貴，此行無患，可持此而還。」既行，炯然有雙光在前。自後破虜危難，每行常有此光。及罷鎭後，雙光息。五年，李德裕出鎭，罷沔爲太子太保。明年，以太子太保致仕卒。

石雄，徐州牙校也。王智興之討李同捷，以雄爲右廂捉生兵馬使。勇敢善戰，氣凌三軍。自智興以兵臨賊境，率先收棣州，雄先驅渡河，前無堅陣。徐人伏雄之撫待，惡智興之虐，欲逐之而立雄。智興以軍在賊境，懼其變生，因其立功，請授一郡刺史。朝廷徵赴京師，授壁州刺史。智興尋殺雄之素相善諸將士百餘人，仍奏雄搖動軍情，請行誅戮。文宗雅知其能，惜之，乃長流白州。

大和中，河西党項擾亂，選求武士，乃召還，隸振武劉沔軍爲裨將，累立破羌之功。文宗以智興故，未甚提擢，而李紳、李德裕以崔羣舊將，素嘉之。

會昌初，迴鶻寇天德，詔命劉沔爲招撫迴鶻使。三年，迴鶻大掠雲、朔北邊，牙於五原。沔以太原之師屯於雲州，沔謂雄曰：「黠虜離散，不足驅除。國家以公主之故，不欲急攻。今觀其所爲，氣凌我輩。若稟朝旨，或恐依違。我輩捍邊，但能除患，專之可也。公可選驍健，乘其不意，徑趨虜帳，彼以疾雷之勢，不暇枝梧，必棄公主亡竄。事苟不捷，吾自繼進，亦無患也。」雄受教，自選勁騎，得沙陀李國昌三部落，兼契苾拓拔雜虜三千騎，月暗夜發馬邑，徑趨烏介之牙。時虜帳逼振武，雄既入城，登堞視其衆寡，見氊車數十，從者皆衣朱碧，類華人服飾。雄令諜者訊之：「此何大人？」虜曰：「此公主帳也。」雄喻其人曰：「國家兵馬欲取可汗。公主至此，家國也，須謀歸路，俟兵合時不得動帳幕。」雄乃大率城內牛馬雜畜及大鼓，夜穴城爲十餘門。遲明，城上立旗幟炬火，乃於諸門縱其牛畜，鼓譟從之，直犯烏介牙帳。炬火燭天，鼓譟動地，可汗惶駭莫測，率騎而奔。雄率勁騎追至殺胡山，急擊之，斬首萬級，生擒五千，羊馬車帳皆委之而去。遂迎公主還太原。以功加檢校左散騎常侍、豐州刺史、兼御史大夫、天德防禦等使。

雄沉勇徇義，臨財甚廉。每破賊立功，朝廷特有賜與，皆不入私室，置於軍門，首取一分，餘並分給，以此軍士感義，皆思奮發。累遷檢校左僕射、河中尹、河中晉絳節度使。

俄而昭義劉從諫卒，其子稹擅主軍務，朝議問罪，令徐帥李彥佐爲潞府西南面招撫使，以晉州刺史李丕爲副。時王宰在萬善柵，劉沔在石會，相顧未進。雄受代之翌日，越烏嶺，破賊五砦，斬獲千計。武宗聞捷大悅，謂侍臣曰：「今之義而有勇，罕有雄之比者。」雄旣率先破賊，不旬日，王宰收天井關，何弘敬、王元逵亦收磁洺等郡。先是潞州狂人折腰於市，謂人曰：「雄七千人至矣。」劉從諫捕而誅之。及稹危蹙，大將郭誼密款請斬稹歸朝，軍中疑其詐。雄倡言曰：「賊稹之叛，郭誼爲謀主。今請斬稹，卽誼自謀，又何疑焉？」武宗亦以狂人之言，詔雄以七千兵受降。雄卽徑馳潞州降誼，盡擒其黨與。賊平，進加檢校司空。

王宰，智興之子，於雄不足，雄以轅門子弟善禮之。然討潞之役，雄有始卒之功，宰心惡之。及李德裕罷相，宰黨排擯雄，罷鎭。既而聞德裕貶，發疾而卒。

史臣曰：古所謂名將者，不必蒙輪拔距之材，拉虎批熊之力，要當以義終始，好謀而成。而阿跌昆仲，稟氣陰山，率多令範，讓家權於主婦，拒美妓於姦臣，章武恢復之功，義師之効也。重胤忠於事上，仁於撫下，淮、蔡之役，勳亞光顏，殿邦之臣也，不可多得。王沛之擒僚壻，李祐之執賊渠，皆因事立功，轉禍爲福，智則智矣，仁者不爲。而劉悟自恃太尤，世襲纘襲，至於赤族，報亦晚耶！雄、沔負羽邊城，聲馳沙漠，奉迎貴主，摧破昆戎，不亦壯乎！雄能感於知己，不爲無義，美哉！

贊曰：淮、鄆砥平，義將輸誠。二凶受縛，亦其同惡。毀義棄忠，必殄爾宗。孰稱善將？劉沔、石雄。

校勘記

〔一〕肅宗自靈武觀兵……觀者如堵　殿本考證葉酉說：「按肅宗去憲宗，閱世者五，光進薨于元和七年，其不及從郭子儀破賊也明矣。此乃光弼弟光進事，錯簡於此。」今考本書卷一一〇李光弼傳，此處敍事與光弼弟光進事多合，葉說或是。

〔二〕王承宗反　「反」字各本原無，校勘記卷五四說：「閣本『宗』下有『反』字。考證云：刊本脫『反』字，據新唐書帝紀增。」據補。

〔三〕郗玭　「玭」字各本原作「玼」，據本書卷一五二郗玭傳改。

〔四〕乃移鎮兗海加太子太師平章事俾兼領滄景節度　冊府卷一二〇作「遂命同捷移鎮兗海，以重胤羣帥中齒輩舊老，加太子太師、平章事，俾兼統滄景。」此處史文當有脫誤。

〔五〕柳知晦　本書卷一四五劉全諒傳作「呂知晦」。

〔六〕從諫秦德涯之私恩　「從諫」，各本原作「悟」，據冊府卷四〇六改。

〔七〕漢南　各本原作「漢南」，據冊府卷三八五改。

舊唐書卷一百六十二

列傳第一百一十二

潘孟陽　李脩　王遂　曹華　韋綬　鄭權　盧士玫

韓全義　高霞寓　高瑀　崔戎　陸亘　張正甫 子毅夫　毅夫子禕

潘孟陽，禮部侍郎炎之子也。孟陽以父蔭進，登博學宏辭科，累遷殿中侍御史，降爲司議郎。孟陽母，劉晏女也，公卿多父友及外祖賓從，故得薦用，累至兵部郎中。德宗末，王紹以恩倖，數稱孟陽之材，因擢授權知戶部侍郎，年未四十。順宗即位，永貞內禪，王叔文誅，杜佑始專判度支，請孟陽代叔文爲副。時憲宗新即位，乃命孟陽巡江淮省財賦，仍加鹽鐵轉運副使，且察東南鎮之政理。時孟陽以氣豪權重，領行從三四百人，所歷鎮府，但務遊賞，與婦女爲夜飲。至鹽鐵轉運院，廣納財賄，補吏職而已。及歸，大失人望，罷爲大理卿。三年，出爲華州刺史，遷梓州刺史、劍南東川節度使。與武元衡有舊，元衡作相，復召爲戶部侍郎、判度支，兼京北五城營田使，以和糴使韓重華爲副。太府卿王遂與孟陽不協，議以營田非便，持之不下，孟陽忿憾形於言。二人俱請對，上怒不許，乃罷孟陽爲左散騎常侍。明年，復拜戶部侍郎。

孟陽氣尙豪俊，不拘小節。居第頗極華峻，憲宗微行至樂遊原，見其宏敞，工猶未已，問之，左右以孟陽對，孟陽懼而罷工作。性喜宴，公卿朝上多與之遊，時指怒者不一。俄以風緩不能行，改左散騎常侍。元和十年八月卒，贈兵部尙書。憲宗每事求理，常發江淮宣慰使，左司郎中鄭敬奉使，辭，上誡之曰：「朕宮中用度，一匹已上皆有簿籍，唯賑䘏貧民，無所計算。卿經明行修，今登車傳命，宜體吾懷，勿學潘孟陽，奉使所至，但務酣飲、遊山寺而已。」其爲人主所薄如此！

李𢠵，不知何許人。起於寒賤，以莊憲皇后妹壻，元和已來驟階仕進。以恩澤至坊州、絳州刺史。無他才，性纖巧承迎。常飾廚傳以奉往來中使及禁軍中尉賓客，以求善譽。治民滋事，粗有政能。上以爲才，召拜司農卿，遷京兆尹。

十年，莊憲太后崩，𢠵爲山陵橋道置頓使。恃能惜費，每事減損。靈駕至灞橋頓，從官多不得食。及至渭城北門，門壞。先是，橋道司請改造渭城北門，計錢三萬，脩以勞費不從，令深鑿軌道以通靈駕。掘土既深，旁柱皆懸，因而頓壞，所不及轀輬車者數步而已。初欲壞城之東北墉，以出靈駕，中人皆不可，乃停駕，徹去壞門土木而後行。脩懼，誣奏轀輬軸折，山陵使李逢吉令御史封其車軸，自陵還，奏請免脩官。上以用兵務集財賦，以脩前後進奉，不之責，但罰俸而已。逢吉極言其罪，乃削銀青階。翌日，復賜金紫。自此，朝廷端士，多遭謗毁，義士爲之側目。時宿師於野，餽運不集。浙西重鎭，號爲殷阜，乃以脩爲潤州刺史、浙西觀察使，令設法鳩聚財貨。淮西用兵，頗賴其賦。十四年，以病求還京師，未朝謁而卒。

王遂，宰相方慶之孫也。以吏能聞於時，尤長於興利。銳於操下，法頗嚴酷。累遷至鄧州刺史。以曉達錢穀，入爲太府卿。潘孟陽判度支，與遂私憾，互有爭論。遂爲西北供軍使，言營田非便，與孟陽會議相非，各求請對。上怒，俱不見，出遂爲柳州刺史。遂親吏韋行素、柳季常請課料於兩池務，屬遂罷務，季常等爲吏所誣，各笞四十。遂柳州制出，左丞呂元膺執奏曰：「遂以補吏犯贓，法當從坐。其除官制云『清能業官』，據遂犯狀，不宜有

『淸』字。柳州大郡，出守爲優。謹封還制書。」上令喻之，方行。數年，用兵淮西，天子藉錢穀吏以集財賦，知遜強幹，乃用爲宣州刺史、宣歙觀察使。淮、蔡平，王師東討，召拜光祿卿，充淄靑行營諸軍糧料使。以光祿職當祠祭，改檢校左散騎常侍、兼御史大夫。

初，師之出也，歲計兵食三百萬石，及鄆賊誅，遜進羨餘一百萬，上以爲能。時分師道所據十二州爲三鎭，乃以遜爲沂州刺史、沂兗海等州觀察使。遜性狷忿，不存大體。而軍州民吏，久染汚俗，率多獷戾，而遜數因公事訾詈將卒曰「反虜」，將卒不勝其忿。牙將王弁乘人心怨怒，十四年七月，遜方宴集，弁諜集其徒，害遜於席，判官張實、李甫等同遇害。及曹華代遜至鎭，盡擒亂黨王弁等誅之。

遜器用不弘，僻於聚斂，而非兼撫之才，但峻威刑，以繩亂俗。其所製笞杖，率踰常制。遜既死，監軍使封其杖進呈，上令出示於朝，以誡廉使。

曹華，宋州楚丘人，仕宣武軍爲牙校。貞元末，吳少誠叛，本軍以華驍果有智算，用爲襄城戍將。蔡賊攻襄城，華屢敗之，德宗特賜旗甲。元和九年，以功授寧州刺史，未行而吳元濟叛，朝廷命河陽帥烏重胤討賊。重胤請華爲懷汝節度行營副使。前後數十戰，大破賊於青陵城。賊平，授棣州刺史，封陳留郡王。棣鄰於鄆，賊屢侵逼，華招募羣盜之勁者，補之軍卒，分據要路。其後，賊至皆擊敗之，鄆人不敢北顧。及李師道誅，分所管十二州爲三鎮。王遂爲沂兗海觀察使，褊刻不能馭衆，爲牙將王弁所害，朝廷遂授華左散騎常侍、沂州刺史、沂海兗觀察使。華至鎮，視事三日，宴將吏，伏甲士千人於幕下。羣校既集，華喻之曰：「吾受命廉問，奉聖旨，以鄆州將士分割三處，有道途轉徙之勞。今有頒給，北州兵稍厚〔一〕。鄆州士卒處右，州兵處左，冀易以區別。」分定，並令州兵出外。既出闔門，乃謂鄆卒曰：「天子深知鄆人之勞，然前害主帥者，不能免罪。」甲士自幕中出，周環之，凡鄆一千二百人，立斬于庭，血流成渠。是日，門屏之間，有赤霧高丈餘，久之方散。自是海、沂之人，重足股慄，無敢爲盜者。

華惡沂之地褊，請移理於兗，許之。初，李正己盜有青、鄆十二州，傳襲四世，垂五十年，人俗頑驁，不知禮敎。華令將吏曰：「鄒、魯儒者之鄉，不宜忘於禮義。」乃躬禮儒士，習俎豆之容，春秋釋奠於孔子廟，立學講經，儒冠四集。出家財贍給，俾成名入仕，其往者如歸。

及鎭州軍亂，殺田弘正，華表請以本軍進討，就加檢校工部尚書，升兗海爲武寧節度〔二〕，賜之節鉞。李㝏叛於大梁，華不俟命赴討。㝏方遣兵三千人取宋州，華逆擊敗之。由是，宋、亳不從㝏亂。㝏平，以功加檢校尚書右僕射。以河朔拒命，移華爲滑州刺史、義成軍節度使。長慶三年七月，卒於鎮，時年六十九。

華雖出自戎行，而動必由禮，尤重士大夫，未嘗以富貴驕人，下逮僕隸走使之徒，必待之以誠信，人以爲難。贈司空。

韋綬字子章，京兆人。少有至性，喪父，刺血寫佛經。初爲長安縣尉，遭朱泚之亂，變服乘驢赴奉天。于頔鎮襄陽，辟爲賓佐。嘗因言政，面刺頔之縱恣。入朝爲工部員外，轉屯田郎中。元和十年，改職方郎中，充太子諸王侍讀，再遷諫議大夫。時穆宗在東宮，方幼好戲，綬講書之隙，頗以嘲誚悅之。嘗密齎家所造食，入宮餉太子。憲宗嘗召對，綬奏曰：「太子學書，至『依』字，輒去旁『人』。臣問之，太子云：『君父以此字可天下奏事，臣子不合全書。』」上益嘉太子之賢，賜綬錦綵。綬無威儀，時以人間鄙說戲言以取悅太子。太子因入侍，道綬語，憲宗不悅，謂侍臣曰：「凡侍讀者，當以經義輔導太子，納之軌物，而綬語及此，予何望耶？」乃罷侍讀，出爲虔州刺史。

穆宗卽位，以師友之恩，召爲尚書右丞，兼集賢院學士，甚承恩顧，出入禁中。綬以七月六日是穆宗載誕節，請以是日百官詣光順門賀太后，然後上皇帝壽。時政道頗僻，敕出，人不敢議。久之，宰臣奏古無生日稱賀之儀，其事終寢。綬在集賢，遇重陽，賜宰臣百官曲江宴，綬請與集賢學士別爲一會，從之。長慶元年三月，轉禮部尙書，判集賢院事。

帝嘗問：「禳災祈福，其可必乎？」綬對曰：「昔宋景公以一善言而法星退之三舍，此禳災以德也。漢文帝除祕祝，每於祠祭，盡敬而已，言無所祈，以明福不可以求致也。而二君卒能變已變之災，享自致之福，著於史傳，其理甚明。如失德以祈災消，媚神以祈福至，神苟有知，當因以致譴，非祈禳之道也。」時人主失德，綬因以諷之。

二年十月，檢校戶部尙書、興元尹、山南西道節度使。辭日，請門戟十二，自將赴鎭；又訴家貧，請賜錢二百萬；又面乞授子元弼官。上皆可之。綬御事無術，洎臨戎鎭，庶政隳紊。二年八月卒，贈尙書右僕射。博士劉端夫請諡爲「通」，殿中侍御史孟琯上言以爲非當。博士權安請諡爲「繆」，竟不施行。

鄭權，滎陽開封人也。登進士第，釋褐涇原從事。節度使劉昌符病亟〔三〕，請入覲，度軍情必變，以權寬厚容衆，俾主留務。及昌符上路，兵果亂，權挺身入白刃中，抗辭喻以逆順，因殺其首亂者數人，三軍畏伏。德宗聞而嘉之。時天子厭兵，藩鎮將吏得軍情者，多超授官爵。自試衞佐擢授行軍司馬、御史中丞，入朝爲倉部郎中，累遷至河南尹。十一年，代李遜爲襄州刺史、山南東道節度使。十二年，轉華州刺史、潼關防禦、鎮國軍使。十三年，遷德州刺史、德棣滄景節度使。

時朝廷用兵討李師道，權以德、棣之兵臨境。奏於平原、安德二縣之間置歸化縣，以集降民。滄州刺史李宗奭與權不協，每事多違，不稟節制。權奏之，上令中使追之。宗奭諷州兵留己，上言懼亂，未敢離郡，乃以烏重胤鎮橫海，代權歸朝。滄州將吏懼，共逐宗奭。宗奭方奔歸京師。詔以悖慢之罪，斬於獨柳之下。其弟宗爽，長流汀州。授權邠寧節度。會天德軍使上章論宗奭之冤，爲權誣奏，權降授原王傅，尋遷右金吾衞大將軍，充左街使。

穆宗卽位，改左散騎常侍，充入迴鶻告哀使。憚其遠役，辭以足疾，不獲免，肩輿而行。權器度魁偉，有辭辯。既至虜廷，與虜主爭論曲直，言辭激壯，可汗深敬異之。

長慶元年使還，出爲河南尹，入拜工部侍郎，遷本曹尚書。以家人數多，俸入不足，求爲鎮守。旬月，檢校右僕射、廣州刺史、嶺南節度使。初權出鎮，有中人之助，南海多珍貨，權頗積聚以遺之，大爲朝士所嗤。四年十月卒。

盧士玫，山東右族，以文儒進。性端厚，與物無競〔四〕，雅有令聞。始爲吏部員外郎，稱職，轉郎中、京兆少尹。奉憲宗園寢，刑簡事集，時論推其有才，權知京兆尹事。會幽州劉總願釋兵柄入朝，請用張弘靖代己，復請析瀛、莫兩州，用士玫爲帥，朝廷一皆從之。士玫遂授檢校右常侍，充瀛、莫兩州都防禦觀察使。

無何，幽州亂，害賓佐，縶弘靖，取裨將朱克融領軍務，遣兵襲瀛、莫。朝廷慮防禦之名不足抗凶逆，即日除士玫檢校工部尙書，充瀛莫節度使。士玫亦罄家財助軍用，堅拒叛徒者累月。竟以官軍救之不至，又瀛莫之卒親愛多在幽州，遂爲其下陰導克融之兵以潰。士玫及從事皆被拘執，送幽州，囚於賓館。及朝廷宥克融之罪，士玫方得歸東洛。尋拜太子賓客，留司洛中，旋除虢州刺史，復爲賓客。寶曆元年七月卒，贈工部尙書。

韓全義，出自行間，少從禁軍，事竇文場。及文場爲中尉，用全義爲帳中偏將，典禁兵在長武城。貞元十三年，爲神策行營節度、長武城使，代韓潭爲夏綏銀宥節度，詔以長武兵赴鎮。全義貪而無勇，短於撫御。制未下，軍中知之，相與謀曰：「夏州沙磧之地，無耕蠶生業。盛夏移徙，吾所不能。」是夜，戍卒鼓譟爲亂，全義踰城而免，殺其親將王栖巖、趙虔曜等。賴都虞候高崇文誅其亂首而止之，全義方獲赴鎮。

明年，吳少誠拒命，詔徵十七鎮之師討之。時軍無統帥，兵無多少，皆以內官監之，師之進退不由主將。十五年冬，王師爲賊所敗于小溵河。德宗以文場素待全義，乃用爲蔡州四面行營招討使，仍以陳許節度使上官涚副之。諸鎮之師，皆取全義節度。全義將略非所長，能以巧佞財賄結中貴人，以被薦用。及師臨賊境，又制在監軍，每議兵出，一帳之中，中人十數，紛然爭論莫決。蔡賊聞之，屢求決戰。十六年五月，遇賊於溵水南廣利城。旗鼓未交，諸軍大潰，爲賊所乘，全義退保五樓，賊對壘相望。潰兵未集，乃與監軍賈英秀、賈國良等保溵水縣。賊距溵水五六里而軍，全義懼其凌突，退保陳州。其汴宋、河北之軍，皆亡歸本鎮，唯陳許將孟元陽、神策將蘇光榮等數千人守溵水。全義誘潞州大將夏侯仲宣、滑將時昂、河陽將權文度、河中將郭湘等誅之，由是軍情稍固。少誠知王師無能爲，致書幣以告監軍，願求昭洗。德宗召大臣議，宰相賈耽曰：「昨全義五樓退軍，賊不追襲者，應望國家恩貸。臣伏恐須開生路。」上然之。又得監軍等奏，卽下制洗滌，加其爵秩。

十七年，全義自陳州班師，而中人掩其敗迹，上待之如初。全義武臣，不達朝儀，託以足疾，不任謁見。全義司馬崔放入對，德宗勞問，放引過，言招撫無功。德宗曰：「全義爲招討使，招得吳少誠歸國，其功大矣。何必殺人乃爲功耶！」旋命還鎭，令中使就第賜宴，錫賚頗厚。自還至辭，都不謁見而去。議者以隳敗法制，從古已還，未如貞元之甚。憲宗在藩，常惡其事。及卽位，全義懼，求入覲，詔以太子太保致仕。其年七月卒。

高霞寓，范陽人。祖仙，父栖鶴，皆以孝聞。凡五代同爨。德宗朝，采訪使洪經綸奏旌表其門閭，鄉里稱美其事。霞寓少讀左氏春秋及孫、吳兵法，好大言，頗以節概自許。貞元中，徒步造長武城使高崇文，待以猶子之分，擢授軍職，累奏憲宗，甚見委信。元和初，詔授兼御史大夫，從崇文將兵擊劉闢，連戰皆克，下鹿頭城，降李文悅、仇良輔。蜀平，以功拜彭州刺史，尋繼崇文爲長武城使，封感義郡王。元和五年，以左威衛將軍隨吐突承璀擊王承宗，又加左散騎常侍。明年，改豐州刺史、三城都團練防禦使，六遷至檢校工部尚書。元和十年，朝廷討吳元濟，以霞寓宿將，乃析山南東道爲兩鎭，以霞寓爲唐鄧隋節度使。霞寓雖稱勇敢，素昧機略，至於統制，尤非所長。及達所部，乃率兵趣蕭陂，與賊決戰。既小勝，又進至文城栅。賊軍僞敗而退，霞寓逐之不已，因爲伏兵所掩，王師大衄，霞寓僅以身免。坐貶歸州刺史。後以恩例，徵爲右衞大將軍。十三年，出爲振武節度使，入爲左武衞大將軍。長慶元年，授邠寧節度使。三年，就加檢校右僕射。四年，加檢校司空，又加司徒。寶曆二年，疽發首，不能理事，求歸闕下。其夏，授右金吾衞大將軍、檢校司徒，途次奉天而卒，年五十五，贈太保。

霞寓卒伍常材，始因宦官進用，遂階節將。位望旣高，言多不遜。朝廷知之，欲議移罷，霞寓頗懷憂恐，捨私第爲佛寺，上言請額爲「懷恩」，用資聖福，大率姦妄兇狡如此。又非斥朝列，侮慢僚屬，鄙辭俚語，日聞於時。

高瑀，渤海蓨人。少好論兵，釋褐右金吾胄曹，累辟諸府從事，歷陳、蔡二郡刺史，入爲太僕卿。大和初，忠武節度使王沛卒，物議以陳許軍四征有功，必自擇帥，或以禁軍之將得之。宰相裴度、韋處厚議瑀深沉方雅，曾刺陳、蔡，人懷良政，又熟忠武軍情，欲請用瑀。事未聞，陳許表至，果請瑀爲帥，乃授檢校左散騎常侍、許州刺史、忠武節度使。自大曆已來，節制之除拜，多出禁軍中尉。凡命一帥，必廣輸重賂。禁軍將校當爲帥者，自無家財，必取資於人，得鎭之後，則膏血疲民以償之。及瑀之拜，以內外公議，搢紳相慶曰：「韋公作相，債帥鮮矣！」

三年，就加檢校工部尚書。比年水旱，人民薦饑。璵召集州民，繞郭立堤塘一百八十里，蓄洩既均，人無饑年。加檢校右僕射。六年，移授徐州刺史、武寧軍節度等使。議者以徐泗王智興之後，軍士驕恣，宜得雄帥鎮之，乃以太府卿崔珙代璵，徵爲刑部尚書。以疾求分司，拜太子少傅。其月，復授檢校右僕射、陳許蔡節度使。八年六月卒，贈司空。璵性寬和，有體量，爲官雖無赫赫之譽，所至皆理，尤得士心，論者美之。

崔戎字可大。高伯祖玄暐，神龍初有大功，封博陵郡王。祖嬰，郢州刺史。父貞固，太原榆次尉。戎舉兩經登科，授太子校書，調判入等，授藍田主簿，爲藩鎮名公交辟。裴度領太原，署爲參謀。時王承宗據鎮州叛〔五〕，度請戎單車往諭之，承宗感泣受教。入爲殿中侍御史，累拜吏部郎中，遷諫議大夫。尋爲劍南東、西兩川宣慰使。西州承蠻寇之後，戎既宣撫，兼再定征稅，廢置得所，公私便之。還，拜給事中，駁奏爲當時所稱。改華州刺史，遷兗海沂密都團練觀察等使。將行，州人戀惜遮道，至有解韡斷鐙者。理兗一年，大和八年五月卒，贈禮部尚書。

陸亘字景山，吳郡人。祖元明，睦州司馬。父持詮，惠陵臺令。亘以書判授集賢殿正字、華原縣尉。應制舉，授萬年縣丞。自京兆府兵曹參軍拜太常博士。寺有禮生孟眞久於其事，凡吉凶大儀，禮官不能達，率訪眞，眞亦賴是須要姑息。元和七年，册皇太子，將撰儀注，眞亦欲參預，亘咎之，由是禮儀不專於胥吏。自虞部員外郎出爲鄧州刺史。其後入爲戶部郎中、秘書少監、太常少卿，歷刺兗、蔡、虢、蘇四郡，遷越州刺史、浙東團練觀察等使，移宣歙觀察使，加御史大夫。大和八年九月卒，年七十一，贈禮部尙書。

亘強明嚴毅，所至稱理。初赴兗州，延英面奏曰：「凡節度使握兵分屯屬郡者，刺史不能制，遂爲一州之弊，宜有處分。」因詔天下兵分屯屬郡者，隸于刺史。越之永嘉郡，城于海壖，常陷寇境，集官吏廩祿之半，以代常賦，因循相踵，吏返爲倖。亘按舉贓罪，表請郡守以降，增給其俸，人皆賴之。

張正甫字踐方，南陽人。曾祖大禮，坊州刺史。祖紹貞，尙書右丞。父沘，蘇州司馬。正甫登進士第，從樊澤爲襄陽從事，累轉監察御史。于頔代澤，辟留正甫。正甫堅辭之，遂誣奏貶郴州長史。後由邕府徵拜殿中侍御史，遷戶部員外郎，轉司封員外、兼侍御史知雜事。遷戶部郎中，改河南尹。由尙書右丞爲同州刺史，入拜左散騎常侍、集賢殿學士判院事。轉工部尙書。五年，檢校兵部尙書、太子詹事。明年，以吏部尙書致仕。正甫仁而端亮，涖官淸強。居外任，所至稱理。大和八年九月卒，年八十三，累贈太師。子毅夫。

毅夫登進士第。初正甫兄式，大曆中進士登第，繼之以正甫，式子元夫、傑夫、徵夫又相次登科。大和中，文章之盛，世共稱之。元夫，大和初兵部郎中、知制誥，遷中書舍人，出爲汝州刺史。毅夫位至戶部侍郎、弘文館學士判院事。諸羣從登第者數人，而毅夫子禕最知名。

禕字冠章，釋褐汴州從事、戶部判官，入爲藍田尉、集賢校理。趙隱鎭浙西，劉鄴鎭淮南，皆辟爲賓佐。入爲監察御史，遷左補闕。乾符中，詔入翰林爲學士，累官至中書舍人。黃巢犯京師，從僖宗幸蜀，拜工部侍郎，判戶部事。奉使江淮還，爲當塗者不協，改太子賓客、左散騎常侍，轉吏部侍郎，歷刑部、兵部尙書。從昭宗在華，爲韓建所構，貶衡州司馬。昭宗還京，徵拜禮部尙書、太常卿，充禮儀使，遷兵部尙書。禕苦心爲文，老而益壯。爲刑部時，劉鄴子覃，當巢寇時避禍於金吾將軍張直方之第，被害。僖宗還京，而惡覃者以託附逆黨，死不以義，下三司詳罪。禕上章申理，言覃父子併命於賊廷，豈附逆耶？其家竟獲洗雪，覃亦贈官。其行義始終，皆如此類。

史臣曰：孟陽、王遂儒雅之曹，才有可稱，竟以財媚時君，陷爲俗吏。蹈道之論，可不懼耶！仝義官由妄進，霞寓位以卒升，勇毅不足以啓行，謀慮不足以應變，敗亡之辱，不亦宜乎？朝無責帥之刑，蓋自恥也。權、瑀長者，末塗喪眞，雖牽於食貧，純則僞矣。

贊曰：蘊仁則哲，蘊利則狂。搢紳之胤，勿效潘、王。仝義逃責，貞元失策。霞寓薄刑，元和復興。

校勘記

〔一〕北州兵稍厚　「北」字各本原作「此」，通鑑卷二四一作「天子以鄆人有遷徙之勞，特加優給」。時曹華治所在沂州，鄆州不得稱「此州」。冊府卷四〇一作「北州」，以鄆州於沂海兗爲北，是也，今據改。

〔二〕升兗海爲武寧節度　新書卷六五方鎮表云：長慶元年「升沂海觀察使爲節度使，徙治兗州」。未言爲武寧節度。按武寧爲徐泗軍號，與兗海無關，「武寧」二字疑誤。

〔三〕劉昌符　本書卷一五二劉昌傳、新書卷一七〇劉昌傳均作「劉昌」。

〔四〕與物無競　「無競」二字各本原無，據册府卷八四四補。

〔五〕時王承宗據鎮州叛　校勘記卷五四引張宗泰說：上文云「裴度領太原」，以本紀及各傳考之，度領太原時據鎮州叛者乃王廷湊，非王承宗，承宗乃廷湊之誤。下文「承宗感泣受敎」，「承宗」亦當作「廷湊」。

舊唐書卷一百六十三

列傳第一百一十三

孟簡 胡証 証子溵 湘 崔元略 子鉉 鉉子沆 元略弟元受 元式 元儒

杜元穎 崔弘禮 李虞仲 王質 盧簡辭 兄簡能 弟弘正

簡求 簡能子知猷 簡求子嗣業 汝弼

孟簡字幾道，平昌人。天后時同州刺史詵之孫。工詩有名。擢進士第，登宏辭科，累官至倉部員外郎。戶部侍郎王叔文竊政，簡爲子司，多不附之，叔文惡之雖甚，亦不至擯斥。尋遷司封郎中。元和四年，超拜諫議大夫，知匭事。簡明於內典，六年，詔與給事中劉伯芻、工部侍郎歸登、右補闕蕭俛等，同就醴泉佛寺翻譯大乘本生心地觀經，簡最擅其理。王承宗叛，詔以吐突承璀爲招討使，簡抗疏論之，坐語訐，出爲常州刺史。八年，就加金紫光祿大夫。簡始到郡，開古孟瀆，長四十一里，灌溉沃壤四千餘頃，爲廉使舉其課績，是有就加之命。是歲，徵拜爲給事中。九年，出爲越州刺史、兼御史中丞、浙東觀察使。承李遜抑遏士族、恣縱編戶之後，及簡爲政，一皆反之，而農估多受其弊，當時以爲兩未可也。十二年，入爲戶部侍郎。十三年，代崔元略爲御史中丞，仍兼戶部侍郎。是歲，出爲襄州刺史、山南東道節度使。

十四年，勑於穀城縣置羣牧，命曰臨漢監，令簡充使。簡奏請均州鄖鄉縣鎭遏使趙潔充本縣令。臺司奏有虧刑典，罰一月俸。是歲，改授太子賓客，分司東都。十五年，穆宗卽位，貶吉州司馬員外置同正員。初，簡在襄陽，以腹心吏陸翰知上都進奏，委以關通中貴。翰持簡陰事，漸不可制，簡怒，追至州，以土囊殺之，且欲滅口。翰子弟詣闕，進狀訴冤，且告簡贓狀。御史臺按驗，獲簡賂吐突承璀錢帛等共計七千餘貫匹，事狀明白，故再貶之。長慶元年大赦，量移睦州刺史。二年，移常州刺史。三年，入爲太子賓客，分司東都。其年十二月卒。

簡性俊拔尙義，早歲交友先歿者，視其孤，每厚於周卹，議者以爲有前輩風。然溺於浮圖之敎，爲儒曹所誚。

胡証字啟中，河東人。父瑱，伯父玫，登進士第。証，貞元中繼登科，咸寧王渾瑊辟爲河中從事。自殿中侍御史拜韶州刺史，以母年高不可適遠，改授太子舍人。襄陽節度使于頔請爲掌書記，檢校祠部員外郎。元和四年，由侍御史歷左司員外郎、長安縣令、戶部郎中。田弘正以魏博內屬，請除副貳，乃兼御史中丞，充魏博節度副使，仍兼左庶子。入遷左諫議大夫。

九年，以党項寇邊，以証有安邊才略，乃授單于都護、御史大夫、振武軍節度使。前任將帥非統馭之才，邊事曠廢，朝廷故特用証以鎮。十三年，徵爲金吾大將軍，依前兼御史大夫。十四年，充京西、京北巡邊使，訪其利害以聞。

長慶元年，太和公主出降迴紇，詔以本官檢校工部尚書充和親使。舊制，以使車出境，有行人私覿之禮，官不能給，召富家子納貲於使者而命之官。及証將行，首請釐革，儉受省費，以絕鬻官之門。行及漠南，虜騎繼至，狠心犬態，一日千狀，欲以戎服變革華服，又欲以王姬疾驅徑路。証抗志不拔，守漢儀，黜夷法，竟不辱君命。使還，拜工部侍郎。

敬宗即位之初，檢校戶部尚書，守京兆尹。數月，遷左散騎常侍。寶曆初，拜戶部尚書、判度支，上表乞免，願效藩服。二年，檢校兵部尚書、廣州刺史，充嶺南節度使。大和二年，以疾上表求還京師。是歲十月卒于嶺南，時年七十一，廢朝一日，贈左僕射。

廣州有海舶之利，貨貝狎至。証善蓄積，務華侈，厚自奉養，童奴數百，於京城修行里起第，連亙閭巷。嶺表奇貨，道途不絕，京邑推爲富家。証素與賈餗善，及李訓事敗，禁軍利其財，稱証子瀫匿餗，乃破其家。一日之內，家財並盡。軍人執瀫入左軍，仇士良命斬之以徇。時瀫弟湘爲太原從事，忽白晝見緑衣人無首，血流被地，入于室，湘惡之。翌日，瀫凶問至，而湘獲免。

崔元略，博陵人。祖渾之。父儆，貞元中官至尙書左丞。元略舉進士，歷佐使府。元和八年，拜殿中侍御史。十二年，遷刑部郎中、知臺雜事，擢拜御史中丞。元和十三年，以李夷簡自西川徵拜御史大夫，乃命元略留司東臺。尋除京兆少尹，知府事，仍加金紫。數月，眞拜京兆尹。明年，改左散騎常侍。

穆宗卽位，命元略使党項宣撫，辭疾不行，出爲黔南觀察使、兼御史中丞。初，元略受命使党項，意宰臣以私憾排斥，頗出怨言。宰相崔植奏曰：「比以聖意切在安撫党項，乃差元略往使，受命之後，苦不樂行，言辭之間，頗乖去就。豈有身忝重恩，不思報效，苟非便己，卽不肯行。須有薄懲，以肅在位，請出爲黔中觀察使。」初，崔植任吏部郎中，元略任刑部郎中知雜。時中丞改京兆尹，物議以植有風憲之望。元略因入閤，妄稱植失儀，命御史彈之。時二人皆進擬爲中丞，中旨果授元略，植深銜之。及植爲相，元略以左散騎常侍使於党項，元略意植之見排，辭疾不行，被譴出。踰年，轉鄂州刺史、鄂岳都團練觀察使。長慶四年，入爲大理卿。

敬宗卽位，復爲京兆尹，尋兼御史大夫。以悞徵畿甸經赦免放緡錢萬七千貫，爲侍御史蕭澈彈劾。有詔刑部郎中趙元亮、大理正元從質、侍御史溫造充三司覆理。元略有中助，止於削兼大夫。初，元略有宰相望，及是事，望益減。寶曆元年，遷戶部侍郎。議者以元略版圖之拜，出於宣授。時諫官有疏，指言內常侍崔潭峻方有權寵，元略以諸父事之，故雖被彈劾，而遽遷顯要。元略亦上章自辨，且曰：「一昨府縣條疏，臺司舉劾，孤立無黨，謗言益彰，不謂詔出宸衷，恩延望外。處南宮之重位，列左戶之淸班，豈臣庸虛，敢自干冒。天心所擇，雖驚特進之恩；衆口相非，乃致因緣之說。」詔答之曰：「朕所命官，豈非公選？卿能稱職，奚恤人言！」然元略終不能逃父事潭峻之名。寶曆二年四月，京兆府以元略前任尹日爲橋道使，造東渭橋時，被本典鄭位、判官鄭復虛長物價，擡估給用，不還人工價直，率斂工匠破用，計贓二萬一千七百九貫。敕云：「元略不能檢下，有涉慢官，罰一月俸料。」時劉栖楚自爲京兆尹，有覬覦相位之意。元略方在次對，又多遊裴度門，栖楚恐礙己，以計摧之，乃按舉山陵時錢物以污之。

大和三年，轉戶部尚書。四年，判度支。五年，檢校吏部尚書。出爲東都留守、畿汝等防禦使。是歲，又遷滑州刺史、義成軍節度使。十二月卒，廢朝三日，贈尚書左僕射。子鉉。

鉉字台碩，登進士第，三辟諸侯府，荆南、西蜀掌書記。會昌初，入爲左拾遺，再遷員外郎，知制誥，召入翰林，充學士。累遷戶部侍郎承旨。會昌末，以本官同平章事。爲同列李德裕所嫉，罷相，爲陝虢觀察使、檢校刑部尚書。宣宗卽位，遷檢校兵部尚書、河中尹、博陵縣開國子，食邑五百戶。大中三年，召拜御史大夫，尋加正議大夫、中書侍郎、同平章事。累遷金紫光祿大夫，守左僕射、門下侍郎、太清宮使、弘文館大學士、博陵縣開國公，食邑至二千戶。七年，以館中學士崔瑑、薛逢等撰續會要四十卷，獻之。九年，檢校司徒、揚州大都督長史，進封魏國公、淮南節度使。宣宗於太液亭賦詩宴餞，有「七載秉鈞調四序」之句，儒者榮之。

咸通初，移鎭襄州。咸通八年，徐州戍將龐勛自桂管擅還，道途剽掠。鉉時爲荆南節度，聞徐州軍至湖南，盡率州兵，點募丁壯，分扼江、湘要害，欲盡擒之。徐寇聞之，踰嶺自江西、淮右北渡，朝議壯之。卒於江陵。子沆、汀、潭、沂。

沆，登進士第，官至員外郎，知制誥，拜中書舍人。坐事貶循州司戶。乾符初，復拜舍人，尋遷禮部侍郎，典貢舉。選名士十數人，多至卿相。乾符末，本官同平章事。遇京國盜據，從駕不及而卒。沂後官亦隆顯。

元略弟元受、元式、元儒。元受登進士第，高陵尉，直史館。元和初，于皋謨爲河北行營糧料使。元受與韋岵、薛巽、王湘等皆爲皋謨判官，分督供饋。旣罷兵，或以皋謨隱沒贓罪，除名賜死。元受從坐，皆逐嶺表，竟坎壈不達而卒。子鈞、鍘、銖相繼登進士第，辟諸侯府。

元式，會昌三年檢校左散騎常侍、河中尹、河中晉絳觀察使。四年，檢校禮部尙書、太原尹、北都留守、河東節度使。六年，入爲刑部尙書。宣宗朝領度支，以本官同平章事。

元儒，元和五年登進士第。

元式子鍇，仕至京兆尹。

杜元穎，萊公如晦裔孫也。父佐官卑。元穎，貞元末進士登第，再辟使府。元和中爲左拾遺、右補闕，召入翰林，充學士。手筆敏速，憲宗稱之。吳元濟平，以書詔之勤，賜緋魚袋，轉司勳員外郎，知制誥。穆宗即位，召對思政殿，賜金紫，超拜中書舍人。其年冬，拜戶部侍郎承旨。長慶元年三月，以本官同平章事，加上柱國、建安男。元穎自穆宗登極，自補闕至侍郎，不周歲居輔相之地。辭臣速達，未有如元穎之比也。

三年冬，帶平章事出鎭蜀川，穆宗御安福門臨餞。昭愍即位，童心多僻，務爲奢侈，而元穎求蜀中珍異玩好之具，貢奉相繼，以固恩寵。以故箕斂刻削，工作無虛日，軍民嗟怨，流聞于朝。大和三年，南詔蠻攻陷戎、嶲等州，徑犯成都。兵及城下，一無備擬，方率左右固牙城而已。蠻兵大掠蜀城玉帛、子女、工巧之具而去。是時蠻三道而來，東道攻梓州，郭釗禦之而退。時元穎幾陷，賴郭釗擊敗其衆，方還。蠻驅蜀人至大渡河，謂之曰：「此南吾境，放爾哭別鄉國。」數萬士女，一時慟哭，風日爲之慘悽。哭已，赴水而死者千餘，怨毒之聲，累年不息。蠻首領筌顚遣人上表曰：「蠻軍比修職貢，豈敢侵邊？但杜元穎不恤三軍，令入蠻疆作賊，移文報彼，都不見信，故蜀部軍人，繼爲鄉導，蓋蜀人怨苦之深，祈我此行，誅虐帥也。誅之不遂，無以慰蜀士之心，願陛下誅之。」監軍小使張士謙至，備言元穎之咎，坐貶循州司馬，判官崔璜連州司馬，紇干臮郢州長史，盧并唐州司馬，皆以佐元穎無狀也。六年，卒於貶所。臨終，上表乞贈官，贈湖州刺史。

元穎弟元絳，位終太子賓客。絳子審權，位至宰相，自有傳。

崔弘禮字從周，博陵人。北齊懷遠之七代孫。祖育，常州江陰令。父孚，湖州長城令。弘禮風貌魁偉，磊落有大志。舉進士，累佐藩府，官至侍御史。

元和中，呂元膺爲東都留守，以弘禮爲從事。時淮西吳少陽初死，吳元濟阻兵拒命，山東反側之徒，爲之影援，東結李師道謀襲東洛，以脅朝廷。弘禮爲元膺籌畫，部分兵衆，以固東都，卒亦無患。累除汾州、棣州刺史。會田弘正請入覲，請副使，乃授弘禮衞州刺史，充魏博節度副使，歷鄭州刺史。

長慶元年，劉總入覲，張弘靖移鎭范陽，復加弘禮檢校左散騎常侍，充幽州盧龍軍節度副使。未及境，幽、鎭兵亂，改爲絳州刺史。明年，汴州李㝏反，急詔追弘禮爲河南尹、兼御史大夫、東都畿汝都防禦副使。㝏平，遷河陽節度使。整練戈矛，頗壯戎備。又上言請於秦渠下闢荒田三百頃，歲收粟二萬斛，詔皆從之。以疾連表請代，數歲，拜檢校戶部尚書、華州刺史。會天平軍節度使烏重胤卒，朝廷難其人，復以弘禮爲天平軍節度使，仍詔即日乘遞赴鎭。

文宗卽位，就加檢校左僕射。理鄆三載，改授東都留守，仍遷刑部尙書。詔赴闕，以疾未至。大和四年十月，復除留守。是歲十二月卒，年六十四，贈司空。

弘禮少時，專以倜儻意氣自任，通涉兵書，留心軍旅之要，用此累更選用，歷踐藩鎭。所居無可尙之績，雖繕完有素，然善治生蓄積，物議少之。

李虞仲字見之，趙郡人。祖震，大理丞。父端，登進士第，工詩。大曆中，與韓翃、錢起、盧綸等文詠唱和，馳名都下，號「大曆十才子」。時郭尙父少子曖尙代宗女昇平公主，賢明有才思，尤喜詩人，而端等十人，多在曖之門下。每宴集賦詩，公主坐視簾中，詩之美者，賞百縑。曖因拜官，會十子曰：「詩先成者賞。」時端先獻，警句云：「薰香荀令偏憐小，傅粉何郞不解愁。」主卽以百縑賞之。錢起曰：「李校書誠有才，此篇宿構也。願賦一韻正之，請以起姓爲韻。」端卽襞牋而獻曰：「方塘似鏡草芊芊，初月如鉤未上弦。新開金埒教調馬，舊賜銅山許鑄錢。」曖曰：「此愈工也。」起等始服。端自校書郞移疾江南，授杭州司馬而卒。

虞仲亦工詩。元和初，登進士第，又以制策登科，授弘文校書。從事荆南，入爲太常博士，遷兵部員外、司勳郞中。寶曆中，考制策甚精，轉兵部郞中，知制誥，拜中書舍人。大和四年，出爲華州刺史、兼御史大夫。入拜左散騎常侍，兼秘書監。八年，轉尚書右丞。九年，爲兵部侍郎，尋改吏部。開成元年四月卒，時年六十五。虞仲簡澹寡欲，立性方雅，奕代文學，達而不矜，士友重之。

王質字華卿，太原祁人。五代祖通字仲淹，隋末大儒，號文中子。通生福祚，終上蔡主簿。福祚生勉，登進士第，制策登科，位終寶鼎令。勉生怡，終渝州司戶。怡生潛，揚州天長丞。質則潛之第五子。少負志操，以家世官卑，思立名於世，以大其門。寓居壽春，躬耕以養母，專以講學爲事，門人受業者大集其門。年甫強仕，不求聞達，親友規之曰：「以華卿之才，取名位如俯拾地芥耳，安自苦於闒茸者乎？揚名顯親，非耕稼可致也。」質乃白於母，請赴鄉舉。元和六年，登進士甲科。釋褐嶺南管記，歷佐淮蔡、許昌、梓潼、興元四府，累奏兼監察御史。入朝爲殿中，遷侍御史、戶部員外郎。爲舊府延薦，檢校司封郎中，賜金紫，充興元節度副使。入爲戶部郎中，遷諫議大夫。

大和中，王守澄構陷宰相宋申錫，文宗怒，欲加極法。質與常侍崔玄亮雨泣切諫，請付外推，申錫方從輕典。質爲中人側目，執政出爲虢州刺史。質射策時，深爲李吉甫所器，及德裕爲相，甚禮之，事必咨決，尋召爲給事中、河南尹。八年，爲宣州刺史、兼御史中丞、宣歙團練觀察使。在政三年，開成元年十二月，無疾暴卒，時年六十八，贈左散騎常侍，諡曰定。

質清廉方雅，爲政有聲。雖權臣待之厚，而行己有素，不涉朋比之議。在宣城辟崔珦、劉蕡、裴夷直、趙晳爲從事，皆一代名流。視其所與，人士重之。子曰慶存。

盧簡辭字子策，范陽人，後徙家于蒲。祖翰。父綸，天寶末舉進士，遇亂不第，奉親避地於鄱陽，與郡人吉中孚爲林泉之友。大曆初，還京師，宰相王縉奏爲集賢學士、秘書省校書郎。王縉兄弟有詩名於世，縉既官重，凡所延辟，皆辭人名士，以綸能詩，禮待逾厚。會縉得罪，坐累。久之，調陝府戶曹、河南密縣令。建中初，爲昭應令。朱泚之亂，咸寧王渾瑊充京城西面副元帥，乃拔綸爲元帥判官、檢校金部郎中。貞元中，吉中孚爲翰林學士、戶部侍郎，典邦賦，薦綸于朝。會丁家艱，而中孚卒。太府卿韋渠牟得幸於德宗，綸即渠牟之甥也，數稱綸之才，德宗召之內殿，令和御製詩，超拜戶部郎中。方欲委之掌誥，居無何，卒。

初，大曆中，詩人李端、錢起、韓翃輩能爲五言詩，而辭情捷麗，綸作尤工。至貞元末，錢、李諸公凋落，綸嘗爲懷舊詩五十韻，敍其事曰：「吾與吉侍郎中孚、司空郎中曙、苗員外發、崔補闕峒、耿拾遺湋、李校書端，風塵追遊，向三十載。數公皆負當時盛稱，榮耀未幾，俱沉下泉。傷悼之際，暢當博士追感前事，賦詩五十韻見寄。輒有所酬，以申悲舊，兼寄夏侯審侍御。」其歷言諸子云：「侍郎文章宗，傑出淮、楚靈。掌賦若吹籟，司言如建瓴。郎中善慶餘，雅韻與琴清。鬱鬱松帶雪，蕭蕭鴻入冥。員外眞貴儒，弱冠被華纓。月香飄桂實，乳溜瀝瓊英。補闕思沖融，巾拂藝亦精。彩蝶戲芳圃，瑞雲滋翠屏。拾遺興難侔，逸調曠無程。九醞貯彌潔，三花寒轉馨。校書才智雄，舉世一娉婷。賭墅鬼神變，屬辭鸞鳳驚。差肩曳長裾，總轡奉和鈴。共賦瑤臺雪，同觀金谷笙。倚天方比劍，沉水忽如瓶。君持玉盤珠，寫我懷袖盈。讀罷涕交頤，願言躋百齡。」綸之才思，皆此類也。文宗好文，尤重綸詩，嘗問侍臣曰：「盧綸集幾卷？有子弟否？」李德裕對曰：「綸有四男，皆登進士第，今員外郎簡能、侍御史簡辭是也。」即遣中使詣其家，令進文集。簡能盡以所集五百篇上獻，優詔嘉之。

簡辭，元和六年登第，三辟諸侯府。長慶末，入朝爲監察，轉侍御史。文雅之餘，尤精法律，歷朝簿籍，靡不經懷。寶曆中，故京兆尹黎幹男煟詣臺治父葉縣舊業，臺司莫知本末。

簡辭曰：「幹坐魚朝恩黨誅，田產籍沒。大曆已來，多少赦令，豈有雪朝恩、黎幹節文？況其田產分給百姓，將及百年，而焆恃中助而冒論耶！」乃移汝州刺史裴通，準大曆元年敕給百姓。又福建鹽鐵院官盧昂坐贓三十萬，簡辭按之，於其家得金牀、瑟瑟枕大如斗。昭愍見之曰：「此宮中所無，而盧昂爲吏可知也！」尋轉考功員外郎，轉郎中。大和中，坐事自太僕卿出爲衢州刺史。會昌中，入爲刑部侍郎，轉戶部。大中初，轉兵部侍郎、檢校工部尚書、許州刺史、御史大夫、忠武軍節度使，遷檢校刑部尚書、襄州刺史、山南東道節度使，卒。簡辭兄簡能。

簡能字子拙，登第後再辟藩府，入爲監察御史。大和九年，由駕部員外檢校司封郎中，充鳳翔節度判官。時鄭注得幸，李訓與之謀誅宦官，俾注鎭鳳翔，仍妙選當時才俊以爲賓佐。簡能與蕭俛弟傑、錢起子可復，皆爲訓所選，從注。及訓敗，注誅，簡能、蕭傑等四人皆爲監軍使所害。

簡辭弟弘正、簡求。弘正字子強，元和末登進士第，累辟使府掌書記。入朝爲監察御史、侍御史。大和中，華州刺史宇文鼎、戶部員外盧允中坐贓，弘正按之。文宗怒，將殺鼎，弘正奏曰：「鼎歷持綱憲，繩糾之官，今爲近輔刺史，以贓污聞，死固常典。但取受之首，罪在允中，監司之責，鼎當連坐。」文宗釋之，鼎方減等。三遷兵部郎中、給事中。

會昌末，王師討劉稹。時詔河北三帥收山東州郡，俄而何弘敬、王元逵得邢、洺、磁三郡。宰臣奏議曰：「山東三郡以賊稹未誅，宜且立留後。如弘敬、元逵有所陳請，則朝廷難以依違。」上曰：「然，誰可任者？」李德裕曰：「給事中盧弘正嘗爲昭義判官，性又通敏，推擇攸宜。」卽命爲邢洺磁團練觀察留後。未行而稹誅，乃令弘正銜命宣諭河北三鎭。使還，拜工部侍郎。

大中初，轉戶部侍郎，充鹽鐵轉運使。前是，安邑、解縣兩池鹽法積弊，課入不充。弘正令判官司空輿至池務檢察，特立新法，仍奏輿爲兩池使。三年，課入加倍，其法至今賴之。檢校戶部尚書，出爲徐州刺史、武寧軍節度使、徐泗濠觀察等使。徐方自智興之後，軍士驕怠，有銀刀都尤勞姑息，前後屢逐主帥。弘正在鎭期年，皆去其首惡，喩之忠義。訖於受代，軍旅無譁。鎭徐四年，遷檢校兵部尚書、汴州刺史、宣武軍節度、宋亳潁觀察等使，卒于鎭。

簡求字子臧，長慶元年登進士第，釋褐江西王仲舒從事。又從元稹爲浙東、江夏二府掌書記。裴度鎮襄陽，保釐洛都，皆辟爲賓佐，奏殿中侍御史。入朝，拜監察。裴度鎮太原，復奏爲記室。入爲殿中，賜緋。牛僧孺鎮襄漢，辟爲觀察判官。入爲水部、戶部二員外郎。會昌末，討劉稹，詔以許帥李彥佐爲招討使。朝廷以簡求累佐使府，達於機略，乃以簡求爲忠武節度副使知節度事、本道供軍使。入爲吏部員外，轉本司郎中，求爲蘇州刺史。

時簡辭鎮漢南，弘正爲侍郎，領使務，昆仲皆居顯列，時人榮之。既而宰執不協，弘正出鎮，罷簡求爲左庶子分司。數年，出爲壽州刺史。九年，党項叛，以簡求爲四鎮北庭行軍、涇州刺史、涇原渭武節度押蕃落等使、檢校左散騎常侍、上柱國、范陽縣男、食邑三百戶。十一年，遷檢校工部尚書、定州刺史、御史大夫、義武軍節度、北平軍等使。十三年，檢校刑部尚書、鳳翔尹、鳳翔隴西節度觀察等使。十四年八月，代裴休爲太原尹、北都留守，充河東節度觀察等使。

簡求辭翰縱橫，長於應變，所歷四鎮，皆控邊陲，屬雜虜寇邊，因之移授，所至撫御，邊鄙晏然。太原軍素管退渾、契苾、沙陀三部落，或撫納不至，多爲邊患。前政或要之詛盟，質之子弟，然爲盜不息。簡求開懷撫待，接以恩信，所質子弟，一切遣之。故五部之人〔一〕，欣然聽命。咸通初，以疾辭，表章瀝懇，制以太子太師致仕，還於東都。都城有園林別墅，歲時行樂，子弟侍側，公卿在席，詩酒賞詠，竟日忘歸，如是者累年。五年十月卒，時年七十六。贈尙書左僕射。

簡能子知猷。知猷登進士第，釋褐祕書省正字。宰臣蕭鄴鎭江陵、成都，辟爲兩府記室。入拜左拾遺，改右補闕、史館修撰，轉員外郎。出爲饒州刺史。入拜兵部郎中，賜緋魚，改吏部郎中、太常少卿。出爲商州刺史。徵拜給事中，轉中書舍人。僖宗幸山南，襄王僞署，乃避地金州。駕還，徵拜工部侍郎，轉戶部，判史館，遷尙書右丞、兵部侍郎。歷太常卿，工部、戶部尙書，復領太常卿。昭宗在華下，加檢校右僕射，守太子少師。進位太子太師，檢校司空，卒於華下。知猷器度長厚，文辭美麗。尤工書，落簡措翰，人爭模倣。子文度，位亦至丞郎。

簡辭無子，以簡求子貽殷、玄禧入繼。貽殷終光祿少卿。玄禧登進士第，終國子博士。弘正子虔灌，有俊才，進士登第。所著文筆，爲時所稱。位終祕書監。

簡求十子，而嗣業、汝弼最知名。嗣業進士登第，累辟使府。廣明初，以長安尉直昭文館、左拾遺、右補闕。王鐸徵兵收兩京，辟爲都統判官、檢校禮部郎中，卒。汝弼登進士第，累遷至祠部員外郎、知制誥，從昭宗遷洛。屬柳璨黨附賊臣，誣陷士族，汝弼懼，移疾退居，客遊上黨。遇潞府爲太原所攻，節度使丁會歸降，從會至太原，李克用奏爲節度副使，累奏戶部侍郎。太原使府有龍泉亭，簡求節制時手書詩一章，在亭之西壁。汝弼復爲亞帥，每亭中宴集，未嘗居賓位，西向俛首而已，人士嘉之。盧氏兩世貴盛，六卿方鎭相繼，而未有居輔相者。至中興，嗣業子文紀，仕至尙書中書侍郎、平章事。

史臣曰：孟襄陽之淸節，胡廣州之堅正，卒以結權倖而敗，積貨賄而亡。人如面焉，固難知也。二崔以綱憲相傾，元穎以獻奇取媚，雖遭時多僻，位至鼎司，言之正人，亦孔之醜，而父事宦者，何所逃譏？以端、綸之才，任不踰元士，而盧簡辭之昆仲，雲搏水擊，鬱爲鼎門，非德積慶鍾，安能及此？辭人之後，不亦休哉！

贊曰：君子喻義，小人近利。孟譴胡亡，家財掃地。聲勢相傾，崔、杜醜名。端、綸諸子，奕葉光榮。

校勘記

〔一〕五部　冊府卷三九七同。校勘記卷五四引張宗泰說：「五」當作「三」。

舊唐書卷一百六十四

列傳第一百一十四

王播 子式 弟炎 起 起子龜 龜子蕘 炎子鐸 李絳 絳子璋 項

楊於陵 子景復 嗣復 紹復 師復

王播字明敭。曾祖璡，嘉州司馬。祖昇，咸陽令。父恕，揚府參軍。播擢進士第，登賢良方正制科，授集賢校理，再遷監察御史，轉殿中，歷侍御史。貞元末，倖臣李實爲京兆尹，恃恩頗橫，嘗遇播於途，不避。故事，尹避臺官。播移文詆之，實怒，後奏播爲三原令，欲挫之。播受命，趨府謁謝，盡府縣之儀。及臨所部，政理修明，恃勢豪門，未嘗貸法。歲終考課，爲畿邑之最。實以其人有政術，甚禮重之，頻薦之于上。德宗奇之，將不次拔用，會母喪。

順宗卽位，除駕部郎中，改長安令。歲中，遷工部郎中，知臺雜，刺舉綱憲，爲人所稱。

轉考功郎中，出爲虢州刺史。李巽領鹽鐵，奏爲副使、兵部郎中。元和五年，代李夷簡爲御史中丞。振舉朝章，百職修舉。十月，代許孟容爲京兆尹。時禁軍諸鎭布列畿內，軍人出入，屬鞬佩劍，往往盜發，難以擒姦。而播奏請畿內軍鎭將卒，出入不得持戎具，諸王駙馬權豪之家，不得於畿內按試鷹犬畋獵之具。詔從之，自是姦盜弭息。六年三月，轉刑部侍郎，充諸道鹽鐵轉運使。

播長於吏術，雖案牘鞅掌，剖析如流，黠吏詆欺，無不彰敗。時天下多故，法寺議讞，科條繁雜。播備舉前後格條，置之座右，凡有詳決，疾速如神。當時屬僚，歎服不暇。十年四月，改禮部尚書，領使如故。先是，李巽以程异爲江淮院官，异又通泉貨，及播領使，奏之爲副。當王師討吳元濟，令异乘傳往江淮，賦輿大集，以至賊平，深有力焉。及皇甫鎛用事，恐播大用，乃請以使務命程异領之，播守本官而已。十三年，檢校戶部尚書、成都尹、劍南西川節度使。

穆宗即位，皇甫鎛貶，播累表求還京師。長慶元年七月，徵還，拜刑部尙書，復領鹽鐵轉運等使。十月，兼中書侍郎、平章事，領使如故。長慶中，內外權臣，率多假借。播因銅鹽擢居輔弼，專以承迎爲事，而安危啓沃，不措一言。時河北復叛，朝廷用兵。會裴度自太原入覲，朝野物論，言度不宜居外。明年三月，留度復知政事，以播代度爲淮南節度使、檢校右僕射，領使如故。仍請攜鹽鐵印赴鎭，上都院印，請別給賜，從之。播至淮南，屬歲旱儉，人相啖食，課最不充，設法掊斂，比屋嗟怨。

敬宗卽位，就加銀青光祿大夫、檢校司空，罷鹽鐵轉運使。時中尉王守澄用事，播自落利權，廣求珍異，令腹心吏內結守澄，以爲之助。守澄乘閒啓奏，言播有才，上於延英言之。諫議大夫獨孤朗、張仲方，起居郎孔敏行、柳公權、宋申錫，補闕韋仁實、劉敦儒，拾遺李景讓、薛廷老等，請開延英面奏播之姦邪，交結寵倖，復求大用。天子沖幼，不能用其言。自是，物議紛然不息。明年正月，播復領鹽鐵轉運使。播既得舊職，乃於銅鹽之內，巧爲賦斂，以事月進，名爲羨餘，其實正額，務希獎擢，不恤人言。

時揚州城內官河水淺，遇旱卽滯漕船，乃奏自城南閶門西七里港開河向東，屈曲取禪智寺橋通舊官河，開鑿稍深，舟航易濟，所開長一十九里，其工役料度，不破省錢，當使方圓自備，而漕運不阻。後政賴之。

文宗卽位，就加檢校司徒。大和元年五月，自淮南入覲，進大小銀盌三千四百枚、綾絹二十萬匹。六月，拜尚書左僕射、同平章事，領使如故。二年，進封太原公、太淸宮使。四年正月，患喉腫暴卒，時年七十二。廢朝三日，贈太尉。

播出自單門，以文辭自立，踐昇華顯，鬱有能名。而隨勢沉浮，不存士行，姦邪進取，君子恥之。然天性勤於吏事，使務填委，胥吏盈廷取決，簿書堆案盈几，他人若不堪勝，而播用此爲適。播子式，弟炎、起。

炎，貞元十五年登進士第，累官至太常博士，早世。子鐸、鐐。

起字舉之，貞元十四年擢進士第，釋褐集賢校理，登制策直言極諫科，授藍田尉。宰相李吉甫鎭淮南，以監察充掌書記。入朝爲殿中，遷起居郎、司勳員外郎、直史館。元和十四年，以比部郎中知制誥。穆宗卽位，拜中書舍人。

長慶元年，遷禮部侍郎。其年，錢徽掌貢士，爲朝臣請託，人以爲濫。詔起與同職白居易覆試，覆落者多。徽貶官，起遂代徽爲禮部侍郎，掌貢二年，得士尤精。先是，貢舉猥濫，勢門子弟，交相酬酢，寒門俊造，十棄六七。及元稹、李紳在翰林，深怒其事，故有覆試之科。及起考貢士，奏當司所選進士，據所考雜文，先送中書，令宰臣閱視可否，然後下當司放牓。從之。議者以爲起雖避是非，失貢職也，故出爲河南尹。入爲吏部侍郎。

文宗卽位，加集賢學士、判院事。以兄播爲僕射輔政，不欲典選部，改兵部侍郎。大和二年，出爲陝虢觀察使、兼御史大夫。四年，入拜尙書左丞。居播之喪，號毀過禮，友悌尤至。遷戶部尙書、判度支。以西北邊備，歲有和市以給軍，勞人饋輓，奏於靈武、邠寧起營田。六年，檢校吏部尚書、河中尹、河中晉絳節度使。時屬蝗旱，粟價暴踊，豪門閉糴，以邀善價。起嚴誡儲蓄之家，出粟於市，隱者致之於法，由是民獲濟焉。

七年，入爲兵部尚書。八年，檢校右僕射、襄州刺史，充山南東道節度。江、漢水田，前政撓法，塘堰缺壞。起下車，命從事李業行屬郡，檢視而補繕，特爲水法，民無凶年。九年，就加銀青光祿大夫。時李訓用事，訓卽起貢舉門生也，欲援起爲相。八月，詔拜兵部侍郎，判戶部事。其冬，訓敗，起以儒素長者，人不以爲累，但罷判戶部事。

文宗好文，尤尚古學。鄭覃長於經義，起長於博洽，俱引翰林，講論經史。起僻於嗜學，雖官位崇重，耽玩無斁，夙夜孜孜，殆忘寢食，書無不覽，經目靡遺。轉兵部尚書。以莊恪太子登儲，欲令儒者授經，乃兼太子侍讀，判太常卿，充禮儀詳定使，創造禮神九玉，奏議曰：

邦國之禮，祀爲大事；珪璧之議，經有前規。謹按周禮：「天地四方，以蒼璧禮天，黃琮禮地，青珪禮東方，赤璋禮南方，白琥禮西方，黑璜禮北方。」又云：「四圭有邸以祀天」，「兩圭有邸以祀地」，「圭璧以祀日月星辰」。凡此九器，皆祀神之玉也。又云：「以禋祀祀昊天上帝。」鄭玄云：「禋，煙也，爲玉幣，祭訖燔之而升煙，以報陽也。」今與開元禮義同，此則焚玉之驗也。又周禮「掌國之玉鎭大寶器，若大祭，既事而藏之」，此則收玉之證也。梁代崔靈恩撰三禮義宗云：「凡祭天神，各有二玉，一以禮神，一則燔之。禮神者，訖事却收。祀神者，與牲俱燎。」則靈恩之義，合于禮經。今國家郊天祀地，祀神之玉常用，守經據古，禮神之玉則無。臣等請下有司，精求良玉，創造蒼璧、黃琮等九器，祭訖則藏之。其燎玉卽依常制。

從之。爲太子廣五運圖及文場秀句等獻之。三年，以本官充翰林侍講學士。莊恪太子薨，詔起爲哀册文，辭情婉麗。

四年，遷太子少師，判兵部事，侍講如故。以其家貧，特詔每月割仙韶院月料錢三百千添給。起富於文學，而理家無法，俸料入門，卽爲僕妾所有。帝以師友之恩，特加周給，議者以與伶官分給，可爲恥之。

武宗卽位，八月，充山陵鹵簿使。樞密使劉弘逸、薛季稜懼誅，欲因山陵兵士謀廢立。起與山陵使知其謀，密奏，皆伏誅。尋檢校左僕射、東都留守，判東都尚書省事。

會昌元年，徵拜吏部尚書，判太常卿事。三年，權知禮部貢擧。明年，正拜左僕射，復知貢擧。起前後四典貢部，所選皆當代辭藝之士，有名於時，人皆賞其精鑒徇公也。其年秋，出爲興元尹，兼同平章事，充山南西道節度使〔一〕。赴鎭日，延英辭，帝謂之曰：「卿國之耆老，宰相無內外，朕有闕政，飛表以聞。」宴賜頗厚。在鎭二年，以老疾求代，不許。大中元年，卒于鎭，時年八十八。廢朝三日，贈太尉，諡曰文懿。文集一百二十卷，五緯圖十卷，寫宣十卷。起侍講時，或僻字疑事，令中使口宣，卽以牓子對，故名曰寫宣。子龜嗣。

龜字大年，性簡澹蕭灑，不樂仕進，少以詩酒琴書自適，不從科試。京城光福里第，起兄弟同居，斯爲宏敞。龜意在人外，倦接朋游，乃於永達里園林深僻處創書齋，吟嘯其閒，目爲半隱亭。及從父起在河中，於中條山谷中起草堂，與山人道士遊，朔望一還府第，後人目爲「郎君谷」。及起保釐東周，龜於龍門西谷構松齋，棲息往來，放懷事外。起鎭興元，又於漢陽之龍山立隱舍，每浮舟而往，其閑逸如此。武宗知之，以左拾遺徵，久之，方至殿廷一謝，陳情曰：「臣才疏散，無用於時，加以疾病所嬰，不任祿仕。臣父年將九十，作鎭遠藩，喜懼之年，闕於供侍。乞罷今職，以奉晨昏。」上優詔許之。明年，丁父憂。服闋，以右補闕徵，遷侍御史、尙書郎。

大中末，出爲宣歙團練觀察副使，賜緋。入爲祠部郎中、史館修撰。前從崔璵貳宣歙，及璵鎭河中，又奏爲副使。入爲兵部郎中，賜金紫，尋知制誥。咸通末，以弟鐸在中書，不欲在禁掖，改太常少卿，尋檢校右散騎常侍、同州刺史。牙將白約者，甚狡蠹，前後防禦使不能制。龜因事發，笞死以徇，人皆畏威自效。十四年，轉越州刺史、御史大夫、浙東團練觀察使。先是，龜兄式撫臨此郡，有惠政，聞龜復至，舞抃迎之。屬徐、泗之亂，江淮盜起，山越亂，攻郡，爲賊所害，贈工部尙書。子蕘。

蕘苦學，善屬文。以季父作相，避嫌不就科試。乾符初，崔瑾廉察湖南，崔涓鎭江陵，皆辟爲從事。蕭遘作相，奏授藍田尉，直史館，遷左拾遺、右補闕，中丞盧渥奏爲侍御史。從僖宗幸山南，拜右司員外郎，卒。子權，中興仕至兵部尙書。

式以門蔭，累遷監察御史，轉殿中，亦巧宦。大和中，依倚鄭注，謁王守澄，爲中丞歸融所劾，出爲江陵少尹。大中後，踐更省署。咸通初，爲浙東觀察使。草賊仇甫據明州叛，來攻會稽，式討平之。式有威略。三年，徐州銀刀軍叛，以式爲徐州節度使。式至鎭，盡誅銀刀等七軍，徐方平定，天子嘉之。後累歷方任，卒。

鐸字昭範。會昌初進士第，兩辟使府。大中初，入爲監察御史。咸通初，由駕部郎中知制誥，拜中書舍人。五年，轉禮部侍郎，典貢士兩歲，時稱得人。七年，以戶部侍郎、判度支遷禮部尙書。十二年，以本官同平章事。時宰相韋保衡以拔擢之恩，事鐸尤謹，累兼刑部、吏部尙書。僖宗卽位，加右僕射。保衡得罪，以鐸檢校右僕射，出爲汴州刺史、宣武軍節度使。

鐸有經世大志，以安邦爲己任，士友推之。乾符二年，河南、江左相繼寇盜結集，內官田令孜素聞鐸名，乃復召鐸，拜右僕射、門下侍郎、同平章事。四年，賊陷江陵，楊知温失守，宋威破賊失策。朝議統率，宰相盧攜稱高駢累立戰功，宜付軍柄，物議未允。鐸廷奏曰：「臣忝宰執之長，在朝不足分陛下之憂。臣願自率諸軍，盪滌羣盜。」朝議然之。五年，以鐸守司徒、門下侍郎、同平章事，兼江陵尹、荆南節度使，充諸道行營兵馬都統。鐸至鎭，綏懷流散，完葺軍戎，期年之間，武備嚴整。

時兗州節度使李係者，西平王晟之孫，以其家世將才，奏用爲都統都押衙，兼湘南團練使。時黄巢在嶺南，鐸悉以精甲付係，令分兵扼嶺路。係無將略，徵有口才，軍政不理。廣明初，賊自嶺南寇湖南諸郡，係守城自固，不敢出戰。賊編木爲栰，沿湘而下，急攻潭州，陷之。係甲兵五萬，皆爲賊所殺，投屍於江。鐸聞係敗，令部將董漢宏守江陵，自率兵萬餘會襄陽之師。江陵竟陷於賊。天子不之責。罷相，守太子太師。宰相盧攜用事，竟以淮南高駢代鐸爲都統。

其年秋，賊焚剽淮南，高駢挫敗。及賊陷兩京，盧攜得罪，天子用鄭畋爲兵馬都統。明年，畋病歸行在，朝議復以鐸爲侍中、滑州刺史、義成軍節度使〔三〕，充諸道行營都統，率禁軍、山南、東蜀之師三萬，營於盩厔東，進屯靈感寺。

明年春，兗、鄆、徐、許、鄭、滑、邠、寧、鳳翔十鎮之師大集關內。時賊已僭名號，以前浙東觀察使崔璆、尚讓爲宰相，傳僞命。天下藩帥，多持兩端。既聞鐸傳檄四方，諸侯翻然景附。賊之號令，東西不過岐、華，南北止及山、河。而勁卒驍將，日馳突於國門，羣賊由是離心。其年秋，賊將朱温降，收同州。十一月，賊華州戍卒七千來奔。三年二月，沙陀軍至，收華州。四月，敗賊於良田坡，遂收京城。封鐸晉國公。鐸加中書令，以收城諸將，量其功伐高下，承制爵賞以聞。是時國命危若綴旒，天子播越蠻陬，大事去矣。若非鄭畋之奮發，鐸之忠義，則土運之隆替，未可知也。

自巢、讓之亂，關東方鎮牙將，皆逐主帥，自號藩臣。時溥據徐州，朱瑄據鄆州，朱瑾據兗州，王敬武據青州，周岌據許州，王重榮據河中，諸葛爽據河陽，皆自擅一藩，職貢不入，賞罰由已。既逐賊出關，尤恃功伐，朝廷姑息不暇。巢賊出關東，與蔡帥秦宗權合縱。時溥舉兵徐方，請身先討賊，乃授溥都統之命。十軍軍容使田令孜以內官楊復光有監護用師之功，尤忌儒臣立事，故有時溥之授。

初，鐸出軍，兼鄭滑節度使，以便供饋。至是，罷鐸都統之權，令仗節歸藩。鐸以朱全忠於己有恩，倚爲藩蔽。初，全忠辭禮恭順，既而全忠軍旅稍集，其意漸倨。鐸知不可依表求還朝。

其年冬，僖宗自蜀將還，乃以鐸爲滄景節度使。時楊全玫在滄州，聞鐸之來，訴於魏州樂彥貞。鐸受命赴鎭，至魏州旬日，彥貞迎謁，宴勞甚至。鐸以上台元老，功蓋羣后，行則肩輿，妓女夾侍，賓僚服御，盡美一時。彥貞子從訓，兇戾無行，竊所慕之，令甘陵州卒數百人，伏於漳南之高雞泊。及鐸行李至，皆爲所掠，鐸與賓客十餘人，皆遇害。時光啓四年十二月也〔三〕。

鐸弟鐐，累官至汝州刺史。王仙芝陷郡城，被害。

李絳字深之，趙郡贊皇人也。曾祖貞簡。祖剛，官終宰邑。父元善，襄州錄事參軍。絳舉進士，登宏辭科，授祕書省校書郎。秩滿，補渭南尉。貞元末，拜監察御史。元和二年，以本官充翰林學士。未幾，改尙書主客員外郎。踰年，轉司勳員外郎。五年，遷本司郎中、知制誥。皆不離內職，孜孜以匡諫爲己任。

憲宗卽位，叛臣李錡阻兵於浙右。錡旣誅，朝廷將輦其所沒家財，絳上言曰：「李錡兇狡叛戾，僭侈誅求，刻剝六州之人，積成一道之苦。聖恩本以叛亂致討，蘇息一方。今輦運錢帛，播聞四海，非所謂式遏亂略，惠綏困窮。伏望天慈，並賜本道，代貧下戶今年租稅，則萬姓欣戴，四海歌詠矣。」憲宗嘉之。

時中官吐突承璀自藩邸承恩寵，爲神策護軍中尉，乃於安國佛寺建立聖政碑，大興功作，仍請翰林爲其文。絳上言曰：

陛下布惟新之政，剗積習之弊，四海延頸，日望德音。今忽立聖政碑，示天下以不廣。易稱：大人者與天地合德，與日月合明。執契垂拱，勵精求理，豈可以文字而盡聖德，碑表而贊皇猷？若可敍述，是有分限，虧損盛德，豈謂敷揚至道哉？故自堯、舜、禹、湯、文、武，並無建碑之事。至秦始皇荒逸之君，煩酷之政，然後有罘、嶧之碑，揚誅伐之功，紀巡幸之跡，適足爲百王所笑，萬代所譏，至今稱爲失道亡國之主，豈可擬議於此？陛下嗣高祖、太宗之業，舉貞觀、開元之政，思理不遑食，從諫如順流，固可與堯、舜、禹、湯、文、武方駕而行，又安得追秦皇暴虐不經之事而自損聖政？近者，閻巨源請立紀聖功碑，陛下詳盡事宜，皆不允許。今忽令立此，與前事頗乖。況此碑旣在安國寺，不得不敍載遊觀崇飾之事，述遊觀且乖理要，敍崇飾又匪政經，固非哲王所宜行也。其碑，伏乞聖恩特令寢罷。

憲宗深然之，其碑遂止。

絳後因浴堂北廊奏對，極論中官縱恣、方鎭進獻之事，憲宗怒，厲聲曰：「卿所論奏，何太過耶？」絳前論不已，曰：「臣所諫論，於臣無利，是國家之利。陛下不以臣愚，使處腹心之地，豈可見事虧聖德，致損淸時，而惜身不言，仰屋竊歎，是臣負陛下也。若不顧患禍，盡誠奏論，旁忤倖臣，上犯聖旨，以此獲罪，是陛下負臣也。且臣與中官，素不相識，又無嫌隙，祇是威福太盛，上損聖朝，臣所以不敢不論耳。使臣緘默，非社稷之福也。」憲宗見其誠切，改容慰喩之曰：「卿盡節於朕，人所難言者，卿悉言之，使朕聞所不聞，眞忠正誠節之臣也。他日南面，亦須如此。」絳拜恩而退。遽宣宰臣，令與改官，乃授中書舍人，依前翰林學士。翌日，面賜金紫，帝親爲絳擇良笏賜之。

前後朝臣裴武、柳公綽、白居易等，或爲姦人所排陷，特加貶黜，絳每以密疏申論，皆獲寬宥。及鎭州節度使王士眞死，朝廷將用兵討除，絳深陳以爲未可。絳旣盡心匡益，帝每有詢訪，多協事機。六年，猶以中人之故，罷學士，守戶部侍郎，判本司事。嘗因次對，憲宗曰：「戶部比有進獻，至卿獨無，何也？」絳曰：「將戶部錢獻入內藏，是用物以結私恩。」上聳然，益嘉其直。吐突承璀恩寵莫二，是歲，將用絳爲宰相，前一日，出承璀爲淮南監軍。翌日，降制，以絳爲中書侍郎、同中書門下平章事。同列李吉甫便僻，善逢迎上意，絳梗直，多所規諫，故與吉甫不協。時議者以吉甫通於承璀，故絳尤惡之。絳性剛訐，每與吉甫爭論，人多直絳。憲宗察絳忠正自立，故絳論奏，多所允從。

上嘗謂絳曰：「卜筮之事，習者罕精，或中或否。近日風俗，尤更崇尚，何也？」對曰：「臣聞古先哲王畏天命，示不敢專，邦有大事可疑者，故先謀於卿士庶人，次決於卜筮，俱協則行之。末俗浮僞，幸以徼福。正行慮危，邪謀覬安，遲疑昏惑，謂小數能決之。而愚夫愚婦假時日鬼神者，欲利欺詐，參之見聞，用以刺射小近之事，神而異之。近者，風俗近巫，此誠弊俗。聖旨所及，實辨邪源。但存而不論，弊斯息矣。」

他日延英，上曰：「朕讀玄宗實錄，見開元致理，天寶兆亂。事出一朝，治亂相反，何也？」絳對曰：

臣聞理生於危心，亂生於肆志。玄宗自天后朝出居藩邸，嘗莅官守，接時賢於外，知人事之艱難。臨御之初，任姚崇、宋璟，二人皆忠鯁上才，動以致主爲心。明皇乘思理之初，亦勵精聽納，故當時名賢在位，左右前後，皆尙忠正。是以君臣交泰，內外寧謐。開元二十年以後，李林甫、楊國忠相繼用事，專引柔佞之人，分居要劇，苟媚于上，不聞直言。嗜慾轉熾，國用不足，姦臣說以興利，武夫說以開邊。天下騷動，姦盜乘隙，遂至兩都覆敗，四海沸騰，乘輿播遷，幾至難復。蓋小人啓導，縱逸生驕之致也。至今兵宿兩河，西疆削盡，甿戶凋耗，府藏空虛，皆因天寶喪亂，以至於此。安危理亂，實繫時主所行。陛下思廣天聰，親覽國史，垂意精賾，鑒于化源，實天下幸甚。

上又曰：「凡人行事，常患不通於理，已然之失，追悔誠難。古人處此，復有道否？」絳對曰：「行事過差，聖哲皆所不免，故天子致諍臣以匡其失。故主心理於中，臣論正於外，制理於未亂，銷患於未萌。主或過舉，則諫以正之，故上下同體，猶手足之於心膂，交相爲用，以致康寧。此亦常理，非難遵之事。但矜得護失，常情所蔽。古人貴改過不吝，從善如流，良爲此也。臣等備位，無所發明，但陛下不廢芻言，則端士賢臣，必當自效。」帝曰：「朕擢用卿等，所冀直言。各宜盡心無隱，以匡不逮。無以護失爲慮也！」

其秋，魏博節度使田季安死，其子懷諫幼弱，軍中立其大將田興，使主軍事，興卒以六州之地歸命。其經始營創，皆絳之謀也。

時教坊忽稱密旨，取良家士女及衣冠別第妓人，京師囂然。絳謂同列曰：「此事大虧損聖德，須有論諫。」或曰：「此嗜欲間事，自有諫官論列。」絳曰：「相公居常病諫官論事，此難事即推與諫官可乎？」乃極言論奏。翌日延英，憲宗舉手謂絳曰：「昨見卿狀所論採擇事，非卿盡忠於朕，何以及此？朕都不知向外事，此是教坊罪過，不諭朕意，以至於此。朕緣丹王已下四人，院中都無侍者，朕令於樂工中及閭里有情願者，厚其錢帛，祇取四人，四王各與一人。伊不會朕意，便如此生事。朕已令科罰，其所取人，並已放歸。若非卿言，朕寧知此過？」

八年，封高邑縣男。絳以足疾，拜章求免。九年，罷知政事，授禮部尚書。十年，檢校戶部尚書，出爲華州刺史。未幾，入爲兵部尚書。丁母憂。十四年，檢校吏部尚書，出爲河中觀察使。河中舊爲節制，皇甫鎛惡絳，祇以觀察命之。十五年，鎛得罪，絳復爲兵部尚書。

穆宗卽位，改御史大夫。穆宗亟於畋遊行幸，絳於延英切諫，帝不能用。絳以疾辭，復爲兵部尚書。長慶元年，轉吏部尚書。是歲，加檢校尚書右僕射，判東都尚書省事，充東都留守。二年正月，檢校本官、兗州刺史、兗海節度觀察等使。三年，復爲東都留守。四年，就加檢校司空。

寶曆初，入爲尚書左僕射。二年九月，昭義節度使劉悟卒，遺表請以子從諫嗣襲，將吏詣闕論請。絳密奏請速除近澤潞四面將帥一人，以充節度，令倍程赴鎭，使從諫未及拒命，新使已到，所謂「疾雷不及掩耳」。潞州軍心，自有所繫。從諫無位，何名主張。時宰相李逢吉、王守澄已受從諫賂，俱請以從諫留後，不能用絳言。

絳以直道進退，聞望傾於一時。然剛腸嫉惡，賢不肖太分，以此爲非正之徒所忌。又嘗與御史中丞王璠相遇於道〔四〕，璠不爲之避，絳奏論事體，敕命兩省詳議，咸以絳論奏是。

李逢吉佑璠惡絳，乃罷絳僕射，改授太子少師，分司東都。

文宗卽位，徵爲太常卿。二年，檢校司空，出爲興元尹、山南西道節度使。三年冬，南蠻寇西蜀，詔徵赴援。絳於本道募兵千人赴蜀，及中路，蠻軍已退，所募皆還。興元兵額素定，募卒悉令罷歸。四年二月十日，絳晨興視事，召募卒，以詔旨喻而遣之，仍給以廩麥，皆快快而退。監軍使楊叔元貪財怙寵，怨絳不奉己，乃因募卒賞薄，衆辭之際，以言激之，欲其爲亂，以逞私憾。募卒因監軍之言，怒氣益甚，乃譟聚趨府，劫庫兵以入使衙。絳方與賓僚會宴，不及設備。聞亂北走登陴，衙將王景延力戰以禦之。兵折矢窮，景延死，絳乃爲亂兵所害，時年六十七。絳初登陴，左右請絳縋城，可以避免，絳不從，乃幷從事趙存約、薛齊俱死焉。

文宗聞奏震悼，下制曰：「朝有正人，時稱令德，入參廟算，出總師干。方當寵任之臣，橫罹不幸之酷。殄瘁興歎，搢紳所同。故山南西道節度、管內觀察處置等使、銀青光祿大夫、檢校司空，兼興元尹、御史大夫、上柱國、趙郡開國公、食邑二千戶李絳，神授聰明，天賦淸直。抱仁義以希前哲，立標準以程後來。抑揚時情，坐致台輔。佐我烈祖，格于皇天。仗鉞宣風，聯居樂土，乘軒鳴玉，嘗極淸班。先聲而物議皆歸，不約而羣情自許。漢中名部，俾遂便安。而變起不圖，禍生無兆。殲良之慟，聞訃增傷。是極哀榮，用優典禮。三公正秩，品數甚崇，式表異恩，以攄沉痛。可贈司徒。仍令所司，擇日備禮册命。」賻布帛三千段、米粟二百石。子璋、瑱。

璋，登進士第。盧鈞鎮太原，辟爲從事。大中末，入朝爲監察，轉侍御史。出刺兩郡，終宣歙觀察使。子德林。

楊於陵字達夫，弘農人。漢太尉震之第五子奉之後。曾祖珪，爲辰州掾曹。祖冠俗，奉先尉。父太清，宋州單父尉。於陵，天寶末家寄河朔。祿山亂，其父歿於賊，於陵始六歲。及長，客於江南。好學，有奇志。弱冠舉進士，釋褐爲潤州句容主簿。時韓滉節制金陵，滉性剛嚴，少所接與。及於陵以屬吏謁謝，滉甚奇之，謂其妻柳氏曰：「夫人常擇佳壻，吾閱人多矣，無如楊主簿者。」後竟以女妻之。秩滿，爲鄂岳、江西二府從事〔五〕，累官至侍御史。

韓滉自江南入朝，總將相財賦之任，頗承顧遇，權傾中外。於陵自江西府罷，以婦翁權幸方熾，不欲進取，乃卜築於建昌，以讀書山水爲樂。滉歿，貞元八年，始入朝，爲膳部員外郎，歷考功、吏部三員外，判南曹。時宰相有密親調集，文書不如式，於陵駁之，大協物論。

遷右司郎中，復轉吏部郎中，改京兆少尹。出爲絳州刺史。德宗雅聞其名，將辭赴郡，詔留之，拜中書舍人。時李實爲京兆尹，恃承恩寵，於陵與給事中許孟容俱不附協，爲實媒孽，孟容改太常少卿，於陵爲秘書少監。貞元末，實輩敗，遷於陵爲華州刺史，充潼關防禦、鎭國軍等使。未幾，遷浙江東道都團練觀察等使。政聲流聞，入拜戶部侍郎，復改京兆尹。先是，禁軍影占編戶，無以區別。自於陵請致挾名，每五丁者，得兩丁入軍，四丁、三丁者，各以條限。由是京師豪強，復知所畏。再遷戶部侍郎。

元和初，以考策升直言極諫牛僧孺等，爲執政所怒，出爲嶺南節度使。會監軍使許遂振悍戾貪恣，干撓軍政，於陵奉公潔己，遂振無能奈何，乃以飛語上聞。憲宗驚惑，賴宰相裴垍爲於陵申理，憲宗感悟。五年，入爲吏部侍郎。遂振終自得罪。

於陵爲吏部，凡四周歲，監察姦吏，調補平允，當時稱之。初，吏部試判，別差考判官三人校能否，元和初罷之。七年，吏部尚書鄭餘慶以疾請告，乃復置考判官，以兵部員外郎韋顗、屯田員外張仲素、太學博士陸亘等爲之。於陵自東都來，言曰：「本司考判，自當公心。非次置官，不知曹內公事。考官祇論判之能否，不計闕員，本司祇計員闕幾何，定其留放。置官不便。」宰執以已置顗等，祇令考科目選人，其餘常調，委本司自考。於陵又以甲曆年深朽斷，吏緣爲姦，奏換大曆七年至貞元二十年甲庫曆，令本司郎官監換。

九年，妖人楊叔高自廣州來干於陵，請爲己輔，於陵執奏殺之。改兵部侍郎、判度支。時淮西用兵，於陵用所親爲唐鄧供軍使，節度使高霞寓以供軍有闕，移牒度支，於陵不爲之易，其闕如舊。霞寓軍屢有摧敗，詔書督責之，乃奏以度支饋運不繼。憲宗怒，十一年，貶於陵爲桂陽郡守，量移原王傅。復遷戶部侍郎，知吏部選事。會誅李師道，分其地爲三鎭，朝廷思有所制置，以於陵兼御史大夫，充淄、青十二州宣慰使，還奏合旨。

穆宗卽位，遷戶部尚書。長慶初，拜太常卿，充東都留守。年高，拜章辭位。寶曆二年，授檢校右僕射、兼太子太傅。旋以左僕射致仕，詔給全俸，懇讓不受。

於陵器度弘雅，進止有常。居朝三十餘年，踐更中外，始終不失其正。居官奉職，亦善操守，時人皆仰其風德。大和四年十月卒，年七十八，册贈司空，謚貞孝。子四人：景復、嗣復、紹復、師復。

嗣復自有傳。景復位終同州刺史。紹復進士擢第，弘辭登科，位終中書舍人。師復位終大理卿。

大中後，楊氏諸子登進士第者十人：嗣復子授、技、拭、撝，紹復子擢、拯、據、揆，師復子拙、振等。擢終給事中。拯司封員外郞。據右補闕。揆左諫議大夫。拙左庶子。振左拾遺。

史臣曰：王氏二英，播、起位崇將相，善始令終。而炎薄祐短齡，美鍾於鐸，而能驤首矯翼，淩厲亨衢，仗鉞秉衡，扶持衰運。天胡罰善，遇盜而殂，悲哉！李趙公頡頏禁林，訏謨相府，嘉言啓沃，不以身爲。糜軀將壇，沒有餘裕。楊僕射避婦翁之當軸，疏驕尹之怙權，守道居貞，壽考終吉，行己始卒，人以爲難。美哉！

贊曰：王氏儒宗，一門三相。趙公排擯，言猶鯁亮。干將雖折，不改其剛。楊君之德，韶、夏洋洋。

校勘記

〔一〕山南西道　各本原作「山南東道」，新書卷一六七王播傳作「山南西道」，按王起爲興元尹，當在山南西道，新書是，據改。

〔二〕義成軍　「成」字各本原作「武」，據新書卷一八五王鐸傳改。

〔三〕光啓四年　通鑑卷二五六作「中和四年」。

〔四〕王璠　各本原作「王播」。按此處史文所述，係王璠事，今據本書卷一六九王璠傳改。

〔四〕江西 各本原作「江南」，據册府卷八〇八改。

舊唐書卷一百六十五

列傳第一百一十五

韋夏卿 王正雅族孫凝 柳公綽子仲郢 孫璧 玭 弟公權 伯父子華 子華子公度 崔玄亮 溫造子璋 郭承嘏 殷侑孫盈孫 徐晦

韋夏卿字雲客，杜陵人。父迢，檢校都官郎中、嶺南節度行軍司馬。夏卿苦學，大曆中與弟正卿俱應制舉，同時策入高等，授高陵主簿。累遷刑部員外郎。時久旱蝗，詔於郎官中選赤畿令，改奉天縣令。以課最第一，轉長安令。改吏部員外郎，轉本司郎中，拜給事中。出爲常州刺史。夏卿深於儒術，所至招禮通經之士。時處士竇羣寓於郡界，夏卿以其所著史論，薦之于朝，遂爲門人。改蘇州刺史。貞元末，徐州張建封卒，初授夏卿徐州行軍司馬，尋授徐泗濠節度使。夏卿未至，建封子愔爲軍人立爲留後，因授旄鉞。徵夏卿爲吏部侍郎，轉京兆尹、太子賓客，檢校工部尚書、東都留守，遷太子少保。卒時年六十四，贈左僕射。

夏卿有風韻，善談讌，與人同處終年，而喜愠不形於色。撫孤侄，恩踰己子，早有時稱。其所與游辟之賓佐，皆一時名士。爲政務通適，不喜改作。始在東都，傾心辟士，頗得才彥，其後多至卿相，世謂之知人。

王正雅字光謙，其先太原人〔一〕。東都留守翃之子。伯父翊，代宗朝御史大夫，以貞亮鯁直名於當代，卒謚曰忠惠。正雅少時，以孝行修謹聞。元和初，舉進士，登甲科，禮部侍郎崔邠甚知之，累從職使府。元和十一年，拜監察御史，三遷爲萬年縣令。當穆宗時，京邑號爲難理，正雅抑強扶弱，政甚有聲。會柳公綽爲京兆尹，上前褒稱，穆宗命以緋衣銀章，就縣宣賜。遷戶部郎中，尋加知臺雜事，再遷太常少卿，出爲汝州刺史，充本州防禦使。有中人爲監軍，怙權干政，正雅不能堪，乃謝病免。

入爲大理卿。會宋申錫事起，獄自內出，卒無證驗。是時王守澄之威權，鄭注之寵勢，雖宰相重臣，無敢顯言其事者。唯正雅與京兆尹崔琯上疏〔二〕，請出造事者，付外考驗其事，別具狀聞。由是獄情稍緩，申錫止於貶官，中外翕然推重之。大和五年十一月卒，贈左散騎常侍。

正雅從弟重，翊之子也，位止河東令。重子衆仲，登進士第，累官衡州刺史。衆仲子凝。

凝字致平，少孤，宰相鄭肅之甥，少依舅氏。年十五，兩經擢第。嘗著京城六崗銘，爲文士所稱。再登進士甲科。崔璪領鹽鐵，辟爲巡官。歷佐梓潼、宣歙使幕。宰相崔龜從奏爲鄠縣尉、集賢校理，遷監察御史，轉殿中。宰相崔鉉出鎭揚州，奏爲節度副使。入爲起居郎，歷禮部、兵部、考功三員外，遷司封郎中、長安令。中丞鄭處誨奏知臺雜，換考功郎中，遷中書舍人。時政不協，出爲同州刺史，賜金紫。暮年，移疾華州敷水別墅。踰年，以禮部侍郎徵。凝性堅正，貢闈取士，拔其寒俊，而權豪請託不行，爲其所怒，出爲商州刺史。明年，檢校右散騎常侍、潭州刺史、湖南團練觀察使。入爲兵部侍郎，領鹽鐵轉運使。又以不奉權倖，改祕書監。出爲河南尹、檢校禮部尚書、宣州刺史、宣歙觀察使。凝咸通中兩佐宣城使幕，備究人之利病，滌除積弊，民俗阜康。

踰歲，黃巢自嶺表北歸，大掠淮南，攻圍和州。凝令牙將樊儔率師據采石以援之。儔犯令，凝即斬之以徇，命別將烏穎代儔赴援，竟解歷陽之圍。賊怒，引衆攻宣城。大將王涓請出軍逆戰，凝曰：「賊忿恚而來，宜持重待之。彼衆我寡，萬一不捷，則州城危矣！」涓銳意請行，凝即閱集丁壯，分守要害，登陴設備，涓果戰死。賊乘勝而來，則守有備矣。賊爲梯衝之具，急攻數月，禦備力殫，吏民請曰：「賊之凶勢不可當，願尚書歸款退之，懼覆尚書家族。」凝曰：「人皆有族，予豈獨全？誓與此城同存亡也。」既而賊退去，時乾符五年也。其年夏，疾甚，有大星墜於正寢。八月卒于郡，時年五十八。無子，以弟子鐬爲嗣。鐬兄鉅，位終兵部侍郎。

柳公綽字起之，京兆華原人也。祖正禮，邠州士曹參軍。父子溫，丹州刺史。公綽幼聰敏。年十八，應制舉，登賢良方正、直言極諫科，授祕書省校書郎，貞元元年也。貞元四年，復應制舉，再登賢良方正科，時年二十一。制出，授渭南尉。

公綽性謹重，動循禮法。屬歲飢，其家雖給，而每飯不過一器。歲稔復初。家甚貧，有書千卷，不讀非聖之書。爲文不尙浮靡。慈隰觀察使姚齊梧奏爲判官，得殿中侍御史。冬，薦授開州刺史，入爲侍御史，再遷吏部員外郎。武元衡罷相鎭西蜀，與裴度俱爲元衡判官，尤相善。先度入爲吏部郎中，度以詩餞別，有「兩人同日事征西，今日君先捧紫泥」之句。

元和初，憲宗頗出遊畋，銳意用兵，公綽欲因事諷諫，五年十一月，獻太醫箴一篇，其辭曰：

天布寒暑，不私於人。品類既一，崇高以均。惟謹好愛，能保其身。清淨無瑕，輝光以新。寒暑滿天地之間，浹肌膚於外；好愛溢耳目之前，誘心知於內。淸潔爲隄，奔射猶敗，氣行無間，隙不在大。睿聖之姿，清明絕俗，心正無邪，志高寡欲。謂天高矣，氛蒙晦之。謂地厚矣，橫流潰之。聖德超邁，萬方賴之。飲食所以資身也，過則生患；衣服所以稱德也，侈則生慢。唯過與侈，心必隨之，氣與心流，疾亦伺之。聖心不惑，孰能移之？畋遊恣樂，流情蕩志，馳騁勞形，咤叱傷氣。惟天之重，從禽爲累。不養其外，前修所忌。聖心非之，孰敢違之。人乘氣生，嗜欲以萌，氣離有患，氣凝則成。巧必喪眞，智必誘情，去彼煩慮，在此誠明。醫之上者，理於未然，患居慮後，防處事先。心靜樂行，體和道全，然後能德施萬物，以享億年。聖人在上，各有攸處。庶政有官，羣藝有署。臣司太醫，敢告諸御。

憲宗深嘉之。翌日，降中使獎勞之曰：「卿所獻之文云：『氣行無間，隙不在大。』何憂朕之深也？」踰月，拜御史中丞。

公綽素與裴垍厚，李吉甫出鎮淮南，深怨垍。六年，吉甫復輔政，以公綽爲潭州刺史、兼御史中丞，充湖南觀察使。湖南地氣卑濕，公綽以母在京師，不可迎侍，致書宰相，乞分司洛陽，以便奉養，久不許。八年，移爲鄂州刺史、鄂岳觀察使，乃迎母至江夏。

九年，吳元濟據蔡州叛，王師討伐，詔公綽以鄂岳兵五千隸安州刺史李聽，率赴行營。公綽曰：「朝廷以吾儒生不知兵耶？」卽日上奏，願自征行，許之。公綽自鄂濟溳江〔三〕，直抵安州，李聽以廉使之禮事之。公綽謂之曰：「公所以屬鞬負弩者，豈非爲兵事耶？若去戎容，被公服，兩郡守耳，何所統攝乎？以公名家曉兵，若吾不足以指麾，則當赴闕。不然，吾且署職名，以兵法從事矣。」聽曰：「唯公所命。」卽署聽爲鄂岳都知兵馬使、中軍先鋒、行營兵馬都虞候，三牒授之。乃選卒六千屬聽，戒其部校曰：「行營之事，一決都將。」聽感恩畏威，如出麾下。其知權制變，甚爲當時所稱。鄂軍既在行營，公綽時令左右省問其家。如疾病、養生、送死，必厚廩給之。軍士之妻冶容不謹者，沉之于江。行卒相感曰：「中丞爲我輩知家事，何以報効？」故鄂人戰每克捷。

十一年，入爲給事中。李師道歸朝，遣公綽往鄆州宣諭。使還，拜京兆尹，以母憂免。十四年，起爲刑部侍郎，領鹽鐵轉運使。轉兵部侍郎、兼御史大夫，領使如故。長慶元年，罷使，復爲京兆尹、兼御史大夫。

時河朔復叛，朝廷用兵，補授行營諸將，朝令夕改，驛騎相望。公綽奏曰：「自幽、鎭用兵，使命繁倂，館遞匱乏，鞍馬多闕。又敕使行李人數，都無限約。其衣緋紫乘馬者二十、三十匹，衣黄綠者不下十匹、五匹。驛吏不得視券牒，隨口卽供。驛馬旣盡，遂奪路人鞍馬。衣冠士庶，驚擾怨嗟，遠近喧騰，行李將絕。伏望聖慈，聊爲定限。」乃下中書條疏人數。自是吏不告勞。以言直爲北司所惡，尋轉吏部侍郎。

二年九月，遷御史大夫。韓弘病，自河中入朝。以弘守司徒、中書令，詔百僚問疾，弘遣其子達情，言不能接見。公綽謂其子曰：「聖上以公官重，令百司省問，異禮也。如拜君賜，宜力疾公見。安有臥令子弟傳言耶？」弘懼，挾扶而出，人皆聳然。

三年，改尚書左丞，又拜檢校戶部尚書、襄州刺史、山南東道節度使。行部至鄧縣，縣二吏犯法，一贓賄，一舞文。縣令以公綽守法，必殺贓吏。獄具，判之曰：「贓吏犯法，法在；姦吏壞法，法亡。」誅舞文者。公綽馬害圉人，命斬之。賓客進言曰：「可惜良馬，圉人自防不至。」公綽曰：「安有良馬害人乎？」亟命殺之。牛僧孺罷相鎭江夏，公綽具戎容，於鄖舍候之。軍吏自以漢上地高於鄂，禮太過。公綽曰：「奇章才離台席，方鎭重宰相，是尊朝廷也。」竟以戎容見。有道士獻丹藥，試之有驗，問所從來，曰：「鍊此丹於薊門。」時朱克融方叛，公綽遽謂之曰：「惜哉，至藥來於賊臣之境，雖驗何益！」乃沉之于江，而逐道士。鄧縣人鄭懷政病狂，妄稱天子，公綽捕而殺之。

敬宗卽位，加檢校左僕射。寶曆元年，入爲刑部尙書。二年，授邠州刺史、邠寧慶節度使。所部有神策諸鎭，屯列要地，承前不受節度使制置，遂致北虜深入。公綽上疏論之，因詔諸鎭皆稟邠寧節度使制置。三年，入爲刑部尙書。京兆人有姑鞭婦致死者，府斷以償死。公綽議曰：「尊毆卑非鬬，且其子在，以妻而戮其母，非敎也。」竟減死。

大和四年，復檢校左僕射、太原尹、北都留守、河東節度觀察等使。是歲，北虜遣梅祿將軍李暢以馬萬匹來市，託云入貢。所經州府，守帥假之禮分，嚴其兵備。留館則戒卒於外，懼其躁奪。太原故事，出兵迎之〔四〕。暢及界上，公綽使牙將祖孝恭單馬勞問，待以修好之意。暢感義出涕，徐驅道中，不妄馳獵。及至，闢牙門，令譯引謁，宴以常禮。及市馬而還，不敢侵犯。陘北有沙陀部落，自九姓、六州皆畏避之。公綽至鎭，召其酋朱耶執宜，直抵雲、朔塞下，治廢柵十一所，募兵三千付之，留屯塞上，以禦匈奴。其妻母來太原者，請梁國夫人對酒食問遺之。沙陀感之，深得其效。

六年，以病求代。三月，授兵部尙書，徵還京師。四月卒，贈太子太保，謚曰成。

公綽天資仁孝，初丁母崔夫人之喪，三年不沐浴。事繼親薛氏三十年，姻戚不知公綽非薛氏所生。外兄薛宮早卒，一女孤，配張毅夫，資遺甚於己子。性端介寡合，與錢徽、蔣乂、杜元穎、薛存誠文雅相知，交情款密。凡六開府幕，得人尤盛。錢徽掌貢之年，鄭朗覆落，公綽將赴襄陽，首辟之，朗竟爲名相。盧簡辭、崔璵、夏侯孜、韋長、李續、李拭皆至公卿。爲吏部侍郎，與舅左丞崔從同省，人士榮之。子仲郢，弟公權、公諒。

仲郢字諭蒙，元和十三年進士擢第，釋褐秘書省校書郎。牛僧孺鎭江夏，辟爲從事。仲郢有父風，動修禮法，僧孺歎曰：「非積習名教，安能及此！」入爲監察御史。五年，遷侍御史。富平縣人李秀才，籍在禁軍，誣鄉人斫父墓柏，射殺之，法司以專殺論。文宗以中官所庇，決杖配流。右補闕蔣係上疏論之，不省。仲郢執奏曰：「聖王作憲，殺人有必死之令；聖明在上，當官無壞法之臣。今秀才犯殺人之科，愚臣備監決之任，此賊不死，是亂典章。臣雖至微，豈敢曠職？其秀才未敢行決，望別降敕處分。」乃詔御史蕭傑監之，傑又執奏。帝遂詔京兆府行決，不用監之，然朝廷嘉其守法。

會昌中，三遷吏部郎中，李德裕頗知之。武宗有詔減冗官，吏部條疏，欲牒天下州府取額外官員，仲郢曰：「諸州每冬申闕，何煩牒耶？」倖門頓塞。仲郢條理旬日，減一千二百員，時議爲愜。遷諫議大夫。五年，淮南奏吳湘獄，御史崔元藻覆按得罪，仲郢上疏理之，人皆危懼。德裕知其無私，益重之。武宗築望仙臺，仲郢累疏切諫，帝召諭之曰：「聊因舊趾增葺，愧卿忠言。」德裕奏爲京兆尹，謝日，言曰：「下官不期太尉恩奬及此，仰報厚德，敢不如奇章門館。」德裕不以爲嫌。時廢浮圖法，以銅像鑄錢。仲郢爲京畿鑄錢使，錢工欲於模加新字，仲郢止之，唯淮南加新字，後竟爲僧人取之爲像設鐘磬。紇干泉訴表甥劉詡毆母，詡爲禁軍小校，仲郢不俟奏下，杖殺。爲北司所譖，改右散騎常侍，權知吏部尚書銓事。

宣宗卽位，德裕罷相，出仲郢爲鄭州刺史。周墀自江西移鎭滑臺，過鄭，觀其境內大理，甚奬之，俄而墀入輔政，遷爲河南尹。莅事踰月，召拜戶部侍郎。居無何，墀罷知政事。同列有疑仲郢與墀善，左授祕書監。數月，復出爲河南尹。以寬惠爲政，言事者以爲不類京兆之政。仲郢曰：「輦轂之下，彈壓爲先；郡邑之治，惠養爲本。何取類耶？」

大中年，轉梓州刺史、劍南東川節度使。孔目吏邊章簡者，以貨交近倖，前後廉使無如之何。仲郢因事決殺，部內肅然，不俟行法而自理。在鎭五年，美績流聞，徵爲吏部侍郎。入朝未謝，改兵部侍郎，充諸道鹽鐵轉運使。大中十二年，罷使，守刑部尚書。咸通初，轉兵部，加金紫光祿大夫、河東男、食邑三百戶。俄出爲興元尹、山南西道節度使。鳳州刺史盧方乂以輕罪決部民，數日而斃，其妻列訴，又旁引他吏，械繫滿獄。仲郢召其妻謂之曰：「刺史科小罪誠人，但本非死刑，雖未出辜，其實病死。」罰方乂百直，繫者皆釋，郡人深感之。因決贓吏過當，以太子賓客分司東都。踰年，爲虢州刺史。數月，檢校尚書左僕射、東都留守。盜發先人墓，棄官歸華原。除華州刺史，不拜。數月，以本官爲鄆州刺史、天平軍節度觀察等使，授節鉞於華原別墅，卒於鎮。

初，仲郢自拜諫議後，每遷官，羣烏大集於昇平里第，廷樹戟架皆滿，凡五日而散。詔下，不復集，家人以爲候，唯除天平，烏不集。

仲郢嚴禮法，重氣義。嘗感李德裕之知，大中朝，李氏無祿仕者。仲郢領鹽鐵時，取德裕兄子從質爲推官，知蘇州院事，令以祿利贍南宅。令狐綯爲宰相，頗不悅。仲郢與綯書自明，其要云：「任安不去，常自愧於昔人；吳詠自裁，亦何施於今日？李太尉受責既久，其家已空，遂絕蒸嘗，誠增痛惻。」綯深感歎，尋與從質正員官。

仲郢以禮法自持，私居未嘗不拱手，內齋未嘗不束帶。三爲大鎮，廄無名馬，衣不薰香。退公布卷，不捨晝夜。九經、三史一鈔，魏、晉已來南北史再鈔，手鈔分門三十卷，號柳氏自備。又精釋典，瑜伽、智度大論皆再鈔，自餘佛書，多手記要義。小楷精謹，無一字肆筆。撰尚書二十四司箴，韓愈、柳宗元深賞之。有文集二十卷。子珪、璧、玭。

珪字鎮方，大中五年登進士第，累辟使府，早卒。

璧，大中九年登進士第。文格高雅。嘗爲馬嵬詩，詩人韓琮、李商隱嘉之。馬植鎮陳許，辟爲掌書記，又從植汴州。李瓚鎭桂管，奏爲觀察判官。軍政不愜，璺極言不納，拂衣而去。桂府尋亂，入爲右補闕。僖宗幸蜀，召充翰林學士，累遷諫議大夫，充職。

玭應兩經舉，釋褐秘書正字。又書判拔萃，高湜辟爲度支推官。踰年，拜右補闕。湜出鎭澤潞，奏爲節度副使。入爲殿中侍御史。李蔚鎭襄陽，辟爲掌書記。湜再鎭澤潞，復爲副使。入爲刑部員外。湜爲亂將所逐，貶高要尉，玭三上疏申理。湜見疏本歎曰：「我自辨析，亦不及此。」尋出廣州節度副使。明年，黃巢陷廣州，郡人鄧承勳以小舟載玭脫禍。召爲起居郎。賊陷長安，爲刃所傷，出奔行在，歷諫議給事中，位至御史大夫。

玭嘗著書誡其子弟曰：

夫門地高者，可畏不可恃。可畏者，立身行己，一事有墜先訓，則罪大於他人。雖生可以苟取名位，死何以見祖先於地下？不可恃者，門高則自驕，族盛則人之所嫉。實藝懿行，人未必信，纖瑕微累，十手爭指矣。所以承世冑者，修己不得不懇，爲學不得不堅。夫人生世，以無能望他人用，以無善望他人愛，用愛無狀，則曰「我不遇時，時不急賢」。亦由農夫鹵莽而種，而怨天澤之不潤，雖欲弗餒，其可得乎！

予幼聞先訓，講論家法。立身以孝悌爲基，以恭默爲本，以畏怯爲務，以勤儉爲法，以交結爲末事，以氣義爲凶人。肥家以忍順，保交以簡敬。百行備，疑身之未周；三緘密，慮言之或失。廣記如不及，求名如儻來。去吝與驕，庶幾減過。蒞官則潔己省事，而後可以言守法，守法而後可以言養人。直不近禍，廉不沽名。廩祿雖微，不可易黎甿之膏血；榎楚雖用，不可恣褊狹之胸襟。憂與福不偕，潔與富不並。比見門家子孫，其先正直當官，耿介特立，不畏強禦；及其衰也，唯好犯上，更無他能。如其先遜順處己，和柔保身，以遠悔尤；及其衰也，但有暗劣，莫知所宗。此際幾微，非賢不達。

夫壞名災己，辱先喪家。其失尤大者五，宜深誌之。其一，自求安逸，靡甘澹泊，苟利於己，不恤人言。其二，不知儒術，不悅古道，懵前經而不恥，論當世而解頤，身既寡知，惡人有學。其三，勝己者厭之，佞己者悅之，唯樂戲譚，莫思古道，聞人之善嫉之，聞人之惡揚之，浸漬頗僻，銷刻德義，簪裾徒在，廝養何殊。其四，崇好慢遊，躭嗜麯蘖，以銜杯爲高致，以勤事爲俗流，習之易荒，覺已難悔。其五，急於名宦，暱近權要，一資半級，雖或得之，衆怒羣猜，鮮有存者。茲五不是，甚於痤疽。痤疽則砭石可瘳，五失則巫醫莫及。前賢炯戒，方册具存，近代覆車，聞見相接。

夫中人已下，修辭力學者，則躁進患失，思展其用；審命知退者，則業荒文蕪，一不足採。唯上智則研其慮，博其聞，堅其習，精其業，用之則行，捨之則藏。苟異於斯，豈爲君子？

初公綽理家甚嚴，子弟克稟誠訓，言家法者，世稱柳氏云。

公權字誠懸。幼嗜學，十二能爲辭賦。元和初，進士擢第，釋褐秘書省校書郎。李聽鎮夏州，辟爲掌書記。穆宗即位，入奏事，帝召見，謂公權曰：「我於佛寺見卿筆蹟，思之久矣。」即日拜右拾遺，充翰林侍書學士，遷右補闕、司封員外郎。穆宗政僻，嘗問公權筆何盡善，對曰：「用筆在心，心正則筆正。」上改容，知其筆諫也。歷穆、敬、文三朝，侍書中禁。公綽在太原，致書于宰相李宗閔云：「家弟苦心辭藝，先朝以侍書見用，頗偕工祝，心實恥之，乞換一散秩。」乃遷右司郎中，累換司封、兵部二郎中、弘文館學士。

文宗思之，復召侍書，遷諫議大夫。俄改中書舍人，充翰林書詔學士。每浴堂召對，繼燭見跋，語猶未盡，不欲取燭，宮人以蠟淚揉紙繼之。從幸未央宮苑中，駐輦謂公權曰：「我有一喜事，邊上衣賜，久不及時，今年二月給春衣訖。」公權前奉賀，上曰：「單賀未了，卿可賀我以詩。」宮人迫其口進，公權應聲曰：「去歲雖無戰，今年未得歸。皇恩何以報，春日得春衣。」上悅，激賞久之。

便殿對六學士，上語及漢文恭儉，帝舉袂曰：「此澣濯者三矣。」學士皆贊詠帝之儉德，唯公權無言，帝留而問之，對曰：「人主當進賢良，退不肖，納諫諍，明賞罰。服澣濯之衣，乃小節耳。」時周墀同對，爲之股慄，公權辭氣不可奪。帝謂之曰：「極知舍人不合作諫議，以卿言事有諍臣風彩，却授卿諫議大夫。」翌日降制，以諫議知制誥，學士如故。

開成三年，轉工部侍郎，充職。嘗入對，上謂曰：「近日外議如何？」公權對曰：「自郭旼除授邠寧，物議頗有臧否。」帝曰：「旼是尚父之從子，太皇太后之季父，在官無過。自金吾大將授邠寧小鎭，何事議論耶？」公權曰：「以旼勳德，除鎭攸宜。人情論議者，言旼進二女入宮，致此除拜，此信乎？」帝曰：「二女入宮參太后，非獻也。」公權曰：「瓜李之嫌，何以戶曉？」因引王珪諫太宗出廬江王妃故事，帝卽令南內使張日華送二女還旼。公權忠言匡益，皆此類也。

累遷學士承旨。武宗卽位，罷內職，授右散騎常侍。宰相崔珙用爲集賢學士、判院事。李德裕素待公權厚，及爲珙奏薦，頗不悅，左授太子詹事，改賓客。累遷金紫光祿大夫、上柱國、河東郡開國公、食邑二千戶。復爲左常侍、國子祭酒。歷工部尚書。咸通初，改太子少傅，改少師，居三品、二品班三十年。六年卒，贈太子太師，時年八十八。

公權初學王書，遍閱近代筆法，體勢勁媚，自成一家。當時公卿大臣家碑板，不得公權手筆者，人以爲不孝。外夷入貢，皆別署貨貝，曰此購柳書。上都西明寺金剛經碑備有鍾、王、歐、虞、褚、陸之體，尤爲得意。文宗夏日與學士聯句。帝曰：「人皆苦炎熱，我愛夏日長。」公權續曰：「薰風自南來，殿閣生微涼。」時丁、袁五學士皆屬繼，帝獨諷公權兩句，曰：「辭清意足，不可多得。」乃令公權題於殿壁，字方圓五寸，帝視之歎曰：「鍾、王復生，無以加焉！」

大中初，轉少師，中謝，宣宗召昇殿，御前書三紙，軍容使西門季玄捧硯，樞密使崔巨源過筆。一紙眞書十字，曰「衞夫人傳筆法於王右軍」；一紙行書十一字，曰「永禪師眞草千字文得家法」；一紙草書八字，曰「謂語助者焉哉乎也」。賜錦綵、瓶盤等銀器，仍令自書謝狀，勿拘眞行，帝尤奇惜之。

公權志耽書學，不能治生，爲勳戚家碑板，問遺歲時鉅萬，多爲主藏豎海鷗、龍安所竊。別貯酒器杯盂一笥，緘縢如故，其器皆亡。訊海鷗，乃曰：「不測其亡。」公權哂曰：「銀杯羽化耳。」不復更言。所寶唯筆硯圖畫，自扃鐍之。常評硯，以青州石末爲第一，言墨易冷，絳州黑硯次之。尤精左氏傳、國語、尙書、毛詩、莊子。每說一義，必誦數紙。性曉音律，不好奏樂。常云：「聞樂令人驕怠故也。」

公綽伯父子華，永泰初，爲嚴武西蜀判官，奏爲成都令。累遷池州刺史，入爲昭應令，知府東十三縣捕賊，尋檢校金部郎中、修葺華淸宮使。元載欲用爲京兆尹，未拜而卒。自知死日，預爲墓誌。有知人之明，公綽生三日，視之，謂其弟子温曰：「保惜此兒，福祚吾兄弟不能及。興吾門者，此兒也。」因以起之爲公綽字。子華二子：公器、公度。

公度善攝生，年八十餘，步履輕便。或祈其術，曰：「吾初無術，但未嘗以元氣佐喜怒，氣海常温耳！」位止光祿少卿。

公器子遵，遵子璨，璨仕至宰相，自有傳。

崔玄亮字晦叔，山東磁州人也。玄亮貞元十一年登進士第，從事諸侯府。性雅淡，好道術，不樂趨競，久遊江湖。至元和初，因知己薦達入朝。再遷監察御史，轉侍御史。出爲密、湖、曹三郡刺史。每一遷秩，謙讓輒形於色。大和初，入爲太常少卿。四年，拜諫議大夫，中謝日，面賜金紫。朝廷推其名望，遷右散騎常侍。

來年，宰相宋申錫爲鄭注所構，獄自內起，京師震懼。玄亮首率諫官十四人，詣延英請對，與文宗往復數百言。文宗初不省其諫，欲置申錫於法，玄亮泣奏曰：「孟軻有言：衆人皆曰殺之，未可也；卿大夫皆曰殺之，未可也；天下皆曰殺之，然後察之，方置於法。今至聖之代，殺一凡庶，尚須合於典法，況無辜殺一宰相乎？臣爲陛下惜天下法，實不爲申錫也。」言訖，俯伏嗚咽，文宗爲之感悟，玄亮由此名重於朝。七年，以疾求爲外任，宰相以弘農便其所請，乃授檢校左散騎常侍、虢州刺史。是歲七月，卒於郡所，中外無不歎惜。

始玄亮登第，弟純亮、寅亮相次升進士科，藩府辟召，而玄亮最達。玄亮孫貽孫，位至侍郎。

溫造字簡輿，河內人。祖景倩，南鄭令。父輔國，太常丞。造幼嗜學，不喜試吏，自負節概，少所降志，隱居王屋，以漁釣逍遙爲事。壽州刺史張建封聞風致書幣招延，造欣然謂所親曰：「此可人也。」徙家從之。建封動靜咨詢，而不敢縻以職任。及建封授節彭門，造歸下邳，有高天下之心。建封恐一旦失造，乃以兄女妻之。

時李希烈方悖，侵寇藩隣，屢陷郡邑。天下城鎮恃兵者，從而動搖，多逐主帥，自立留後，邀求節鉞。德宗患之，以范陽劉濟方輸忠款，但未能盡達朝廷倚賴之意，乃密詔建封選特達識略之士往喻之。建封乃強署造節度參謀，使于幽州。造與語未訖，濟俯伏流涕曰：「濟僻在遐裔，不知天子神聖，大臣忠盡。願得率先諸侯，效以死節。」造還，建封以其名上聞。德宗愛其才，召至京師，謂之曰：「卿誰家子？年復幾何？」造對曰：「臣五代祖大雅，外五代祖李勣。臣犬馬之年三十有二。」德宗奇之，欲用爲諫官，以語泄事寢。

長慶元年，授京兆府司錄參軍。奉使河朔稱旨，遷殿中侍御史。

既而幽州劉總請以所部九州聽朝旨，穆宗選可使者，或薦造，帝召而謂之曰：「朕以劉總輸忠，雖書詔便蕃，未盡朕之深意。以卿素能辨事，爲朕此行。」造對曰：「臣府縣走吏，初受憲職，望輕事重，恐辱國命，無能諭旨。」帝曰：「我在東宮時，聞劉總請覲，及我卽位，比年上書不絕，及約以行期，卽瘖默不報。卿識機知變，往喻我懷，無多讓也。」乃拜起居舍人，賜緋魚袋，充太原、鎭州、幽州宣諭使。造初至范陽，劉總具櫜鞬郊迎，乃宣聖旨，示以禍福。總俯伏流汗，若兵加於頸矣。及造使還，總遂移家入覲，朝廷遂以張弘靖代之。及朱克融逐弘靖，鎭州殺田弘正，朝廷用兵，乃先令造銜命河東、魏博、澤潞、橫海、深冀、易定等道，喻以軍期，事皆稱旨。

俄而坐與諫議大夫李景儉史館飲酒，景儉醉謁丞相，出造爲朗州刺史。在任開後鄉渠九十七里，溉田二千頃，郡人獲利，乃名爲右史渠。居四年，召拜侍御史，請復置彈事朱衣、豸冠於外廊，大臣阻而不行。李祐自夏州入拜金吾，違制進馬一百五十匹，造正衙彈奏，祐股戰汗流。祐私謂人曰：「吾夜踰蔡州城擒吳元濟，未嘗心動，今日膽落于溫御史。」吁，可畏哉！」遷左司郎中，再知雜事。尋拜御史中丞。

大和二年十一月，宮中昭德寺火。寺在宣政殿東隔垣，火勢將及，宰臣、兩省、京兆尹、中尉、樞密，皆環立於日華門外，令神策兵士救之，晡後稍息。是日，唯臺官不到，造奏曰：「昨宮中遺火，緣臺有繫囚，恐緣爲姦，追集人吏隄防，所以至朝堂在後，臣請自罰三十直。其兩巡使崔蠡、姚合火滅方到，請別議責罰。」敕曰：「事出非常，臺有囚繫，官曹警備，亦爲周慮，卽合待罪朝堂，候取進止。量罰自許，事涉乖儀。温造、姚合、崔蠡各罰一月俸料。」

造性剛褊，人或激觸，不顧貴勢，以氣淩藉。嘗遇左補闕李虞於街，怒其不避，捕祗承人決脊十下，左拾遺舒元褒等上疏論之曰：「國朝故事，供奉官街中，除宰相外，無所迴避。温造蔑朝廷典禮，淩陛下侍臣，恣行胸臆，曾無畏忌。凡事有小而關分理者，不可失也。分理一失，亂由之生。遺、補官秩雖卑，陛下侍臣也；中丞雖高，法吏也。侍臣見淩，是不廣敬；法吏壞法，何以持繩？前時中書舍人李虞仲與造相逢，造乃曳去引馬。知制誥崔咸與造相逢，造又捉其從人。當時緣不上聞，所以暴犯益甚。臣聞元和、長慶中，中丞行李不過半坊，今乃遠至兩坊，謂之『籠街喝道』。但以崇高自大，不思僭擬之嫌。若不糾繩，實虧彝典。」敕曰：「憲官之職，在指佞觸邪，不在行李自大；侍臣之職，在獻可替否，不在道路相高。並列通班，合知名分，如聞喧競，亦已再三，既招人言，甚損朝體。其臺官與供奉官同道，聽先後而行，道途卽祗揖而過，其參從人則各隨本官之後，少相辟避，勿言衝突。又聞近日已來，應合導從官，事力多者，街衢之中，行李太過。自今後，傳呼前後，不得過三百步。」然造之舉奏，無所吐茹。朝廷有喪不以禮、配不以類者，悉劾之。獲僞官王果等九十餘人杖殺，南曹吏李賨等六人刑於都市。遷尚書右丞，加大中大夫，封祁縣開國子，賜金紫。

四年，興元軍亂，殺節度使李絳，文宗以造氣豪嫉惡，乃授檢校右散騎常侍、興元尹、山南西道節度使。造辭赴鎭，以興元兆亂之狀奏之，文宗盡悟其根本，許以便宜從事。帝慮用兵勞費，造奏曰：「臣計諸道征蠻之兵已迴，俟臣行程至褒縣，望賜臣密詔，使受約束。比臣及興元，諸軍相續而至，臣用此足矣。」乃授造手詔四通，神策行營將董重質、河中都將溫德彝、郃陽都將劉士和等，咸令稟造之命。

造行至褒城，會興元都將衞志忠征蠻迴，謁見，造卽留以自衞，密與志忠謀，又召亞將張丕、李少直各諭其旨。曁發褒城，以八百人爲衙隊，五百人爲前軍，入府分守諸門。造下車置宴，所司供帳於廳事，造曰：「此隘狹，不足以饗士卒，移之牙門。」坐定，將卒羅拜，志忠兵周環之，造曰：「吾欲問新軍去住之意。可悉前，舊軍無得錯雜。」勞問旣畢，傳言令坐，有未至者，因令舁酒巡行。及酒匝，未至者皆至，牙兵圍之亦合，坐卒未悟，席上有先覺者，揮令起，造傳言叱之，因帖息不敢動。卽召坐卒，詰以殺絳之狀。志忠、張丕夾階立，拔劍呼曰「殺」。圍兵齊奮，其賊首教練使丘鑄等幷官健千人，皆斬首於地，血流四注。監軍楊叔元在座，遽起求哀，擁造靴以請命，遣兵衞出之，以俟朝旨。敕旨配流康州。其親刃絳者斬一百斷，號令者斬三斷，餘並斬首。內一百首祭李絳，三十首祭王景延、趙存約等，並投屍於江。以功就加檢校禮部尙書。

五年四月，入爲兵部侍郎，以耳疾求退。七月，檢校戶部尙書、東都留守，判東都尙書省事、東畿汝防禦使。

造至洛中，九月，制改授河陽懷節度觀察等使。造以河內膏腴，民戶凋瘵，奏開浚懷州古秦渠枋口堰，役工四萬，溉濟源、河內、温、武陟四縣田五千餘頃。七年十一月，入爲御史大夫。造初赴鎭漢中，遇大雨，平地水深尺餘，乃禱雞翁山祈晴，俄而疾風驅雲，卽時開霽。文宗嘗聞其事，會造入對言之，乃詔封雞翁山爲侯。九年五月，轉禮部尙書。其年六月病卒，時年七十，贈右僕射。有文集八十卷。造於晚年積聚財貨，一無散施，時頗譏之。子璋嗣。

璋以蔭入仕，累佐使府，歷三郡刺史。咸通末，爲徐泗節度使，徐州牙卒曰銀刀軍，頗驕橫。璋至，誅其惡者五百餘人，自是軍中畏法。入爲京兆尹，持法太深，豪右一皆屏迹。

會同昌公主薨，懿宗怒，殺醫官，其家屬宗枝下獄者三百人。瑋上疏切諫，以爲刑法太深，帝怒，貶瑋振州司馬。制出，瑋歎曰：「生不逢時，死何足惜？」是夜自縊而卒。

郭承嘏字復卿。曾祖尙父汾陽王。祖晞，諸衞將軍。父鈞。承嘏生而秀異，乳保之年，即好筆硯。比及成童，能通五經。元和四年，禮部侍郎張弘靖知其才，擢升進士第，累辟使幕。歷渭南尉。入朝爲監察御史，遷起居舍人。丁內艱，以孝聞，終喪爲侍御史，職方、兵部二員外，兵部郎中。大和六年，拜諫議大夫。頻上疏，言時政得失。文宗以鄭注爲太僕卿，承嘏論諫激切，注甚懼之。本官知匭院事。九年，轉給事中。

開成元年，出爲華州刺史、兼御史中丞。詔下，兩省造詣中書，求承嘏出麾之由。給事中盧載封還詔書，奏曰：「承嘏自居此官，繼有封駁，能奉其職，宜在瑣闥。牧守之才，易爲推擇。」文宗謂宰臣曰：「承嘏久在黃扉，欲優其祿俸，暫令廉問近關。而諫列拜章，惜其稱職，甚美事也。」乃復爲給事中。

文宗以淮南諸道累歲大旱，租賦不登，國用多闕。及是，以度支、戶部分命宰臣鎮之。承嘏論之曰：「宰相者，上調陰陽，下安黎庶，致君堯、舜，致時清平。俾之閱簿書，算緡帛，非所宜也。」帝深嘉之，遷刑部侍郎。時因朔望，以刑法官得對，文宗從容顧問，恩禮甚厚。未及大用，以二年二月卒。承嘏身歿之後，家無餘財，喪祭所費，皆親友共給而後具，搢紳之流，無不痛惜。贈吏部尚書。

殷侑，陳郡人。父懌。侑爲兒童時，勵志力學，不問家人資產。及長，通經，以講習自娛。貞元末，以五經登第，精於歷代沿革禮。元和中，累爲太常博士。時迴紇請和親，朝廷計費五百萬緡。朝廷方用兵伐叛，費用百端，欲緩其期，乃命宗正少卿李孝誠奉使宣諭，以侑爲副。侑謹重，有節概，臨事俊辯。既至虜庭，可汗初待漢使，盛陳兵甲，欲臣漢使而不答拜。侑堅立不動，宣諭畢，可汗責其倨，宣言欲留而不遣。行者皆懼，侑謂虜使曰：「可汗是漢家子壻，欲坐受使臣拜，是可汗失禮，非使臣之倨也。」可汗憚其言，卒不敢逼。使還，拜虞部員外郎。王承宗拒命，遣侑銜命招諭之。承宗尋稟朝旨，獻德、棣二州，遣二子入朝。遷侑諫議大夫。凡朝廷之得失，悉以陳論，前後上八十四章，以言激切，出爲桂管觀察使。

寶曆元年，檢校右散騎常侍、洪州刺史，轉江西觀察使。所至以潔廉著稱。入爲衞尉卿。文宗初卽位，滄州李同捷叛，而王廷湊助逆，欲加兵鎭州，詔五品已上都省集議。時上銳於破賊，宰臣莫敢異議，獨侑以廷湊再亂河朔，方徇招懷，雖附兇徒，未甚彰露，宜且含容，專討同捷。其疏末云：「伏願以宗社安危爲大計，以善師攻心爲神武，以含垢安人爲遠圖，以網漏吞舟爲至誠。」文宗雖不納，深所嘉之。

滄景平，以侑嘗爲滄州行軍司馬，大和四年，加檢校工部尙書、滄齊德觀察使。時大兵之後，滿目荆榛，遺骸蔽野，寂無人煙。侑不以妻子之官，始至，空城而已。侑攻苦食淡，與士卒同勞苦。周歲之後，流民襁負而歸。侑上表請借耕牛三萬，以給流民，乃詔度支賜綾絹五萬匹，買牛以給之。數年之後，戶口滋饒，倉廩盈積，人皆忘亡。初州兵三萬，悉取給於度支。侑一歲而賦入自贍其半，二歲而給用悉周，請罷度支給賜。而勸課多方，民吏胥悅，上表請立德政碑。以功加檢校吏部尙書。侑以郭下淸池縣在子城北，非便，奏移於南郭之內。

六年，入爲刑部尙書，尋復檢校吏部尙書、鄆州刺史、兼御史大夫，充天平軍節度、鄆曹濮觀察等使。自元和末，收復師道十二州爲三鎭。朝廷務安反側，征賦所入，盡留贍軍，貫緡尺帛，不入王府。侑以軍賦有餘，賦不上供，非法也，乃上表起大和七年，請歲供兩稅、榷酒等錢十五萬貫、粟五萬石。詔曰：「鄆、曹、濮等州，元和已來，地本殷實，自分三道，十五餘年，雖頒詔書，竟未入賦。殷侑承兵戈之後，當歉旱之餘，勤力奉公，謹身守法。纔及周歲，已致阜安。而又體國輸忠，率先入貢，成三軍奉上之志，陳一境樂輸之心。尋有表章，良用嘉歎！」尋就加檢校右僕射。九年，御史大夫溫造劾侑不由制旨，增監軍俸入，賦斂於人。上不問，以庾承宣代還。

其年，濮州錄事參軍崔元武，於五縣人吏率斂及縣官料錢，以私馬擡估納官，計絹一百二十匹。大理寺斷三犯俱發，以重者論，祇以中私馬爲重，止令削三任官。而刑部覆奏，令決杖配流。獄未決，侑奏曰：「法官不習法律，三犯不同，即坐其所重。元武所犯，皆枉法取受，準律，枉法十五匹已上絞。律疏云：即以贓致罪，頻犯者並累科。據元武所犯，令當入處絞刑。」疏奏，元武依刑部奏，決六十，流賀州。乃授侑刑部尚書。八月，檢校右僕射，復爲天平軍節度使。上以溫造所奏深文故也。

開成元年，復召爲刑部尚書。時初經李訓之亂，上問侑治安之術。侑極言委任責成，宜在朝之耆德，新進小生，無宜輕用。帝深嘉之，賜錦綵三百匹。及中謝，又令中使就第賜金十斤。其年七月，檢校左僕射，出爲襄州刺史、山南東道節度使。二年三月，以病求代，以太子賓客分司東都。十一月，復檢校右僕射，出爲忠武節度、陳許蔡觀察等使。三年七月，卒于鎮，時年七十二，贈司空。侑以通經入仕，觀風撫俗，所莅有聲。而晚年急於大用，稍通權倖，物望減於往時。子羽。

羽大和五年登進士第，藩府辟召，不至通顯。子盈孫。

盈孫，乾符末爲成都掾。駕在西川，用爲太常博士，禮學有祖風。光啓二年冬，隨駕自成都還。三年二月，駐蹕鳳翔。時宗廟爲賊所焚，車駕至京，告享無所。四月，盈孫謂宰執曰：「太廟十一室，并祧廟八室，及三太后三室，因光啓元年十二月二十五日車駕出宮，其緣室法物神主，本司載行，至鄠縣並被盜剽奪。皇帝還宮，合先製造。」宰相鄭延昌奏曰：「太廟大殿二十二間，功績至大，計料支費不少，兼宗廟制度，損益重難，今未審依元料修奉，爲復別有商量。」敕付禮院詳議。

時博士四人，杜用勵在利州，崔澄在河中，封舜卿在巴南，獨盈孫獻議曰：「太廟制度，歷代參詳，皆符典經，難議損益。謹按舊制，十一室，二十三間，十一架。垣墉廣袤之度，堂室淺深之規，階陛等級之差，棟宇崇低之則，前古所謂奢不能侈，儉不能踰者也。今以朝廷帑藏方虛，費用稍廣，須資變禮，將務從宜，固不可易前聖之規模，狹大朝之制度，當憑典實，別有參詳。謹按至德二年，以太廟方修，新作神主，於長安殿安置，便行饗告之禮，如同宗廟之儀，以俟廟成，方爲遷祔。當時議論，無所是非。竊知今者京城除大內正衙外，別無殿宇。伏聞先有詔旨，且以少府監大廳權充太廟。伏緣十一室於五間之中，陳設隘狹，伏請接續廳之兩頭，成十一室〔五〕，薦饗之。三太后廟，卽於監內西南，別取屋宇三間，且充廟室。候太廟修奉畢日，別議遷祔。」敕旨依奏。其神主、法物、樂懸，皆盈孫奏重修製，知禮者稱爲博洽。

龍紀元年十一月，昭宗郊祀圓丘，兩中尉楊復恭及兩樞密，皆請朝服。盈孫上疏曰：「臣昨赴齋宮，見中尉、樞密內臣，皆具朝服。臣尋前代及國朝典令，無內官朝服製度。伏以皇帝陛下，承天御歷，聖祚中興，祗見宗祧，克陳大禮，皆稟高祖、太宗之成制，必循虞、夏、商、周之舊經。軒冕服章，式遵彝憲。若內官要衣朝服，令依所守官本品之服。事雖無據，粗可行之。臣忝禮司，合具陳奏。」時中貴皆如宰相大臣朝服，故盈孫論之。帝雖不從，嘉其所守，轉祕書少監，卒。

徐晦，進士擢第，登直言極諫制科，授櫟陽尉，皆自楊憑所薦。及憑得罪，貶臨賀尉，交親無敢祖送者，獨晦送至藍田，與憑言別。時故相權德輿與憑交分最深，知晦之行，因謂晦曰：「今日送臨賀，誠爲厚矣，無乃爲累乎！」晦曰：「晦自布衣受楊公之眷，方茲流播，爭忍無言而別？如他日相公爲姦邪所譖，失意於外，晦安得與相公輕別？」德輿嘉其眞懇，大稱之於朝。不數日，御史中丞李夷簡請爲監察，晦白夷簡曰：「生平不踐公門，公何取信而見奬拔？」夷簡曰：「聞君送楊臨賀，不顧犯難，肯負國乎？」由是知名。

歷殿中侍御史、尙書郎，出爲晉州刺史。入拜中書舍人。寶曆元年，出爲福建觀察使。二年，入爲工部侍郎，出爲同州刺史、兼御史中丞。大和四年，徵拜兵部侍郎。五年，爲太子賓客，分司東都。晦性強直，不隨世態，當官守正，唯嗜酒太過，晚年喪明，乃至沉廢。以禮部尙書致仕。開成三年三月卒，贈兵部尙書。

史臣曰：溫、柳二公，以文行飭躬，砥礪名節，當官守法，侃侃有大臣之節，而竟不登三事，位止正卿。所以知公輔之量，以和爲貴。漢武帝畏汲黯而相孫弘，太宗重魏徵而委玄齡，其旨遠也。韋、崔名士，薦賢致主，綽有古風。殷司空治民，斯爲循吏，而忠規壯節，至晚不衰。徐、郭讜言，鬱爲佳士。如數君者，實爲令人。

贊曰：柳氏禮法，公忠節槪。搏擊爲優，彌綸則隘。夏卿奬拔，晦叔匡將。徐、郭之議，金玉鏘鏘。

校勘記

〔一〕其先太原人　「人」字各本原作「尹」，廿二史考異卷六〇：「尹當作人，不連下讀。」合鈔卷二一六王正雅傳亦作「人」，據改。
〔二〕崔瑨　各本原作「崔縉」，據冊府卷六一七、本書卷一七七崔珙傳改。
〔三〕湞江　各本原作「湘江」，據御覽卷二七七改。
〔四〕出兵迎之　「迎」字各本原作「送」，據冊府卷四二二改。
〔五〕成十一室　「十一」原作「一十」，冊府卷五九三作「建成十一間」，考本傳上文，當以「十一」爲是，據改。

舊唐書卷一百六十六

列傳第一百一十六

元稹 寵嚴附 白居易 弟行簡 敏中附

元稹字微之，河南人。後魏昭成皇帝，稹十代祖也。兵部尚書、昌平公巖，六代祖也。曾祖延景，岐州參軍。祖悱，南頓丞。父寬，比部郎中、舒王府長史，以稹貴，贈左僕射。稹八歲喪父。其母鄭夫人，賢明婦人也，家貧，爲稹自授書，教之書學。稹九歲能屬文。十五兩經擢第。二十四調判入第四等，授秘書省校書郎。二十八應制舉才識兼茂、明於體用科，登第者十八人，稹爲第一，元和元年四月也。制下，除右拾遺。

稹性鋒銳，見事風生。既居諫垣，不欲碌碌自滯，事無不言，卽日上疏論諫職。又以前時王叔文、王伾以猥褻待詔，蒙幸太子，永貞之際，大撓朝政。是以訓導太子宮官，宜選正人，乃獻教本書曰：

臣伏見陛下降明詔，修廢學，增胄子，選司成。大哉堯之爲君，伯夷典禮，夔敎胄子之深旨也。然而事有萬萬於此者，臣敢冒昧殊死而言之。臣聞諸賈生曰：「三代之君，仁且久者，敎之然也。」誠哉是言。且夫周成王，人之中才也，近管、蔡則讒入，有周、召則義聞，豈可謂天聰明哉？然而克終于道者，得不謂敎之然耶？俾伯禽、唐叔與之游，禮、樂、詩、書爲之習，目不得閱淫豔妖誘之色，耳不得聞優笑凌亂之音，口不得習操斷擊搏之書，居不得近容順陰邪之黨，游不得縱追禽逐獸之樂，玩不得有遐異僻絕之珍。凡此數者，非謂備之於前而不爲也，亦將不得見之矣。及其長而爲君也，血氣既定，遊習既成，雖有放心快己之事日陳于前，固不能奪已成之習、已定之心矣。則彼忠直道德之言，固吾之所習聞也，陳之者有以諭焉；彼庸佞違道之說，固吾之所積懼也，諂之者有以辨焉。人之情，莫不欲耀其所能而黨其所近，苟將得志，則必快其所蘊矣。物之性亦然，是以魚得水而游，馬逸駕而走，鳥得風而翔，火得薪而熾，此皆物之快其所蘊也。今夫成王所蘊道德也，所近聖賢也。是以舉其近，則周公左而召公右，伯禽魯而太公齊；快其蘊，則興禮樂而朝諸侯，措刑罰而美敎化。敎之至也〔一〕，可不謂信然哉！

及夫秦則不然。滅先王之學，曰將以愚天下；黜師保之位，曰將以明君臣。胡亥之生也，詩、書不得聞，聖賢不得近。彼趙高者，詐宦之戮人也，而傳之以殘忍戕賊之術，且曰恣睢天下以爲貴，莫見其面以爲尊。是以天下之人人未盡愚，而胡亥固已不能分獸畜矣。趙高之威懾天下，而胡亥固已自幽於深宮矣。彼李斯，秦之寵丞相也，因讒冤死，無所自明，而况于疏遠之臣庶乎？若然，則秦之亡有以致之也。

漢高承之以兵革，漢文守之以廉謹，卒不能蘇復大訓。是以景、武、昭、宣，天資甚美，才可以免禍亂，哀、平之閒，則不能虞篡弑矣。然而惠帝廢易之際，猶賴羽翼以勝邪心。是後有國之君，議教化者，莫不以興廉舉孝、設學崇儒爲意，曾不知教化之不行自貴始。略其貴者，教其賤者，無乃鄰於倒置乎？

洎我太宗文皇帝之在藩邸，以至於爲太子也，選知道德者十八人與之遊習。卽位之後，雖遊宴飲食之閒，若十八人者，實在其中。上失無不言，下情無不達，不四三年而名高盛古，豈一日二日而致是乎？游習之漸也。貞觀已還，師傅皆宰相兼領，其餘宮僚，亦甚重焉。馬周以位高恨不得爲司議郎，此其驗也。文皇之後，漸疏賤之。用至母后臨朝，翦棄王室。當中、睿二聖勤勞之際，雖有骨鯁敢言之士，既不得在調護保安之職，終不能吐扶衞之一辭，而令醫匠安金藏剖腹以明之，豈不大哀也耶？

兵興已來，茲弊尤甚。師資保傅之官，非疾廢眊瞶不任事者爲之，卽休戎罷帥不知書者處之。至于友論贊議之徒，疏冗散賤之甚者，縉紳恥由之。夫以匹士之愛其子者，猶求明哲慈惠之師以教之，直諒多聞之友以成之，豈天下之元良，而可以疾廢眊聵不知書者爲之師乎？疏冗散賤不適用者爲之友乎？此何不及上古之甚也！近制，宮僚之外，往往以沉滯僻老之儒，充侍直、侍讀之選，而又疏棄斥逐之，越月踰時，不得召見，彼又安能傳成道德而保養其身躬哉？臣以爲積此弊者，豈不以皇天眷佑，祚我唐德，以舜繼堯，傳陛下十一聖矣，莫不生而神明，長而仁聖，以是爲屑屑習儀者故不之省耳。臣獨以爲於列聖之謀則可也，計傳後嗣則不可。脫或萬代之後，若有周成之中才，而又生於深宮優笑之間，無周、召保助之教，則將不能知喜怒哀樂之所自矣，況稼穡艱難乎？

今陛下以上聖之資，肇臨海內，是天下之人傾耳注心之日。特願陛下思成王訓導之功，念文皇游習之漸，選重師保，愼擇宮僚，皆用博厚弘深之儒，而又明達機務者爲之。更相進見，日就月將。因令皇太子聚諸生，定齒胄講業之儀，行嚴師問道之禮，至德要道以成之，徹膳記過以警之。血氣未定，則去禽色之娛以就學；聖質已備，則資遊習之善以弘德。此所謂「一人元良，萬方以貞」之化也。豈直修廢學，選司成，而足倫匹其盛哉？而又俾則百王，莫不幼同師，長同術，識君道之素定，知天倫之自然，然後選用賢良，樹爲藩屏。出則有晉、鄭、魯、衞之盛，入則有東牟、朱虛之強，蓋所謂宗子維城、犬牙盤石之勢也，又豈與夫魏、晉以降，四賤其兄弟而自翦其本枝者同年而語哉？

憲宗覽之甚悅。

又論西北邊事，皆朝政之大者，憲宗召對，問方略。爲執政所忌，出爲河南縣尉。丁母憂，服除，拜監察御史。四年，奉使東蜀，劾奏故劍南東川節度使嚴礪違制擅賦，又籍沒塗山甫等吏民八十八戶田宅一百一十一、奴婢二十七人、草千五百束、錢七千貫。時礪已死，七州刺史皆責罰。稹雖舉職，而執政有與礪厚者惡之。使還，令分務東臺。浙西觀察使韓皐封杖決湖州安吉令孫澥，四日內死。徐州監軍使孟昇卒，節度使王紹傳送昇喪柩還京〔二〕，給券乘驛，仍於郵舍安喪柩。稹並劾奏以法。河南尹房式爲不法事，稹欲追攝，擅令停務。既飛表聞奏，罰式一月俸，仍召稹還京。宿敷水驛，內官劉士元後至，爭廳，士元怒，排其戶，稹襪而走廳後。士元追之，後以箠擊稹傷面。執政以稹少年後輩，務作威福，貶爲江陵府士曹參軍。

稹聰警絕人，年少有才名，與太原白居易友善。工爲詩，善狀詠風態物色，當時言詩者稱元、白焉。自衣冠士子，至閭閻下俚，悉傳諷之，號爲「元和體」。既以俊爽不容於朝，流放荆蠻者僅十年。俄而白居易亦貶江州司馬，稹量移通州司馬。雖通、江懸邈，而二人來往贈答，凡所爲詩，有自三十、五十韻乃至百韻者。江南人士，傳道諷誦，流聞闕下，里巷相傳，爲之紙貴。觀其流離放逐之意，靡不悽惋。

十四年，自虢州長史徵還，爲膳部員外郎。宰相令狐楚一代文宗，雅知稹之辭學，謂稹曰：「嘗覽足下製作，所恨不多，遲之久矣。請出其所有，以豁予懷。」稹因獻其文，自敍曰：

稹初不好文，徒以仕無他歧，強由科試。及有罪譴棄之後，自以爲廢滯潦倒，不復爲文字有聞於人矣。曾不知好事者抉擿芻蕪，塵瀆尊重。竊承相公特於廊廟間道稹詩句，昨又面奉教約，令獻舊文。戰汗悚踊，慚忝無地。

稹自御史府謫官，於今十餘年矣，閑誕無事，遂專力於詩章。日益月滋，有詩句千餘首。其間感物寓意，可備矇瞽之風者有之。辭直氣粗，罪尤是懼，固不敢陳露於人。唯杯酒光景間，屢爲小碎篇章，以自吟暢。然以爲律體卑庳，格力不揚，苟無姿態，則陷流俗。常欲得思深語近，韻律調新，屬對無差，而風情宛然，而病未能也。江湖間多新進小生，不知天下文有宗主，妄相放效，而又從而失之，遂至於支離褊淺之辭，皆目爲元和詩體。

稹與同門生白居易友善。居易雅能詩，就中愛驅駕文字，窮極聲韻，或爲千言，或五百言律詩，以相投寄。小生自審不能過之，往往戲排舊韻，別創新辭，名爲次韻相酬，蓋欲以難相挑。自爾江湖間爲詩者，復相放效，力或不足，則至於顛倒語言，重複首尾，韻同意等，不異前篇，亦目爲元和詩體。

而司文者考變雅之由，往往歸咎於稹。嘗以爲雕蟲小事，不足以自明。始聞相公記憶，累旬已來，實慮糞土之牆，庇之以大廈，使不復破壞，永爲板築者之誤。輒寫古體歌詩一百首，百韻至兩韻律詩一百首，爲五卷，奉啓跪陳。或希構廈之餘，一賜觀覽，知小生於章句中櫟櫨榱桷之材，盡曾量度，則十餘年之邅迴，不爲無用矣。

楚深稱賞，以爲今代之鮑、謝也。

穆宗皇帝在東宮，有妃嬪左右嘗誦稹歌詩以爲樂曲者，知稹所爲，嘗稱其善，宮中呼爲元才子。荆南監軍崔潭峻甚禮接稹，不以掾吏遇之，常徵其詩什諷誦之。長慶初，潭峻歸朝，出稹連昌宮辭等百餘篇奏御，穆宗大悅，問稹安在，對曰：「今爲南宮散郎。」卽日轉祠部郎中、知制誥。朝廷以書命不由相府，甚鄙之，然辭誥所出，夐然與古爲侔，遂盛傳於代，由是極承恩顧。嘗爲長慶宮辭數十百篇，京師競相傳唱。居無何，召入翰林，爲中書舍人、承旨學士。中人以潭峻之故，爭與稹交，而知樞密魏弘簡尤與稹相善，穆宗愈深知重。河東節度使裴度三上疏，言稹與弘簡爲刎頸之交，謀亂朝政，言甚激訐。穆宗顧中外人情，乃罷稹內職，授工部侍郎。上恩顧未衰，長慶二年，拜平章事。詔下之日，朝野無不輕笑之。

時王廷湊、朱克融連兵圍牛元翼於深州，朝廷俱赦其罪，賜節鉞，令罷兵，俱不奉詔。稹以天子非次拔擢，欲有所立以報上。有和王傅于方者，故司空頔之子，干進於稹，言有奇士王昭、王友明二人，嘗客於燕、趙間，頗與賊黨通熟，可以反間而出元翼，仍自以家財資其行，仍賂兵、吏部令史爲出告身二十通，以便宜給賜，稹皆然之。有李賞者，知于方之謀，以稹與裴度有隙，乃告度云：「于方爲稹所使，欲結客王昭等刺度。」度隱而不發。及神策軍中尉奏于方之事，乃詔三司使韓皋等訊鞫，而害裴事無驗，而前事盡露，遂俱罷稹、度平章事，乃出稹爲同州刺史，度守僕射。諫官上疏，言責度太重，稹太輕，上心憐稹，止削長春宮使。

稹初罷相，三司獄未奏，京兆尹劉遵古遣坊所由潛邏稹居第，稹奏訴之，上怒，罰遵古，遣中人撫諭稹。稹至同州，因表謝上，自敍曰：

臣稹辜負聖明，辱累恩獎，便合自求死所，豈謂尙忝官榮？臣稹死罪。

臣八歲喪父，家貧無業。母兄乞丐，以供資養。衣不布體，食不充腸。幼學之年，不蒙師訓。因感鄰里兒稚有父兄爲開學校，涕咽發憤，願知詩、書。慈母哀臣，親爲教授。年十有五，得明經出身，由是苦心爲文，夙夜強學。年二十四，登吏部乙科，授校書郎。年二十八，蒙制舉首選，授左拾遺。始自爲學，至於升朝，無朋友爲臣吹噓，無親戚爲臣援庇。莫非苦己，實不因人，獨立性成，遂無交結。任拾遺日，屢陳時政，蒙先皇帝召問於延英。旋爲宰相所憎，出臣河南縣尉。及爲監察御史，又不規避，專心糾繩，復爲宰相怒臣不庇親黨，因以他事貶臣江陵判司。廢棄十年，分死溝瀆。

元和十四年，憲宗皇帝開釋有罪，始授臣膳部員外郎。與臣同省署者，多是臣登朝時舉人，任卿相者，半是臣同諫院時拾遺、補闕。愚臣既不料陛下天聽過卑，知臣薄藝，朱書授臣制誥，延英召臣賜緋。宰相惡臣不出其門，由是百萬侵毀。陛下察臣無罪，寵獎踰深，召臣面授舍人，遣充承旨翰林學士，金章紫服，光飾陋軀，人生之榮，臣亦至矣。然臣益遭誹謗，日夜憂危，唯陛下聖鑒昭臨，彌加保任，竟排羣議，擢授台司。臣忝有肺肝，豈並尋常宰相？況當行營退散之後，牛元翼未出之間，每聞陛下軫念之言，愚臣恨不身先士卒。所問于方計策，遣王友明等救解深州，蓋欲上副聖情，豈是別懷他意？不料姦人疑臣殺害裴度，妄有告論，塵瀆聖聰，愧羞天地。臣本待辨明一了，便擬殺身謝責，豈料聖慈尚加，薄貶同州。雖違咫尺之間，不遠郊圻之境，伏料必是宸衷獨斷，乞臣此官。若遣他人商量，乍可與臣遠處方鎮，豈肯遣臣俯近闕廷？

所恨今月三日，尚蒙召對延英。此時不解泣血，仰辭天顏，乃至今日竄逐。臣自離京國，目斷魂銷。每至五更朝謁之時，實制淚不已。臣若餘生未死，他時萬一歸還，不敢更望得見天顏，但得再聞京城鐘鼓之音，臣雖黃土覆面，無恨九泉。臣無任自恨自慚，攀戀聖慈之至。

在郡二年，改授越州刺史、兼御史大夫、浙東觀察使。會稽山水奇秀，稹所辟幕職，皆當時文士，而鏡湖、秦望之遊，月三四焉。而諷詠詩什，動盈卷帙。副使竇鞏，海內詩名，與稹酬唱最多，至今稱蘭亭絕唱。稹既放意娛遊，稍不修邊幅，以瀆貨聞於時。凡在越八年。大和初，就加檢校禮部尚書。三年九月，入爲尚書左丞。振舉紀綱，出郎官頗乖公議者七人。然以稹素無檢操，人情不厭服。會宰相王播倉卒而卒，稹大爲路歧，經營相位。四年正月，檢校戶部尚書，兼鄂州刺史、御史大夫、武昌軍節度使。五年七月二十二日暴疾，一日而卒于鎮，時年五十三，贈尙書右僕射。有子曰道護，時年三歲。稹仲兄司農少卿積，營護喪事。所著詩賦、詔册、銘誄、論議等雜文一百卷，號曰元氏長慶集。又著古今刑政書三百卷，號類集，並行於代。

稹長慶末因編删其文稿，自敍曰：

劉秩云制不可削〔三〕。予以爲有可得而削之者，貢謀猷，持嗜慾，君有之則譽歸于上，臣專之則譽歸於下。苟而存之，其攘也，非道也。經制度，明利害，區邪正，辨嫌惑，存之則事分著，去之則是非泯。苟而削之，其過也，非道也。

元和初，章武皇帝新卽位，臣下未有以言刮視聽者。予時始以對詔在拾遺中供奉，由是獻敎本書、諫職、論事等表十數通，仍爲裴度、李正辭、韋熏訟所言當行，而宰相曲道上語。上頗悟，召見問狀。宰相大惡之，不一月，出爲河南尉。後累歲，補御史，使東川。謹以元和赦書，劾節度使嚴礪籍塗山甫等八十八家，過賦梓、遂之民數百萬。朝廷異之，奪七刺史料，悉以所籍歸於人。會潘孟陽代礪爲節度使，貪過礪，且有所承迎，雖不敢盡廢詔，因命當得所籍者皆入資。資過其稱，推薪盜賦無不爲，仍爲礪密狀不當得醜謚。予自東川還，朋礪者潛切齒矣。

無何，分莅東都臺。天子久不在都，都下多不法者。百司皆牢獄，有裁接吏械人逾歲而臺府不得而知之者，予因飛奏絕百司專禁錮。河南尉叛官，予劾之，忤宰相旨。監徐使死於軍，徐帥郵傳其柩，柩至洛，其下歐詬主郵吏，予命吏徙柩於外，不得復乘傳。浙西觀察使封杖決安吉令至死；河南尹誣奏書生尹太階請死之；飛龍使誘趙寔家逃奴爲養子；田季安盜娶洛陽衣冠女；汴州沒入死商錢且千萬；滑州賦於民以千，授於人以八百〔四〕；朝廷饋東師，主計者誤命牛車四千三百乘飛芻越太行。類是數十事，或移或奏，皆止之。貞元已來，不慣用文法，內外寵臣皆喑嗚。會河南尹房式詐諼事發，奏攝之。前所喑嗚者叫噪。宰相素以劾叛官事相銜，乘是黜予江陵掾。後十年，始爲膳部員外郎。

穆宗初，宰相更相用事，丞相段公一日獨得對，因請亟用兵部郎中薛存慶、考功員外郎牛僧孺，予亦在請中，上然之。不十數日次用爲給、舍，他忿恨者日夜構飛語，予懼罪，比上書自明。上憐之，三召與語。語及兵賦洎西北邊事，因命經紀之。是後書奏及進見，皆言天下事，外間不知，多臆度。陛下益憐其不漏禁中語，召入禁林，且欲亟用爲宰相。是時裴度在太原，亦有宰相望，巧者謀欲俱廢之，乃以予所無構於裴。裴奏至，驗之皆失實。上以裴方握兵，不欲校曲直，出予爲工部侍郎，而相裴之期亦衰矣。不累月，上盡得所構者，雖不能暴揚之，遂果初意，卒用予與裴俱爲宰相。復有購狂民告予借客刺裴者，鞫之復無狀，然而裴與予以故俱罷免。

始元和十五年八月得見上，至是未二歲，僭忝恩寵，無是之速者；遭罹謗咎，亦無是之甚者。是以心腹腎腸，糜費於扶衞危亡之不暇，又惡暇經紀陛下之所付哉！然而造次顚沛之中，前後列上兵賦邊防之狀，可得而存者一百一十五。苟而削之，是傷先帝之器使也。至于陳暢辨謗之章，去之則無以自明於朋友矣。其餘郡縣之奏請，賀慶之禮，因亦附於件目。始教本書至於爲人雜奏，二十有七軸，凡二百二十有七奏。終歿吾世，貽之子孫式，所以明經制之難行，而銷毀之易至也。

其自敍如此，欲知其作者之意，備於此篇。

稹文友與白居易最善。後進之士，最重龐嚴，言其文體類己，保薦之。

龐嚴者，壽春人。父景昭。嚴元和中登進士第，長慶元年應制舉賢良方正、能直言極諫科，策入三等，冠制科之首。是月，拜左拾遺。聰敏絕人，文章峭麗。翰林學士元稹、李紳頗知之。明年二月，召入翰林爲學士，轉左補闕，再遷駕部郎中、知制誥。嚴與右拾遺蔣防俱爲稹、紳保薦，至諫官內職。

四年，昭愍卽位，李紳爲宰相李逢吉所排，貶端州司馬。嚴坐累，出爲江州刺史。給事中于敖素與嚴善，制既下，敖封還，時人凜然相顧曰：「于給事犯宰相怒而爲知己，不亦危乎！」及覆制出，乃知敖駁制書貶嚴太輕，中外無不嗤誚，以爲口實。初李紳謫官，朝官皆賀逢吉，唯右拾遺吳思不賀。逢吉怒，改爲殿中侍御史，充入蕃告哀使。嚴復入爲庫部郎中。

大和二年二月，上試制舉人，命嚴與左散騎常侍馮宿、太常少卿賈餗爲試官，以裴休爲甲等制科之首。有應直言極諫舉人劉蕡，條對激切，凡數千言，不中選，人咸以爲屈。其所對策，大行於時，登科者有請以身名授蕡者。嚴再遷太常少卿。五年，權知京兆尹，以強幹不避權豪稱，然無士君子之檢操，貪勢嗜利。因醉而卒。

白居易字樂天，太原人。北齊五兵尚書建之仍孫。建生士通，皇朝利州都督。士通生志善，尚衣奉御。志善生温，檢校都官郎中。温生鍠，歷酸棗、鞏二縣令。鍠生季庚，建中初爲彭城令。時李正己據河南十餘州叛。正己宗人洧爲徐州刺史，季庚說洧以彭門歸國，因授朝散大夫、大理少卿、徐州別駕，賜緋魚袋，兼徐泗觀察判官。歷衢州、襄州別駕。自鍠至季庚，世敦儒業，皆以明經出身。季庚生居易。初，建立功於高齊，賜田於韓城，子孫家焉，遂移籍同州。至温徙於下邽，今爲下邽人焉。

居易幼聰慧絕人，襟懷宏放。年十五六時，袖文一編，投著作郎吳人顧況。況能文，而性浮薄，後進文章無可意者。覽居易文，不覺迎門禮遇，曰：「吾謂斯文遂絕，復得吾子矣。」貞元十四年，始以進士就試，禮部侍郎高郢擢升甲科，吏部判入等，授祕書省校書郎。元和元年四月，憲宗策試制舉人，應才識兼茂、明於體用科，策入第四等，授盩厔縣尉、集賢校理。

居易文辭富豔，尤精於詩筆。自讎校至結綬畿甸，所著歌詩數十百篇，皆意存諷賦，箴時之病，補政之缺，而士君子多之，而往往流聞禁中。章武皇帝納諫思理，渴聞讜言，二年十一月，召入翰林爲學士。三年五月，拜左拾遺。居易自以逢好文之主，非次拔擢，欲以生平所貯，仰酬恩造。拜命之日，獻疏言事曰：

蒙恩授臣左拾遺，依前翰林學士，已與崔羣同狀陳謝。但言忝冒，未吐衷誠。今再瀆宸嚴，伏惟重賜詳覽。臣謹按六典，左右拾遺，掌供奉諷諫，凡發令舉事，有不便於時、不合於道者，小則上封，大則廷諍。其選甚重，其秩甚卑，所以然者，抑有由也。大凡人之情，位高則惜其位，身貴則愛其身；惜位則偷合而不言，愛身則苟容而不諫，此必然之理也。故拾遺之置，所以卑其秩者，使位未足惜，身未足愛也；所以重其選者，使下不忍負心，上不忍負恩也。夫位不足惜，恩不忍負，然後能有闕必規，有違必諫。朝廷得失無不察，天下利病無不言。此國朝置拾遺之本意也。由是而言，豈小臣愚劣暗懦所宜居之哉？

況臣本鄉校豎儒，府縣走吏，委心泥滓，絕望煙霄。豈意聖慈，擢居近職，每宴飲無不先預，每慶賜無不先霑，中廄之馬代其勞，內廚之膳給其食。朝慚夕惕，已逾半年，塵曠漸深，憂愧彌劇。未申微効，又擢清班。臣所以授官已來僅經十日，食不知味，寢不遑安，唯思粉身以答殊寵，但未獲粉身之所耳。

今陛下肇臨皇極，初受鴻名，夙夜憂勤，以求致理。每施一政、舉一事，無不合於道、便於時者。萬一事有不便於時者，陛下豈不欲聞之乎？萬一政有不合於道者，陛下豈不欲知之乎？倘陛下言動之際，詔令之間，小有闕遺，稍關損益，臣必密陳所見，潛獻所聞，但在聖心裁斷而已。臣又職在禁中，不同外司，欲竭愚誠，合先陳露。伏希天鑒，深察赤誠。

居易與河南元稹相善，同年登制舉，交情隆厚。稹自監察御史謫爲江陵府士曹掾，翰林學士李絳、崔羣上前面論稹無罪，居易累疏切諫曰：

臣昨緣元稹左降，頻已奏聞。臣內察事情，外聽衆議，元稹左降有不可者三。何者？元稹守官正直，人所共知。自授御史已來，舉奏不避權勢，祇如奏李佐公等事，多是朝廷親情。人誰無私，因以挾恨，或假公議，將報私嫌，遂使誣謗之聲，上聞天聽。臣恐元稹左降已後，凡在位者，每欲舉職，必先以稹爲誡，無人肯爲陛下當官守法，無人肯爲陛下嫉惡繩愆。內外權貴親黨，縱有大過大罪者，必相容隱而已，陛下從此無由得知。此其不可者一也。

昨元稹所追勘房式之事，心雖徇公，事稍過當。既從重罰，足以懲違，況經謝恩，旋又左降。雖引前事以爲責辭，然外議喧喧，皆以爲稹與中使劉士元爭廳，因此獲罪。至於爭廳事理，已具前狀奏陳。況聞士元蹋破驛門，奪將鞍馬，仍索弓箭，嚇辱朝官，承前已來，未有此事。今中官有罪，未聞處置；御史無過，却先貶官。遠近聞知，實損聖德。臣恐從今已後，中官出使，縱暴益甚，朝官受辱，必不敢言，縱有被凌辱毆打者，亦以元稹爲戒，但呑聲而已。陛下從此無由得聞。此其不可二也。

臣又訪聞元稹自去年已來，舉奏嚴礪在東川日枉法，沒入平人資產八十餘家；又奏王紹違法給券，令監軍押柩及家口入驛；又奏裴玢違敕徵百姓草；又奏韓皐使軍將封杖打殺縣令。如此之事，前後甚多，屬朝廷法行，悉有懲罰。計天下方鎮，皆怒元稹守官。今貶爲江陵判司，卽是送與方鎮，從此方便報怨，朝廷何由得知？臣伏聞德宗時有崔善貞者，告李錡必反，德宗不信，送與李錡，錡掘坑熾火，燒殺善貞。曾未數年，李錡果反，至今天下爲之痛心。臣恐元稹貶官，方鎮有過，無人敢言，陛下無由得知不法之事。此其不可者三也。

若無此三不可，假如朝廷悞左降一御史，蓋是小事，臣安敢煩瀆聖聽，至于再三。誠以所損者深，所關者大，以此思慮，敢不極言。

疏入不報。

又淄青節度使李師道進絹，爲魏徵子孫贖宅，居易諫曰：「徵是陛下先朝宰相，太宗嘗賜殿材成其正室，尤與諸家第宅不同。子孫典貼，其錢不多，自可官中爲之收贖，而令師道掠美，事實非宜。」憲宗深然之。

上又欲加河東王鍔平章事，居易諫曰：「宰相是陛下輔臣，非賢良不可當此位。鍔誅剝民財，以市恩澤，不可使四方之人謂陛下得王鍔進奉，而與之宰相，深無益於聖朝。」乃止。

王承宗拒命，上令神策中尉吐突承璀爲招討使，諫官上章者十七八，居易面論，辭情切至。既而又請罷河北用兵，凡數千百言，皆人之難言者，上多聽納。唯諫承璀事切，上頗不悅，謂李絳曰：「白居易小子，是朕拔擢致名位，而無禮於朕，朕實難奈。」絳對曰：「居易所以不避死亡之誅，事無巨細必言者，蓋酬陛下特力拔擢耳，非輕言也。陛下欲開諫諍之路，不宜阻居易言。」上曰：「卿言是也。」由是多見聽納。

五年，當改官，上謂崔羣曰：「居易官卑俸薄，拘於資地，不能超等，其官可聽自便奏來。」居易奏曰：「臣聞姜公輔爲內職，求爲京府判司，爲奉親也。臣有老母，家貧養薄，乞如公輔例。」於是，除京兆府戶曹參軍。六年四月，丁母陳夫人之喪，退居下邽。九年冬，入朝，授太子左贊善大夫。

十年七月，盜殺宰相武元衡，居易首上疏論其冤，急請捕賊以雪國恥。宰相以宮官非諫職，不當先諫官言事。會有素惡居易者，掎摭居易，言浮華無行，其母因看花墮井而死，而居易作賞花及新井詩，甚傷名教，不宜置彼周行。執政方惡其言事，奏貶爲江表刺史。

詔出，中書舍人王涯上疏論之，言居易所犯狀迹，不宜治郡，追詔授江州司馬。

居易儒學之外，尤通釋典，常以忘懷處順爲事，都不以遷謫介意。在湓城，立隱舍於廬山遺愛寺，嘗與人書言之曰：「予去年秋始遊廬山，到東西二林間香鑪峯下，見雲木泉石，勝絕第一。愛不能捨，因立草堂。前有喬松十數株，修竹千餘竿，青蘿爲牆援，白石爲橋道，流水周於舍下，飛泉落於簷間，紅榴白蓮，羅生池砌。」居易與湊、滿、朗、晦四禪師，追永、遠、宗、雷之迹，爲人外之交。每相攜遊詠，躋危登險，極林泉之幽邃。至於翛然順適之際，幾欲忘其形骸。或經時不歸，或踰月而返，郡守以朝貴遇之，不之責。

時元稹在通州，篇詠贈答往來，不以數千里爲遠。嘗與稹書，因論作文之大旨曰：

夫文尚矣，三才各有文。天之文三光首之，地之文五材首之，人之文六經首之。就六經言，詩又首之。何者？聖人感人心而天下和平。感人心者，莫先乎情，莫始乎言，莫切乎聲，莫深乎義。詩者：根情，苗言，華聲，實義。上自賢聖，下至愚騃，微及豚魚，幽及鬼神，羣分而氣同，形異而情一，未有聲入而不應、情交而不感者。聖人知其然，因其言，經之以六義；緣其聲，緯之以五音。音有韻，義有類。韻協則言順，言順則聲易入；類舉則情見，情見則感易交。於是乎孕大含深，貫微洞密，上下通而二氣泰，憂樂合而百志熙。二帝三王所以直道而行、垂拱而理者，揭此以爲大柄，決此以爲大寶也。故聞「元首明，股肱良」之歌，則知虞道昌矣。聞五子洛汭之歌，則知夏政荒矣。言者無罪，聞者作誡，言者聞者莫不兩盡其心焉。

洎周衰秦興，採詩官廢，上不以詩補察時政，下不以歌洩導人情。用至於諂成之風動，救失之道缺。于時六義始刓矣。國風變爲騷辭，五言始於蘇、李。詩騷皆不遇者，各繫其志，發而爲文。故河梁之句，止於傷別，澤畔之吟，歸于怨思。彷徨抑鬱，不暇及他耳。然去詩未遠，梗概尚存。故興離別則引雙鳧一鴈爲喻，諷君子小人則引香草惡鳥爲比。雖義類不具，猶得風人之什二三焉。于時六義始缺矣。晉、宋已還，得者蓋寡。以康樂之奧博，多溺於山水；以淵明之高古，偏放於田園。江、鮑之流，又狹於此。如梁鴻五噫之例者，百無一二。于時六義寖微矣。陵夷至于梁、陳間，率不過嘲風雪、弄花草而已。噫！風雪花草之物，三百篇中豈捨之乎？顧所用何如耳。設如「北風其涼」，假風以刺威虐；「雨雪霏霏」，因雪以愍征役；「棠棣之華」，感華以諷兄弟；「采采芣苡」，美草以樂有子也。皆興發於此而義歸於彼。反是者，可乎哉！然則「餘霞散成綺，澄江淨如練」，「歸花先委露，別葉乍辭風」之什，麗則麗矣，吾不知其所諷焉。故僕所謂嘲風雪、弄花草而已。于時六義盡去矣。

唐興二百年，其間詩人不可勝數。所可舉者，陳子昂有感遇詩二十首，鮑防感興詩十五篇。又詩之豪者，世稱李、杜。李之作，才矣奇矣，人不逮矣。索其風雅比興，十無一焉。杜詩最多，可傳者千餘首。至於貫穿古今，覼縷格律，盡工盡善，又過於李焉。然撮其新安、石壕、潼關吏、蘆子關、花門之章，「朱門酒肉臭，路有凍死骨」之句，亦不過十三四。杜尚如此，況不逮杜者乎？僕常痛詩道崩壞，忽忽憤發，或廢食輟寢，不量才力，欲扶起之。嗟乎！事有大謬者，又不可一二而言，然亦不能不粗陳於左右。

僕始生六七月時，乳母抱弄於書屏下，有指「之」字「無」字示僕者，僕口未能言，心已默識。後有問此二字者，雖百十其試而指之不差。則知僕宿習之緣，已在文字中矣。及五六歲，便學爲詩，九歲諳識聲韻〔五〕。十五六，始知有進士，苦節讀書。二十已來，晝課賦，夜課書，間又課詩，不遑寢息矣。以至于口舌成瘡，手肘成胝，既壯而膚革不豐盈，未老而齒髮早衰白，瞥然如飛蠅垂珠在眸子中者，動以萬數，蓋以苦學力文之所致。

又自悲家貧多故，年二十七，方從鄉賦。既第之後，雖專於科試，亦不廢詩。及授校書郎時，已盈三四百首。或出示交友如足下輩，見皆謂之工，其實未窺作者之域耳。自登朝來，年齒漸長，閱事漸多，每與人言，多詢時務，每讀書史，多求理道，始知文章合爲時而著，歌詩合爲事而作。是時皇帝初卽位，宰府有正人，屢降璽書，訪人急病。

僕當此日，擢在翰林，身是諫官，月請諫紙。啓奏之間，有可以救濟人病，裨補時闕，而難於指言者，輒詠歌之，欲稍稍進聞於上。上以廣宸聽，副憂勤；次以酬恩奬，塞言責；下以復吾平生之志。豈圖志未就而悔已生，言未聞而謗已成矣。

又請爲左右終言之。凡聞僕賀雨詩，衆口籍籍，以爲非宜矣。聞僕哭孔戡詩，衆面脈脈，盡不悅矣。聞秦中吟，則權豪貴近者相目而變色矣。聞登樂遊園寄足下詩，則執政柄者扼腕矣。聞宿紫閣村詩，則握軍要者切齒矣。大率如此，不可偏舉。不相與者，號爲沽譽，號爲詆訐，號爲訕謗。苟相與者，則如牛僧孺之誡焉。乃至骨肉妻孥，皆以我爲非也。其不我非者，舉世不過三兩人。有鄧魴者，見僕詩而喜，無何魴死。有唐衢者，見僕詩而泣，未幾而衢死。其餘卽足下，足下又十年來困躓若此。嗚呼！豈六義四始之風，天將破壞，不可支持耶？抑又不知天意不欲使下人病苦聞于上耶？不然，何有志於詩者不利若此之甚也！

然僕又自思關東一男子耳。除讀書屬文外，其他懵然無知，乃至書畫棋博可以接羣居之歡者，一無通曉，卽其愚拙可知矣。初應進士時，中朝無緦麻之親，達官無半面之舊，策蹇步於利足之途，張空拳於戰文之場。十年之間，三登科第，名落衆耳，迹升清貫，出交賢俊，入侍冕旒。始得名於文章，終得罪於文章，亦其宜也。

日者聞親友間說，禮、吏部舉選人，多以僕私試賦判爲準的。其餘詩句，亦往往在人口中。僕恧然自愧，不之信也。及再來長安，又聞有軍使高霞寓者，欲聘倡妓，妓大誇曰：「我誦得白學士長恨歌，豈同他哉？」由是增價。又足下書云：到通州日，見江館柱間有題僕詩者。何人哉？又昨過漢南日，適遇主人集衆娛樂他賓，諸妓見僕來，指而相顧曰：此是秦中吟、長恨歌主耳。自長安抵江西三四千里，凡鄉校、佛寺、逆旅、行舟之中，往往有題僕詩者；士庶、僧徒、孀婦、處女之口，每有詠僕詩者。此誠雕篆之戲，不足爲多，然今時俗所重，正在此耳。雖前賢如淵、雲者，前輩如李、杜者，亦未能忘情於其間。

古人云：「名者公器，不可多取。」僕是何者，竊時之名已多。既竊時名，又欲竊時之富貴，使己爲造物者，肯兼與之乎？今之屯窮，理固然也。況詩人多蹇，如陳子昂、杜甫，各授一拾遺，而屯剝至死。孟浩然輩不及一命，窮悴終身。近日孟郊六十，終試協律；張籍五十，未離一太祝。彼何人哉！況僕之才又不逮彼。今雖謫佐遠郡，而官品至第五，月俸四五萬，寒有衣，饑有食，給身之外，施及家人。亦可謂不負白氏子矣。微之，微之！勿念我哉！

僕數月來，檢討囊帙中，得新舊詩，各以類分，分爲卷目。自拾遺來，凡所遇所感，關於美刺興比者，又自武德至元和，因事立題，題爲新樂府者，共一百五十首，謂之諷諭詩。又或退公，或臥病閑居，知足保和，吟玩性情者一百首，謂之閑適詩。又有事物牽於外，情理動於內，隨感遇而形於歎詠者一百首，謂之感傷詩。又有五言、七言、長句、絶句，自百韻至兩韻者四百餘首，謂之雜律詩。凡爲十五卷，約八百首。異時相見，當盡致於執事。

微之！古人云：「窮則獨善其身，達則兼濟天下。」僕雖不肖，常師此語。大丈夫所守者道，所待者時。時之來也，爲雲龍，爲風鵬，勃然突然，陳力以出；時之不來也，爲霧豹，爲冥鴻，寂兮寥兮，奉身而退。進退出處，何往而不自得哉？故僕志在兼濟，行在獨善，奉而始終之則爲道，言而發明之則爲詩。謂之諷諭詩，兼濟之志也；謂之閑適詩，獨善之義也。故覽僕詩者，知僕之道焉。其餘雜律詩，或誘於一時一物，發於一笑一吟，率然成章，非平生所尚者，但以親朋合散之際，取其釋恨佐歡，今銓次之間，未能刪去。他時有爲我編集斯文者，略之可也。

微之！夫貴耳賤目，榮古陋今，人之大情也。僕不能遠徵古舊，如近歲韋蘇州歌行，才麗之外，頗近興諷，其五言詩，又高雅閑澹，自成一家之體，今之秉筆者誰能及之？然當蘇州在時，人亦未甚愛重，必待身後，人始貴之。今僕之詩，人所愛者，悉不過雜律詩與長恨歌已下耳。時之所重，僕之所輕。至於諷諭者，意激而言質；閒適者，思澹而辭迂。以質合迂，宜人之不愛也。今所愛者，並世而生，獨足下耳。然百千年後，安知復無如足下者出，而知愛我詩哉？故自八九年來，與足下小通則以詩相戒，小窮則以詩相勉，索居則以詩相慰，同處則以詩相娛。知吾罪吾，率以詩也。

如今年春遊城南時，與足下馬上相戲，因各誦新豔小律，不雜他篇，自皇子陂歸昭國里，迭吟遞唱，不絕聲者二十里餘。樊、李在傍，無所措口。知我者以爲詩仙，不知我者以爲詩魔。何則？勞心靈，役聲氣，連朝接夕，不自知其苦，非魔而何？偶同人當美景，或花時宴罷，或月夜酒酣，一詠一吟，不覺老之將至，雖驂鸞鶴、遊蓬瀛者之適，無以加於此焉，又非仙而何？微之，微之！此吾所以與足下外形骸、脫蹤迹、傲軒鼎、輕人寰者，又以此也。

當此之時，足下興有餘力，且欲與僕悉索還往中詩，取其尤長者，如張十八古樂府，李二十新歌行，盧、楊二祕書律詩，竇七、元八絕句，博搜精掇，編而次之，號爲「元白往還集」。衆君子得擬議於此者，莫不踊躍欣喜，以爲盛事。嗟乎！言未終而足下左轉，不數月而僕又繼行，心期索然，何日成就？又可爲之太息矣。

僕常語足下，凡人爲文，私於自是，不忍於割截，或失於繁多。其間妍媸，益又自惑。必待交友有公鑒無姑息者，討論而削奪之，然後繁簡當否，得其中矣。況僕與足下，爲文尤患其多。己尙病，況他人乎？今且各纂詩筆，粗爲卷第，待與足下相見日，各出所有，終前志焉。又不知相遇是何年，相見是何地，溘然而至，則如之何？微之知我心哉！

潯陽臘月，江風苦寒，歲暮鮮歡，夜長少睡。引筆鋪紙，悄然燈前，有念則書，言無銓次。勿以繁雜爲倦，且以代一夕之話言也。

居易自敍如此，文士以爲信然。

十三年冬，量移忠州刺史。自潯陽浮江上峽。十四年三月，元稹會居易於峽口，停舟夷陵三日。時季弟行簡從行，三人於峽州西二十里黃牛峽口石洞中，置酒賦詩，戀戀不能訣。南賓郡當峽路之深險處也，花木多奇，居易在郡，爲木蓮荔枝圖，寄朝中親友，各記其狀曰：「荔枝生巴、峽間，形圓如帷蓋。葉如桂，冬青；華如橘，春榮；實如丹，夏熟。朵如蒲萄，核如枇杷，殼如紅繒，膜如紫綃，瓤肉瑩白如雪，漿液甘酸如醴酪。大略如此，其實過之。若離本枝，一日而色變，二日而香變，三日而味變，四五日外，色香味盡去矣。」「木蓮大者高四五丈，巴民呼爲黃心樹，經冬不凋。身如青楊，有白文。葉如桂，厚大無脊。花如蓮，香色豔膩皆同，獨房蘂有異〔六〕。四月初始開，自開迨謝，僅二十日。元和十四年夏，命道士毌丘元志寫之。惜其遐僻，因以三絕賦之。」有「天教抛擲在深山」之句，咸傳於都下，好事者喧然模寫。

其年冬，召還京師，拜司門員外郎。明年，轉主客郎中、知制誥，加朝散大夫，始著緋。時元稹亦徵還爲尙書郎、知制誥，同在綸閣。長慶元年三月，受詔與中書舍人王起覆試禮部侍郎錢徽下及第人鄭朗等一十四人。十月，轉中書舍人。十一月，穆宗親試制舉人，又與賈餗、陳岵爲考策官。凡朝廷文字之職，無不首居其選，然多爲排擯，不得用其才。

時天子荒縱不法，執政非其人，制御乖方，河朔復亂。居易累上疏論其事，天子不能用，乃求外任。七月，除杭州刺史。俄而元稹罷相，自馮翊轉浙東觀察使。交契素深，杭、越鄰境，篇詠往來，不間旬浹。嘗會于境上，數日而別。秩滿，除太子左庶子，分司東都。寶曆中，復出爲蘇州刺史。文宗卽位，徵拜祕書監，賜金紫。九月上誕節，召居易與僧惟澄、道士趙常盈對御講論於麟德殿。居易論難鋒起，辭辨泉注，上疑宿構，深嗟挹之。大和二年正月，轉刑部侍郎，封晉陽縣男，食邑三百戶。三年，稱病東歸，求爲分司官，尋除太子賓客。

居易初對策高第，擢入翰林，蒙英主特達顧遇，頗欲奮厲効報，苟致身於訏謨之地，則兼濟生靈。蓄意未果，望風爲當路者所擠，流徙江湖。四五年間，幾淪蠻瘴。自是宦情衰落，無意於出處，唯以逍遙自得，吟詠情性爲事。大和已後，李宗閔、李德裕朋黨事起，是非排陷，朝升暮黜，天子亦無如之何。楊穎士、楊虞卿與宗閔善，居易妻，穎士從父妹也。居易愈不自安，懼以黨人見斥，乃求致身散地，冀於遠害。凡所居官，未嘗終秩，率以病免，固求分務，識者多之。五年，除河南尹。七年，復授太子賓客分司。

初，居易罷杭州，歸洛陽，於履道里得故散騎常侍楊憑宅，竹木池館，有林泉之致。家妓樊素、蠻子者，能歌善舞。居易既以尹正罷歸，每獨酌賦詠於舟中，因爲池上篇曰：

東都風土水木之勝在東南偏，東南之勝在履道里，里之勝在西北隅，西閈北垣第一第，卽白氏叟樂天退老之地。地方十七畝，屋室三之一，水五之一，竹九之一，而島樹橋道間之。初樂天既爲主，喜且曰：「雖有池臺，無粟不能守也」，乃作池東粟廩。又曰：「雖有子弟，無書不能訓也」，乃作池北書庫。又曰：「雖有賓朋，無琴酒不能娛也」，乃作池西琴亭，加石樽焉。

樂天罷杭州刺史，得天竺石一、華亭鶴二以歸。始作西平橋，開環池路。罷蘇州刺史時，得太湖石五、白蓮、折腰菱、青板舫以歸，又作中高橋，通三島逕。罷刑部侍郎時，有粟千斛，書一車，洎臧獲之習管磬絃歌者指百以歸。先是潁川陳孝仙與釀酒法，味甚佳；博陵崔晦叔與琴，韻甚清；蜀客姜發授秋思，聲甚澹；弘農楊貞一與青石三，方長平滑，可以坐臥。

大和三年夏，樂天始得請爲太子賓客，分秩於洛下，息躬於池上。凡三任所得，四人所與，洎吾不才身，今率爲池中物。每至池風春，池月秋，水香蓮開之旦，露淸鶴唳之夕，拂楊石，舉陳酒，援崔琴，彈秋思，頹然自適，不知其他。酒酣琴罷，又命樂童登中島亭，合奏霓裳散序，聲隨風飄，或凝或散，悠揚於竹煙波月之際者久之。曲未竟，而樂天陶然石上矣。睡起偶詠，非詩非賦，阿龜握筆，因題石間。視其粗成韻章，命爲池上篇云：

十畝之宅，五畝之園，有水一池，有竹千竿。勿謂土狹，勿謂地偏，足以容膝，足以息肩。有堂有亭，有橋有船，有書有酒，有歌有絃。有叟在中，白鬚颯然，識分知足，外無求焉。如鳥擇木，姑務巢安；如蛙作坎，不知海寬。靈鵲怪石，紫菱白蓮，皆吾所好，盡在我前。時引一杯，或吟一篇。妻孥熙熙，雞犬閑閑。優哉游哉，吾將老乎其間。

又効陶潛五柳先生傳，作醉吟先生傳以自況。文章曠達，皆此類也。

大和末，李訓構禍，衣冠塗地，士林傷感，居易愈無宦情。開成元年，除同州刺史，辭疾不拜。尋授太子少傅，進封馮翊縣開國侯。四年冬，得風病，伏枕者累月，乃放諸妓女樊、蠻等，仍自爲墓志，病中吟詠不輟。自言曰：「予年六十有八，始患風痺之疾，體癏首眩，左足不支。蓋老病相乘，有時而至耳。予栖心釋梵，浪迹老、莊，因疾觀身，果有所得。何則？外形骸而內忘憂患，先禪觀而後順醫治。旬月以還，厥疾少間，杜門高枕，澹然安閑。吟詠興來，亦不能遏，遂爲病中詩十五篇以自諭。」

會昌中，請罷太子少傅，以刑部尚書致仕。與香山僧如滿結香火社，每肩輿往來，白衣鳩杖，自稱香山居士。大中元年卒，時年七十六，贈尚書右僕射。有文集七十五卷，經史事類三十卷，並行於世。長慶末，浙東觀察使元稹，爲居易集序曰：

樂天始未言，試指「之」「無」字能不悞。始既言，讀書勤敏，與他兒異。五六歲識聲韻，十五志辭賦，二十七舉進士。貞元末，進士尚馳競，不尚文，就中六籍尤擯落。禮部侍郎高郢始用經藝爲進退，樂天一舉擢上第。明年，中拔萃甲科，由是性習相近遠、玄珠、斬白蛇等賦洎百節判，新進士競相傳於京師。會憲宗皇帝策召天下士，對詔稱旨，又登甲科。未幾，選入翰林，掌制誥。比比上書言得失，因爲賀雨詩、秦中吟等數十章，指言天下事，時人比之風、騷焉。

予始與樂天同祕書，前後多以詩章相贈答。予譴掾江陵，樂天猶在翰林，寄予百韻律體及雜體，前後數十詩。是後各佐江、通，復相酬寄。巴、蜀、江、楚間洎長安中少年，遞相仿效，競作新辭，自謂爲元和詩，而樂天秦中吟、賀雨諷諭閑適等篇，時人罕能知者。然而二十年間，禁省觀寺、郵候牆壁之上無不書，王公妾婦、牛童馬走之口無不道。其繕寫模勒，衒賣於市井，或因之以交酒茗者，處處皆是。其甚有至盜竊名姓，苟求自售，雜亂間廁，無可奈何。予嘗於平水市中，見村校諸童，競習歌詠，召而問之，皆對曰：「先生敎我樂天、微之詩。」固亦不知予爲微之也。又雞林賈人求市頗切，自云：「本國宰相，每以一金換一篇，甚僞者，宰相輒能辨別之。」自篇章已來，未有如是流傳之廣者。

長慶四年，樂天自杭州刺史以右庶子召還，予時刺會稽，因得盡徵其文，手自排纘，成五十卷，凡二千二百五十一首。前輩多以前集、中集爲名，予以爲陛下明年當改元，長慶訖於是矣，因號白氏長慶集。

大凡人之文，各有所長，樂天長可以爲多矣。夫諷諭之詩長於激，閑適之詩長於遣，感傷之詩長於切，五字律詩百言而上長於贍，五字七字百言而下長於情，賦贊箴誡之類長於當，碑記敍事制誥長於實，啓奏表狀長於直，書檄辭册剖判長於盡。總而言之，不亦多乎哉！

人以爲稹序盡其能事。

居易嘗寫其文集，送江州東西二林寺、洛城香山聖善等寺，如佛書雜傳例流行之。無子，以其姪孫嗣。遺命不歸下邽，可葬於香山如滿師塔之側，家人從命而葬焉。

行簡字知退。貞元末，登進士第，授祕書省校書郎。元和中，盧坦鎭東蜀，辟爲掌書記。府罷，歸潯陽。居易授江州司馬，從兄之郡。十五年，居易入朝爲尙書郎，行簡亦授左拾遺，累遷司門員外郎、主客郎中。長慶末，振武奏水運營田使賀拔志言營田數過實，詔令行簡按覆之，不實，志懼，自刺死。行簡寶曆二年冬病卒，有文集二十卷。行簡文筆有兄風，辭賦尤稱精密，文士皆師法之。居易友愛過人，兄弟相待如賓客。行簡子龜兒，多自教習，以至成名。當時友悌，無以比焉。

敏中字用晦，居易從父弟也。祖鏻，位終揚府錄事參軍。父季康，溧陽令。敏中少孤，爲諸兄之所訓厲。長慶初，登進士第，佐李聽，歷河東、鄭滑、邠寧三府節度掌書記，試大理評事。大和七年，丁母憂，退居下邽。會昌初，爲殿中侍御史，分司東都，尋除戶部員外郎，還京。

武宗皇帝素聞居易之名，及卽位，欲徵用之，宰相李德裕言居易衰病不任朝謁，因言從弟敏中辭藝類居易，卽日知制誥，召入翰林充學士，遷中書舍人。累至兵部侍郎、學士承旨。會昌末，同平章事，兼刑部尙書、集賢史館大學士。宣宗卽位，加右僕射、金紫光祿大夫、太淸宮使、太原郡開國公、食邑二千戶。及李德裕再貶嶺南，敏中居四輔之首，雷同毀譽，無一言伸理，物論罪之。五年，罷相，檢校司空，出爲邠州刺史、邠寧節度、招撫党項都制置等使。七年，進位特進、成都尹、劍南西川節度副大使、知節度等事。十一年二月，檢校司徒、平章事、江陵尹、荆南節度使。懿宗卽位，徵拜司徒、門下侍郎、平章事，復輔政。尋加侍中。三年罷相，爲河中尹、河中晉絳節度使。累遷中書令。太子太師致仕卒。

史臣曰：舉才選士之法，尙矣。自漢策賢良，隋加詩賦，罷中正之法，委銓舉之司。由是爭務雕蟲，罕趨函丈，矯首皆希於屈、宋，駕肩並擬於風、騷。或侔箴闕之篇，或效補亡之句。咸欲錙銖採葛，糠粃懷沙，較麗藻於碧雞，鬭新奇於白鳳。曁編之簡牘，播在管絃，未逃季緒之詆訶，孰望子虛之稱賞？迨今千載，不乏辭人，統論六義之源，較其三變之體，如二班者蓋寡，類七子者幾何？至潘、陸情致之文，鮑、謝淸便之作，迨於徐、庾，踵麗增華，纂組成而耀以珠璣，瑤臺構而間之金碧。國初開文館，高宗禮茂才，虞、許擅價於前，蘇、李馳聲於後。或位昇台鼎，學際天人，潤色之文，咸布編集。然而向古者傷於太僻，徇華者或至不經，齷齪者局於宮商，放縱者流於鄭、衞。若品調律度，揚搉古今，賢不肖皆賞其文，未如元、白之盛也。昔建安才子，始定霸於曹、劉；永明辭宗，先讓功於沈、謝。元和主盟，微之、樂天而已。臣觀元之制策，白之奏議，極文章之壼奧，盡治亂之根荄。非徒謠頌之片言，盤盂之小說。就文觀行，居易爲優，放心於自得之場，置器於必安之地，優游卒歲，不亦賢乎。

贊曰：文章新體，建安、永明。沈、謝既往，元、白挺生。但留金石，長有莖英。不習孫、吳，焉知用兵？

校勘記

〔一〕敎之至也　「敎」字各本原無，據元氏長慶集卷二九補。

〔二〕王紹　各本原作「王沼」，據本書卷一二三王紹傳、新書卷一七四元稹傳改。

〔三〕劉秩　各本原作「劉歆」，據元氏長慶集卷三二、冊府卷七七〇改。

〔四〕授於人以八百　「百」字各本原作「伯」，據元氏長慶集卷三二改。

〔五〕諳識聲韻　「諳」字各本原作「暗」，據白氏長慶集卷二八改。

〔六〕獨房蕊有異　各本原作「房獨蕊有異」，據白氏長慶集卷一八改。

舊唐書卷一百六十七

列傳第一百一十七

趙宗儒　竇易直　李逢吉　段文昌子成式　宋申錫　李程

趙宗儒字秉文。八代祖彤，仕後魏爲征南將軍。父驊，爲秘書少監。宗儒舉進士，初授弘文館校書郎。滿歲，又以書判入高等，補陸渾主簿。數月，徵拜右拾遺，充翰林學士。時父驊祕書少監，與父並命，出於一日，當時榮之。建中四年，轉屯田員外郎，內職如故。居父憂，免喪，授司門、司勳二員外郎。

貞元六年，領考功事，定百吏考績，黜陟公當，無所畏避。右司郎中獨孤良器、殿中侍御史杜倫，各以過黜之。尙書左丞裴郁、御史中丞盧紹比皆考中上，宗儒貶之中中。又祕書少監鄭雲逵考其同官孫昌裔入上下，宗儒復入中上。凡考之中上者，不過五十人，餘多減入中中。德宗聞而善之，遷考功郎中。丁母憂，終喪，授吏部郎中。十一年，遷給事中。十二年，與諫議大夫崔損同日以本官同中書門下平章事，俱賜紫金魚袋。十四年，罷相，爲右庶子。

宗儒端居守道，勤奉朝請而已，德宗聞而嘉之。二十年，遷吏部侍郎，召見勞之曰：「知卿閉關六年，故有此拜。曩者與先臣並命，尚念之耶？」宗儒因俯伏流涕。德宗崩，順宗命爲德宗哀册文，辭頗悽惋。

元和初，檢校禮部尚書，判東都尚書省事、兼御史大夫，充東都留守、畿汝都防禦使。入爲禮部、戶部二尚書，尋檢校吏部尚書，守江陵尹、兼御史大夫、荆南節度營田觀察等使。散冗食之戍二千人。六年，又入爲刑部尚書。八年，轉檢校吏部尚書、興元尹、兼御史大夫，充山南西道節度觀察等使。九年，召拜御史大夫，俄遷檢校右僕射、河中尹、兼御史大夫、晉絳慈隰節度觀察等使。赴鎮後，擅用供軍錢八千餘貫，坐罰一月俸。十一年七月，入爲兵部尚書。九月，改太子少傅，權知吏部尚書銓事。十四年九月，拜吏部尚書。

穆宗卽位，以初釋服，令尚書省官試先朝所徵集應制舉人，宗儒奏曰：「準今月十五日敕：比者先朝徵集應制人等，已及時限，恐皆來自遠方，難於久住，酌宜審事，遂委有司定日就試。如聞所集之人多已分散，須知審的，然後裁定，宜令所司商量聞奏者。伏以制科所設，本在親臨，南省試人，亦非舊典。今覃恩既畢，庶政惟新。況山陵日近，公務繁迫，待問之士，就試非多。臣等商量，恐須權罷。」從之。復拜太子少傅，判太常卿事。

長慶元年二月，檢校右僕射，守太常卿。太常有師子樂，備五方之色，非會朝聘享不作，幼君荒誕，伶官縱肆，中人掌教坊者移牒取之。宗儒不敢違，以狀白宰相。宰相以爲事在有司執守，不合關白。以宗儒怯不任事，改太子少師。

寶曆元年，遷太子太保。昭愍晏駕〔一〕，爲大明宮留守。大和四年，拜檢校司空、兼太子太傅。文宗召見，諮以理道，對曰：「堯、舜之化，慈儉而已。願陛下守而勿失。」文宗嘉納之。五年，宋申錫被誣，上召師保已下議其刑，上以宗儒高年，宣令不拜。尋拜疏請老。六年，詔以司空致仕。是歲九月卒，年八十七，廢朝，册贈司徒。宗儒以文學進，前後三鎭方任，八領選部，略於儀矩，切於治生，時論以此少之。

竇易直字宗玄，京兆人。祖元昌，彭州九隴縣令。父彧，廬州刺史。易直舉明經，爲祕書省校書郎，再以判入等，授藍田尉。累歷右司、兵部、吏部三郎中。元和六年，遷御史中丞，謝日，賜緋魚袋。八年，改給事中。九月，出爲陜虢都防禦觀察使，仍賜紫。入爲京兆尹。萬年尉韓晤姦贓事發，易直令曹官韋正晤訊之，得贓三十萬。上意其未盡，詔重鞫，坐贓三百萬，貶易直金州刺史，正晤長流昭州。十三年六月，遷宣州刺史、宣歙池都團練觀察等使。

長慶二年七月，汴州將李夵逐其帥李愿，易直聞之，欲出官物以賞軍。或謂易直曰：「賞給無名，却恐生患。」乃已。軍士已聞之。時江、淮旱，水淺，轉運司錢帛委積不能漕，州將王國淸指以爲賞，激諷州兵謀亂。先事有告者，乃收國淸下獄。其黨數千，大呼入獄中，篡取國淸而出之，因欲大剽。易直登樓謂將吏曰：「能誅爲亂者，每獲一人，賞十萬。」衆喜，倒戈擊亂黨，並擒之。國淸等三百餘人，皆斬之。

九月，以李德裕代還，爲吏部侍郎。十一月，改戶部，兼御史大夫，判度支。四年五月，以本官同平章事，判使如故。改門下侍郎，封晉陽郡公。寶曆元年七月，罷判度支。大和二年十月罷相，檢校左僕射、平章事、襄州刺史、山南東道節度使〔三〕。五年，入爲左僕射，判太常卿事。十一月，檢校司空、鳳翔尹、鳳翔隴節度使。六年，以疾求還京師。七年四月卒，贈司徒，謚曰恭惠。

易直自入仕十年餘，常居散秩，不應請辟，及居方任，亦以公廉聞。在相位，未嘗論用親黨，凡於公舉，即無所避。然元和中，吏部尙書鄭餘慶議僕射上日儀制，不與隔品官亢禮。易直時爲御史中丞，奏駁餘慶所議。及易直爲左僕射〔三〕，却行隔品致敬之禮，時論非之。

李逢吉字虛舟，隴西人。貞觀中學士李玄道曾孫。祖顏，父歸期。逢吉登進士第，釋褐授振武節度掌書記。入朝爲左拾遺、左補闕，改侍御史，充入吐蕃册命副使、工部員外郎，又充入南詔副使。元和四年，使還，拜祠部郎中，轉右司。六年，遷給事中。七年，與司勳員外郎李巨並爲太子諸王侍讀。九年，改中書舍人。十一年二月，權知禮部貢舉、騎都尉，賜緋。四月，加朝議大夫、門下侍郎、同平章事，賜金紫；其貢院事，仍委禮部尚書王播署牓。

逢吉天與姦回，妬賢傷善。時用兵討淮、蔡，憲宗以兵機委裴度，逢吉慮其成功，密沮之，由是相惡。及度親征，學士令狐楚爲度制辭，言不合旨，楚與逢吉相善，帝皆黜之，罷楚學士，罷逢吉政事，出爲劍南東川節度使、檢校兵部尚書。穆宗卽位，移襄州刺史、山南東道節度使。逢吉於帝有侍讀之恩，遣人密結倖臣，求還京師。長慶二年三月，召爲兵部尚書。時裴度亦自太原入朝。以度招懷河朔功，復留度，與工部侍郎元稹相次拜平章事。度在太原時，嘗上表論稹姦邪。及同居相位，逢吉以爲勢必相傾，乃遣人告和王傅于方結客，欲爲元稹刺裴度。及捕于方，鞫之無狀，稹、度俱罷相位，逢吉代度爲門下侍郎平章事。自是寖以恩澤結朝臣之不逞者，造作謗言，百端中傷裴度。賴學士李紳、韋處厚等顯於上前，言度爲逢吉排斥，而度於國有功，不宜擯棄，故得以僕射在朝。時已失河朔，而王智興擅據徐州，李㝏據汴州，國威不振，天下延頸俟度再秉國鈞，以攘暴亂。及爲逢吉嫁禍，奪其權，四海爲之側目，朝士上疏論列者十餘人。屬時君荒淫，政出羣小，而度竟逐外藩。

學士李紳有寵，逢吉惡之，乃除爲中丞，又欲出於外，乃以吏部侍郎韓愈爲京兆尹，兼御史大夫，放臺參。以紳褊直，必與愈爭。及制出，紳果移牒往來，愈性木強，遂至語辭不遜，喧論於朝。逢吉乃罷愈爲兵部侍郎，紳爲江西觀察使。紳中謝日，帝留而不遣。

翼城人鄭注以醫藥得幸於中尉王守澄，逢吉令其從子仲言賂注，求結於守澄。仲言辯譎多端，守澄見之甚悅。自是，逢吉有助，事無違者。敬宗初卽位，年方童丱，守澄從容奏曰：「陛下得爲太子，逢吉之力也，是時，杜元穎、李紳堅請立深王爲太子。」乃貶紳端州司馬。朝士代逢吉鳴吠者，張又新、李續之、張權輿、劉栖楚、李虞、程昔範、姜洽、李仲言，時號「八關十六子」。又新等八人居要劇，而胥附者又八人，有求於逢吉者，必先經此八人納賂，無不如意者。逢吉尋封涼國公，邑千戶，兼右僕射。

昭愍卽位，左右屢言裴度之賢，曾立大勳，帝甚嘉之。因中使往興元，卽令問訊。寶曆初，度連上章請入覲。逢吉之黨坐不安席，如矢攢身，乃相與爲謀，欲沮其來。張權輿撰

「非衣小兒」之謠，傳於閭巷。言度相有天分，應謠讖，而韋處厚於上前解析，言權輿所撰之言。既不能沮，又令衞尉卿劉遵古從人安再榮告武昭謀害逢吉。武昭者，有才力，裴度破淮、蔡時奬用之，累奏爲刺史。及度被斥，昭以門吏久不見用，客于京師，途窮頗有怨言。逢吉冀法司鞫昭行止，則顯裴度任用，以沮入朝之行。逢吉又與同列李程不協。太學博士李涉、金吾兵曹茅彙者，於京師貴遊間以氣俠相許，二人出入程及逢吉之門。水部郎中李仍叔，程之族，知武昭鬱鬱恨不得官，仍叔謂昭曰：「程欲與公官，但逢吉阻之。」昭愈憤怒，因酒與京師人劉審、張少騰說刺逢吉之言。審以昭言告張權輿，乃聞于逢吉，卽令茅彙召昭相見，逢吉厚相結託，自是疑怨之言稍息。逢吉待茅彙尤厚，嘗與彙書云：「足下當字僕爲『自求』，僕當字足下爲『利見』。」文字往來，其間甚密。及裴度求覲，無計沮之，卽令許武昭事，以暴揚其迹。再榮旣告，李仲言誡彙曰：「言武昭與李程同謀則活，否則爾死。」彙曰：「寃死甘心。誣人以自免，予不爲也。」及昭下獄，逢吉之醜迹皆彰。昭死，仲言流象州，茅彙流嶲州，李涉流康州，李虞自拾遺爲河南士曹。敬宗待裴度益厚，乃自漢中召還，復知政事。

逢吉檢校司空、平章事、襄州刺史、山南東道節度使，仍請張又新、李續之爲參佐。大和二年，改汴州刺史、宣武軍節度使。五年八月，入爲太子太師、東都留守、東畿汝防禦使，加開府儀同三司。八年，李訓用事。三月，徵拜左僕射，兼守司徒。時逢吉已老，病足，不任朝謁，卽以司徒致仕。九年正月卒，時年七十八。贈太尉，謚曰成。

段文昌字墨卿，西河人。高祖志玄，陪葬昭陵，圖形凌煙閣。祖德皎，贈給事中。父諤，循州刺史，贈左僕射。文昌家于荊州，倜儻有氣義，節度使裴胄知之而不能用。韋皐在蜀，表授校書郎。李吉甫刺忠州，文昌嘗以文干之。及吉甫居相位，與裴垍同加獎擢，授登封尉、集賢校理。俄拜監察御史，遷左補闕，改祠部員外郎。元和十一年，守本官，充翰林學士。

文昌，武元衡之子壻也。元衡與宰相韋貫之不協，憲宗欲召文昌爲學士，貫之奏曰：「文昌志尚不修，不可擢居近密。」至是貫之罷相，李逢吉乃用文昌爲學士，轉祠部郎中，賜緋，依前充職。十四年，加知制誥。十五年，穆宗卽位，正拜中書舍人，尋拜中書侍郎、平章事。

長慶元年，拜章請退。朝廷以文昌少在西蜀，詔授西川節度使、同中書門下平章事。文昌素洽蜀人之情，至是以寬政爲治，嚴靜有斷，蠻夷畏服。二年，雲南入寇，黔中觀察使崔元略上言，朝廷憂之，乃詔文昌禦備。文昌走一介之使以喻之，蠻寇卽退。敬宗卽位，徵拜刑部尚書，轉兵部，兼判左丞事。

文宗卽位，遷御史大夫，尋檢校尚書右僕射、揚州大都督府長史、同平章事、淮南節度使。大和四年，移鎭荆南。

文昌於荆、蜀皆有先祖故第，至是贖爲浮圖祠。又以先人墳墓在荆州，別營居第以置祖禰影堂，歲時伏臘，良辰美景享薦之。徹祭，卽以音聲歌舞繼之，如事生者，搢紳非焉。六年，復爲劍南西川節度。九年三月，賜春衣中使至，受宣畢，無疾而卒，年六十三，贈太尉。有文集三十卷。

文昌布素之時，所向不偶。及其達也，揚歷顯重，出入將相，洎二十年。其服飾玩好、歌童妓女，苟悅於心，無所愛惜，乃至奢侈過度，物議貶之。子成式。

成式字柯古，以蔭入官，爲祕書省校書郎。研精苦學，祕閣書籍，披閱皆遍。累遷尚書郎。咸通初，出爲江州刺史。解印，寓居襄陽，以閑放自適。家多書史，用以自娛，尤深於佛書。所著酉陽雜俎傳於時。

宋申錫字慶臣。祖素，父叔夜。申錫少孤貧，有文學。登進士第，釋褐祕書省校書郎。韋貫之罷相，出湖南，辟爲從事。其後累佐使府。長慶初，拜監察御史。二年，遷起居舍人。寶曆二年，轉禮部員外郎，尋充翰林侍講學士。

申錫始自策名，及在朝行，清愼介潔，不趨黨與。當長慶、寶曆之間，時風囂薄，朋比大扇。及申錫被用，時論以爲激勸。文宗卽位，拜戶部郎中、知制誥。大和二年，正拜中書舍人，復爲翰林學士。

初，文宗常患中人權柄太盛，自元和、寶曆比致宮禁之禍。及王守澄之領禁兵，恃其宿舊，跋扈尤甚。有鄭注者，依恃守澄爲姦利，出入禁軍，賣官販權，中外咸扼腕視之。文宗雅知之，不能堪。申錫時居內廷，文宗察其忠厚，可任以事。嘗因召對，與申錫從容言及守澄，無可奈何，令與外廷朝臣謀去之，且約命爲宰相。申錫頓首謝之。未幾，拜左丞。踰月，加平章事。申錫素能謹直，寵遇超輩，時情大爲屬望。及到中書，剖斷循常〔四〕，望實頗不相副。

大和五年，忽降中人召宰相入赴延英。路隨、李宗閔、牛僧孺等既至中書東門，中人云：「所召無宋申錫。」申錫始知被罪，望延英以笏叩頭而退。隨等至，文宗以神策軍中尉王守澄所奏，得本軍虞候豆盧著狀，告宋申錫與漳王謀反，隨等相顧愕然。初，守澄於浴堂以鄭注所構告于文宗，守澄即時於市肆追捕，又將以二百騎就靖恭里屠申錫之家。會內官馬存亮同入，諍於文宗曰：「謀反者適宋申錫耳，何不召南司會議。今卒然如此，京師企足自爲亂矣。」守澄不能難，乃止，乃召三相告之。又遣右軍差人於申錫宅捕孔目官張全眞、家人買子緣信等。又於十六宅及市肆追捕胥吏，以成其獄。文宗又召師保、僕射、尚書丞郎、常侍、給事、諫議、舍人、御史中丞、京兆尹、大理卿，同於中書及集賢院參驗其事。

翌日，開延英，召宰臣及議事官，帝自詢問。左常侍崔玄亮、給事中李固言、諫議大夫王質、補闕盧鈞舒元褒羅泰蔣係裴休竇宗直韋温、拾遺李羣韋端符丁居晦袁都等一十四人，皆伏玉階下奏以申錫獄付外，請不於禁中訊鞫。文宗曰：「吾已謀於公卿大僚，卿等且出。」玄亮固言，援引今古，辭理懇切。玄亮泣涕久之，文宗意稍解，貶申錫爲右庶子，漳王爲巢縣公。再貶申錫爲開州司馬。

初，申錫既得密旨，乃除王璠爲京兆尹，以密旨喻之。璠不能謀，而注與守澄知之，潛爲其備。漳王湊，文宗之愛弟也，賢而有人望。豆盧著者，職屬禁軍，與注親表。文宗不省其詐，乃罷申錫爲庶子。時京城恟恟，衆庶譁言，以爲宰相眞連十宅謀反，百僚震駭。居一二日，方審其詐。諫官伏閤懇論，文宗震怒，叱諫官令出者數四。時中外屬望大僚三數人廷辯其事。僕射竇易直曰：「人臣無將，將而必誅。」聞者愕然。唯京兆尹崔琯、大理卿王正雅連上疏請出內獄，且曰：「王師文未獲，卽獄未具，請出豆盧著與申錫同付外廷勘。」當時人情翕然推重。初議申錫抵死，顧物論不可，又將投於嶺表，文宗終悟外廷之言，乃有開州之命。

初，申錫旣被罪，怡然不以爲意，自中書歸私第，止於外廳，素服以俟命。其妻出謂之曰：「公爲宰相，人臣位極於此，何負天子反乎？」申錫曰：「吾自書生被厚恩，擢相位，不能鋤去姦亂，反爲所羅織，夫人察申錫豈反者乎？」因相與泣下。

申錫自居內廷，及爲宰相，以時風侈靡，居要位者尤納賄賂，遂成風俗，不暇更方遠害，且與貞元時甚相背矣。申錫至此，約身謹潔，尤以公廉爲己任，四方問遺，悉無所受。旣被罪，爲有司驗劾，多獲其四方受領所還問遺之狀，朝野爲之歎息。

七年七月，卒於開州。詔曰：「申錫雖不能周愼，自抵憲章，聞其亡歿遐荒，良用悲惻。宜許其歸葬鄉里，以示寬恩。」開成元年九月，詔復申錫正議大夫、尙書左丞、同中書門下平章事、上柱國，賜紫，兼贈兵部尙書。仍以其子愼微爲城固縣尉。

李程字表臣，隴西人。父鷫伯。程，貞元十二年進士擢第，又登宏辭科，累辟使府。二十年，入朝爲監察御史。其年秋，召充翰林學士。順宗卽位，爲王叔文所排，罷學士。三遷爲員外郎。元和中，出爲劍南西川節度行軍司馬。十年，入爲兵部郎中，尋知制誥。韓弘爲淮西都統，詔程銜命宣諭。明年，拜中書舍人，權知京兆尹事。十二年，權知禮部貢舉。十三年四月，拜禮部侍郎。六月，出爲鄂州刺史、鄂岳觀察使。入爲吏部侍郎，封渭源男，食邑三百戶。敬宗即位之五月，以本官同平章事。

敬宗沖幼，好治宮室，畋遊無度，欲於宮中營新殿，程諫曰：「自古聖帝明王，以恭儉化天下。陛下在諒闇之中，不宜興作，願以瓦木迴奉園陵。」上欣然從之。程又奏請置侍講學士，數陳經義。程辯給多智算，能移人主之意，尋加中書侍郎，進封彭原郡公。寶曆二年〔五〕，罷相，檢校兵部尚書、同平章事、太原尹、北京留守、河東節度使。大和四年三月，檢校尚書左僕射、平章事、河中尹、河中晉絳節度使。

六年，就加檢校司空。七月，徵爲左僕射，中謝日奏曰：「臣所忝官上禮，前後儀注不同。在元和、長慶中，僕射數人上日，不受四品已下官拜。近日再定儀注，四品已下官悉許受拜，王涯、竇易直已行之於前。今御史臺云：已聞奏，太常寺定取十五日上。臣進退未知所據。」時中丞李漢以爲受四品已下拜太重。敕曰：「僕射上儀，近已詳定。所緣拜禮，皆約令文，已經施行，不合更改。宜準大和四年十一月六日敕處分。」

程藝學優深，然性放蕩，不修儀檢，滑稽好戲，而居師長之地，物議輕之。七年六月，檢校司空、汴州刺史、宣武軍節度使。九年，復爲河中晉絳節度使，就加檢校司徒。開成元年五月，復入爲右僕射，兼判太常卿事。十一月，兼判吏部尙書銓事。二年三月，檢校司徒，出爲襄州刺史、山南東道節度使。卒，有司謚曰繆。子廓。

廓進士登第，以詩名聞於時。大中末，累官至潁州刺史，再爲觀察使。廓子晝，亦登進士第。

史臣曰：宗儒、易直，以寬柔養望，坐致公台，與時沉浮，壽考終吉，可謂能奉身矣。逢吉起徒步而至鼎司，欺蔽幼君，依憑內豎，蛇虺其腹，毒害正人，而不與李訓同誅，天道福淫明矣。中錫小器大謀，貶死爲幸。程不持士範，歿獲醜名。君子操修，豈宜容易？

贊曰：趙、竇優柔，坐享公侯。蝮蛇野葛，逢吉之流。豈無　人？主輔謨猷。程、錫弼諧，于道難周。

校勘記

〔一〕昭愍　各本原作「昭肅」，廿二史考異卷六〇：「『昭肅』當作『昭愍』，敬宗謚也。」據改。

〔二〕山南東道　「東」字各本原作「西」。前既云其爲襄州刺史，襄州爲山南東道治所，新書卷一五二寶易直傳、合鈔卷二一八寶易直傳正作山南東道。今改。

〔三〕左僕射　「左」字各本原作「右」，據本卷上文及合鈔卷二一八寶易直傳改。

〔四〕剖斷循常　「剖」字各本原作「割」，據册府卷六七〇改。

〔五〕寶曆　各本原作「寶應」，據册府卷三二二改。

舊唐書卷一百六十八

列傳第一百一十八

韋溫 蕭祐附 獨孤郁 弟朗 錢徽 子可復 高釴 弟銖 鍇
馮宿 弟定 審 封敖

韋溫字弘育，京兆人。祖肇，吏部侍郎。父綬，德宗朝翰林學士，以散騎常侍致仕。綬弟貫之，憲宗朝宰相，自有傳。溫七歲時，日念毛詩一卷。年十一歲，應兩經舉登第。釋褐太常寺奉禮郎。以書判拔萃，調補祕書省校書郎。時綬致仕田園，聞溫登第，愕然曰：「判入高等，在羣士之上，得非交結權幸而致耶？」令設席於庭，自出判目試兩節。溫命筆即成，綬喜曰：「此無愧也。」調授咸陽尉。入爲監察御史，以父在田里，憲府禮拘，難於省謁，不拜。換著作郎，一謝即還。侍省父疾，溫侍醫藥，衣不解帶，垂二十年。父憂，毀瘠踰制。免喪，久之爲右補闕，忠鯁救時。宋申錫被誣，溫倡言曰：「宋公履行有素，身居台輔，不當有此，是姦人陷害也。吾輩諫官，豈避一時之雷電，而致聖君賢相蒙蔽惑之咎耶？」因率同列伏閤切爭之，由是知名。

大和五年，太廟第四、第六室缺漏，上怒，罰宗正卿李銳、將作王堪，乃詔中使鳩工補葺之。温上疏曰：「臣聞吏舉其職，國家所以治；事歸於正，朝廷所以尊。夫設制度，立官司，事存典故，國有經費，而最重者，奉宗廟也。伏以太廟當修，詔下踰月，有司弛墮，曾不加誠。宜黜慢官，以懲不恪之罪，擇可任者，責以繕完之功。此則事歸于正，吏舉其職也。而聖思不勞〔二〕，百職無曠。今慢官不恪，止于罰俸，宗廟所切，便委內臣。是許百司之官，公然廢職，以宗廟之重，爲陛下所私，羣官有司，便同委棄。此臣竊爲聖朝惜此事也。事關宗廟，皆書史策，苟非舊典，不可率然。伏乞更下詔書，得委所司營繕，則制度不紊，官業交修。」上乃止內使。

羣臣上尊號，温上疏曰：「德如三皇止稱皇，功如五帝止稱帝。徽號之來，乃聖王之末事。今歲三川水災，江淮旱歉，恐非崇飾徽稱之時。」帝深嘉之，乃止。改侍御史。

李德裕作相，遷禮部員外郎。或以温厚於牛僧孺，言於德裕，德裕曰：「此人堅正中立，君子也。」鄭注鎮鳳翔，自知不爲所齒，求德門弟子爲參佐，請温爲副使。或以爲理不可拒，拒則生患。温曰：「擇禍莫若輕。拒之止於遠貶，從之有不測之禍。」鄭注誅，轉考功員外郎。尋知制誥，召入翰林爲學士。以父職禁廷，憂畏成病，遺誡不令居禁職，懇辭不拜。俄兼太子侍讀，每晨至少陽院，午見莊恪太子。温曰：「殿下盛年，宜早起，學周文王爲太子，雞鳴時問安西宮。」太子幼，不能行其言。稱疾，上不悦，改太常少卿。未幾，拜給事中。王晏平爲靈武，刻削軍士，贓罪發，帝以智興之故，減死，貶官。温三封詔書，文宗深獎之。莊恪得罪，召百僚諭之，温曰：「太子年幼，陛下訓之不早，到此非獨太子之過。」遷尚書右丞。

吏部員外郎張文規父弘靖，長慶初在幽州爲朱克融所囚，文規不時省赴，人士喧然罪之。温居綱轄，首糾其事，出文規爲安州刺史。鹽鐵判官姚勗知河陰院，嘗雪冤獄，鹽鐵使崔珙奏加酬奬，乃令權知職方員外郎。制出，令勗上省，温執奏曰：「國朝已來，郎官最爲清選，不可以賞能吏。」上令中使宣諭，言勗能官，且放入省。温堅執不奉詔，乃改勗檢校禮部郎中。翌日，帝謂楊嗣復曰：「韋温不放姚勗入省，有故事否？」嗣復對曰：「韋温志在銓擇清流。然姚勗士行無玷，梁公元崇之孫，自殿中判鹽鐵案，陛下奬之，宜也。若人有吏能，不入清流，孰爲陛下當煩劇者？此衰晉之風也。」上素重温，亦不奪其操，出爲陝虢觀察使。

武宗卽位，李德裕用事，召拜吏部侍郎，欲引以爲相。時李漢以家行不謹，貶汾州司馬，温從容白德裕曰：「李漢不爲相公所知，昨以不孝之罪絀免，乞加按問。」德裕曰：「親情耶？」温曰：「雖非親昵，久相知耳。」德裕不悦。居無何，出温爲宣歙觀察使，辟鄭處誨爲觀察判官，德裕愈不悦。池州人訟郡守，温按之無狀，杖殺之。明年，瘍生於首，謂愛壻張復魯曰：「予任校書郎時，夢二黄衣人齎符來追，及滻，將渡，一人續至曰：『彼墳至大，功須萬日。』遂不涉而寤。計今萬日矣，與公訣矣。」明日卒，贈工部尚書，謚曰孝。

温在朝時，與李珏、楊嗣復周旋。及楊、李禍作，歎曰：「楊三、李七若取我語，豈至是耶！」初温以楊、李與德裕交怨，及居位，温勸楊、李徵用德裕，釋憾解愠，二人不能用，故及禍。温無子，女適薛蒙，善著文，續曹大家女訓十二章，士族傳寫，行于時。温剛腸寡合，人多疏簡，唯與常侍蕭祐善。

蕭祐者，蘭陵人。少孤貧，耿介苦學，事親以孝聞。自處士徵拜左拾遺，累遷至考功郎中。祐博雅好古，尤喜圖畫。前代鍾、王遺法，蕭、張筆勢，編序眞僞，爲二十卷，元和末進御，優詔嘉之，授兵部郎中。出爲虢州刺史，入爲太常少卿，轉諫議大夫。踰月爲桂州刺史、御史中丞、桂管防禦觀察使。大和二年八月，卒于官，贈右散騎常侍。祐閑澹貞退，善鼓琴賦詩，書畫盡妙，遊心林壑，嘯詠終日，而名人高士，多與之遊。給事中韋温尤重之，結爲林泉之友。

獨孤郁，河南人。父及，天寶末與李華、蕭穎士等齊名，善爲文，所著仙掌銘，大爲時流所賞，位終常州刺史。郁，貞元十四年登進士第，文學有父風，尤爲舍人權德輿所稱，以子妻之。貞元末，爲監察御史。

元和初，應制舉才識兼茂、明於體用，策入第四等，拜左拾遺。太子司議郎杜從郁拜左補闕，郁與同列，論之曰：「從郁是宰臣佑之子，父居宰執，從郁不宜居諫列。」乃改爲左拾遺，又論曰：「補闕之與拾遺，資品雖殊，同是諫官，若時政或有得失，不可令子論父。」從郁竟改他官。

四年，轉右補闕，又與同列拜章論中官吐突承璀不宜爲河北招討使，乃改招撫宣慰使。五年，兼史館修撰。尋召充翰林學士，遷起居郎。權德輿作相，郁以婦公辭內職，憲宗曰：「德輿乃有此佳壻。」因詔宰相於士族之家選尙公主者。遷郁考功員外郎，充史館修撰、判館事，預修德宗實錄。七年，以本官復知制誥。八年，轉駕部郎中。其年十月，復召爲翰林學士。九年，以疾辭內職。十一月，改秘書少監，卒。

郁弟朗，嘗居諫官，請罷淮西用兵，不協旨，貶興元戶曹。入爲監察御史，轉殿中。十五年，兼充史館修撰，遷都官員外郎。長慶初，諫議大夫李景儉於史館飲酒，憑醉謁宰相，語辭侵侮，朗坐同飲，出爲漳州刺史。入爲左司員外郎，遷諫議大夫。揚州節度使王播罷兼鹽鐵使，行賂於中人，求復領銅鹽，朗上章論之。

寶曆元年十一月，拜御史中丞。二年六月，賜金紫之服。侍御史李道樞乘醉謁朗，朗劾之，左授司議郎。憲府故事，三院御史由大夫、中丞自辟，請命于朝。時崔晃、鄭居中不由憲長而除，皆丞相之僚舊也，敕命雖行，朗拒而不納，晃竟改太常博士，居中分司東臺。其年十月，高少逸入閤失儀，朗不彈奏，宰相銜阻崔晃事，左授少逸贊善大夫，朗亦罰俸。朗稱執法不稱，乞罷中丞，敬宗令中使諭之，不允其讓。文宗卽位，改工部侍郎。大和元年八月，出爲福州刺史、御史中丞、福建觀察使。是月赴官，暴卒於路，贈右散騎常侍。

郁子庠，亦登進士第。大中後，官達，亦至侍郎。

錢徽字蔚章，吳郡人〔三〕。父起，天寶十年登進士第。起能五言詩。初從鄉薦，寄家江湖，嘗於客舍月夜獨吟，遽聞人吟於庭曰：「曲終人不見，江上數峯青。」起愕然，攝衣視之，無所見矣，以爲鬼怪，而志其一十字。起就試之年，李暐所試湘靈鼓瑟詩題中有「青」字，起即以鬼謠十字爲落句，暐深嘉之，稱爲絕唱。是歲登第，釋褐秘書省校書郎。大曆中，與韓翃、李端輩十人，俱以能詩，出入貴遊之門，時號「十才子」，形於圖畫。起位終尚書郎。

徽，貞元初進士擢第，從事戎幕。元和初入朝，三遷祠部員外郎，召充翰林學士。六年，轉祠部郎中、知制誥。八年，改司封郎中，賜緋魚袋，內職如故。九年，拜中書舍人。十一年，王師討淮西，詔朝臣議兵，徽上疏言用兵累歲，供饋力殫，宜罷淮西之征，憲宗不悅，罷徽學士之職，守本官。

長慶元年，爲禮部侍郎。時宰相段文昌出鎮蜀川，文昌好學，尤喜圖書古畫。故刑部侍郎楊憑兄弟以文學知名，家多書畫，鍾、王、張、鄭之蹟在書斷、畫品者，兼而有之。憑子渾之求進，盡以家藏書畫獻文昌，求致進士第。文昌將發，面託錢徽，繼以私書保薦。翰林學士李紳亦託舉子周漢賓於徽。及牓出，渾之、漢賓皆不中選。李宗閔與元稹素相厚善。初稹以直道譴逐久之，及得還朝，大改前志，由逕以徼進達，宗閔亦急於進取，二人遂有嫌隙。楊汝士與徽有舊，是歲，宗閔子壻蘇巢及汝士季弟殷士俱及第。故文昌、李紳大怒。文昌赴鎮，辭日，內殿面奏，言徽所放進士鄭朗等十四人，皆子弟藝薄，不當在選中。穆宗以其事訪於學士元稹、李紳，二人對與文昌同。遂命中書舍人王起、主客郎中知制誥白居易，於子亭重試，內出題目孤竹管賦、鳥散餘花落詩，而十人不中選。詔曰：

國家設文學之科，本求才實，苟容僥倖，則異至公。訪聞近日浮薄之徒，扇爲朋黨，謂之關節，干撓主司。每歲策名，無不先定，永言敗俗，深用興懷。鄭朗等昨令重試，意在精覈藝能，不於異書之中，固求深僻題目，貴令所試成就，以觀學藝淺深。孤竹管是祭天之樂，出於周禮正經，閱其呈試之文，都不知其本事，辭律鄙淺，蕪累亦多。比令宣示錢徽，庶其深自懷愧，誠宜盡棄，以警將來。但以四海無虞，人心方泰，用弘寧撫，式示殊恩，特掩爾瑕，庶明予志。孔温業、趙存約、竇洵直所試粗通，與及第；裴譔特賜及第，鄭朗等十人並落下。自今後禮部舉人，宜準開元二十五年敕，及第訖，所試雜文并策，送中書門下詳覆。

尋貶徽爲江州刺史，中書舍人李宗閔劍州刺史，右補闕楊汝士開江令。初議貶徽，宗閔、汝士令徽以文昌、李紳私書進呈，上必開悟，徽曰：「不然。苟無愧心，得喪一致，修身慎行，安可以私書相證耶？」令子弟焚之，人士稱徽長者。

既而穆宗知其朋比之端，乃下詔曰：

昔者，卿大夫相與讓於朝，士庶人相與讓於列，周成王刑措不用，漢文帝恥言人過，眞理古也，朕甚慕焉。中代已還，爭端斯起，掩抑其言則專蔽，誘掖其說則侵誣。自非責實循名，不能彰善癉惡，故孝宣必有告訐及下，光武不以單辭遽行。語稱訕上之非，律有匿名之禁，皆以防三至之毀，重兩造之明。是以爵人於朝則皆勸，刑人於市則皆懼，罪有歸而賞當事也。

末代偷巧，內荏外剛。卿大夫無進思盡忠之誠，多退有後言之謗；士庶人無切磋琢磨之益，多銷鑠浸潤之譏。進則諛言諂笑以相求，退則羣居州處以相議。留中不出之請，蓋發其陰私；公論不容之誅，是生於朋黨。擢一官，則曰恩皆自我；黜一職，則曰事出他門。比周之迹已彰，尙矜介特；由徑之蹤盡露，自謂貞方。居省寺者不以勤恪涖官，而曰務從簡易；提紀綱者不以準繩檢下，而曰密奏風聞。獻章疏者更相是非，備顧問者互有憎愛。苟非秦鏡照膽，堯羊觸邪，時君聽之，安可不惑？參斷一謬，俗化益訛。禍發齒牙，言生枝葉，率是道也，朕甚憫焉。

我國家貞觀、開元，同符三代，風俗歸厚，禮讓皆行。兵興已來，人散久矣，始欲導之以德，不欲驅之以刑。然而信有未孚，理有未至，曾無恥格，益用雕刓。小則綜覈之權，見侵於下輩；大則樞機之重，旁撓於薄徒。尙念因而化之，亦冀去其尤者。而宰臣懼其寖染，未克澄淸。備引祖宗之書，願垂勸誡之詔，遂伸告諭，頗用殷勤。各當自省厥躬，與我同底于道。

元稹之辭也。制出，朋比之徒，如撻於市，咸睚眦於紳、稹。

徽明年遷華州刺史、潼關防禦、鎭國軍等使。文宗卽位，徵拜尚書左丞。大和元年十二月，復授華州刺史。二年秋，以疾辭位，授吏部尚書致仕。三年三月卒，時年七十五。子可復、可及，皆登進士第。

可復累官至禮部郎中。大和九年，鄭注出鎭鳳翔，李訓選名家子以爲賓佐，授可復檢校兵部郎中、兼御史中丞，充鳳翔節度副使。其年十一月，李訓敗，鄭注誅，可復爲鳳翔監軍使所害。

高釴字翹之。祖鄭賓，宋州寧陵令。父去疾，攝監察御史。釴，元和初進士及第，判入等，補祕書省校書郎。累遷至右補闕，充史館修撰。十四年，上疏請不以內官爲京西北和糴使。十五年，轉起居郞，依前充職。

釴孤貞無黨，而能累陳時政得失。長慶元年，穆宗憐之，面賜緋於思政殿，仍命以本官充翰林學士。二年，遷兵部員外郎，依前充職。四年四月，禁中有張韶之變，敬宗幸左軍。

是夜，釴從帝宿於左軍。翌日賊平，賞從臣，賜釴錦綵七十匹，轉戶部郎中、知制誥。十二月，正拜中書舍人，充職如故。謝恩於思政殿，因諫敬宗，以求理莫若躬親，用示憂勤之旨也。帝深納其言，又賜錦綵五十匹。寶曆二年三月，罷學士，守本官。大和三年七月，授刑部侍郎。四年冬，遷吏部侍郎。銓綜之司，官業振舉。七年，出爲同州刺史、兼御史中丞。八年六月卒，贈兵部尚書，遺命薄葬。釴少時孤貧，潔己力行，與弟銖、鍇皆以檢靜自立，致位崇顯，居家友睦，爲搢紳所重。

銖，元和六年登進士第。穆宗即位，入朝爲監察御史，累遷員外郎、吏部郎中。大和五年，拜給事中。七年，爲外官監考使。八年十月，文宗用國子助教李仲言爲侍講，銖率諫官伏閤論曰：「仲言素行纖邪，若聽用，必亂國經。」上令中使宣諭曰：「朕要仲言講書，非有聽用也。」是歲，先旱後水，京師穀價騰踊，彗星爲變，舉選皆停，人情雜然流議，鄭注姦謀，日聞于外。銖等犯難論諍，冀上省悟。既奉宣傳，相顧失色，以其危亡可翹足而待也。明年，訓、注竊權，惡銖不附己，五月，出爲越州刺史、御史中丞、浙東觀察使。開成三年，就加檢校左散騎常侍，尋入爲刑部侍郎。四年七月，出爲河南尹。會昌末，爲吏部侍郎。

鍇，元和九年登進士第，升宏辭科，累遷吏部員外。大和三年，準敕試別頭進士明經鄭齊之等十八人。牓出之後，語辭紛競，監察御史姚中立以聞，詔鍇審定，乃升李景、王淑等人以爲公。六年二月，自司勳郎中轉諫議大夫。七年，遷中書舍人。九年十月，以本官權知禮部貢舉。開成元年春，試畢，進呈及第人名，文宗謂侍臣曰：「從前文格非佳，昨出進士題目，是朕出之，所試似勝去年。」鄭覃曰：「陛下改詩賦格調，以正頹俗，然高鍇亦能勵精選士，仰副聖旨。」帝又曰：「近日諸侯章奏，語太浮華，有乖典實，宜罰掌書記，以誡其流。」李石曰：「古人因事爲文，今人以文害事，懲弊抑末，實在盛時。」乃以鍇爲禮部侍郎。凡掌貢部三年，每歲登第者四十人。三年牓出後，敕曰：「進士每歲四十人，其數過多，則乖精選。宦途塡委，要窒其源，宜改每年限放三十人，如不登其數，亦聽。」然鍇選擢雖多，頗得實才，抑豪華，擢孤進，至今稱之。尋轉吏部侍郎。其年九月，出爲鄂州刺史、御史大夫、鄂岳觀察使，卒。

鉟子湜，鍇子湘，偕登進士第。湜，咸通十二年爲禮部侍郎。湘自員外郎知制誥，正拜中書舍人，咸通年，改諫議大夫。坐宰相劉瞻親厚，貶高州司馬。乾符初，復爲中書舍人。三年，遷禮部侍郎，選士得人。出爲潞州大都督府長史、昭義節度、澤潞觀察等使，卒。

馮宿，東陽人。丱歲隨父子華廬祖墓，有靈芝白兔之祥。宿昆弟二人，皆幼有文學。宿登進士第，徐州節度張建封辟爲掌書記。後建封卒，其子愔爲軍士所立，李師古欲乘喪襲取。時王武俊且觀其釁，愔恐懼，計無所出，宿乃以檄書招師古而說武俊曰：「張公與君爲兄弟，欲同力驅兩河歸天子，衆所知也。今張公歿，幼子爲亂兵所脅，內則誠款隔絕於朝廷，外則境土侵逼於強寇。孤危若此，公安得坐視哉！誠能奏天子，念先僕射之忠勳，捨其子之迫脅，使得束身自歸，則公於朝廷有靖亂之功，於張氏有繼絕之德矣。」武俊大悅，卽以表聞。由是朝廷賜愔節鉞，仍贈建封司徒。

宿以嘗從建封，不樂與其子處，乃從浙東觀察使賈全府辟。愔恨其去己，奏貶泉州司戶。徵爲太常博士。王士眞死，以其子承宗不順，不加謚。宿以爲懷柔之義，不可遺其忠勞，乃加之美謚。轉虞部、都官二員外郎。元和十二年，從裴度東征，爲彰義軍節度判官。淮西平，拜比部郎中。會韓愈論佛骨，時宰疑宿草疏，出爲歙州刺史。入爲刑部郎中。十五年，權判考功。宿以宰臣及三品已下官〔三〕，故事內校考別封以進，翰林學士職居內署，事莫能知，請依前書上考，諫官御史亦請仍舊，並書中上考。

長慶元年，以本官知制誥。二年，轉兵部郎中，依前充職。牛元翼以深州不從王庭湊，詔授襄州節度使。元翼未出深州，爲庭湊所圍。二年，以宿檢校右庶子、兼御史中丞，賜紫金魚袋，往總留務。監軍使周進榮不遵詔命，宿以狀聞。元翼旣至，宿歸朝，拜中書舍人，轉太常少卿。敬宗卽位，宿常導引乘輿，出爲華州刺史。以父名拜章乞罷，改左散騎常侍，兼集賢殿學士，充考制策官。

大和二年，拜河南尹。時洛苑使姚文壽縱部下侵欺百姓，吏不敢捕。一日，遇大會，嘗所捕者傲睨於文壽之側，宿知而掩之，杖死。大和四年，入爲工部侍郎。六年，遷刑部侍郎，修格後敕三十卷，遷兵部侍郎。九年，出爲劍南東川節度使，檢校禮部尙書。開成元年十二月卒，廢朝，贈吏部尙書，謚曰懿。有文集四十卷。子圖、陶、韜，三人皆登進士，揚歷清顯。

宿弟定字介夫，儀貌壯偉，與宿俱有文學，而定過之。貞元中皆舉進士，時人比之漢朝二馮君。于頔牧姑蘇也，定寓焉，頔友於布衣間。後頔帥襄陽，定乘驢詣軍門，吏不時白，定不留而去。頔慚，笞軍吏，馳載錢五十萬，及境謝之。定飯逆旅，復書責以貴傲而返其遺，頔深以爲恨。權德輿掌貢士，擢居上第，後於潤州佐薛苹幕，得校書郎，尋爲鄠縣尉，充集賢校理。定先時居父憂，因號毀得肺病，趨府或不及時，大學士疑其恃才簡怠，乃奪其職，俾爲大理評事。登朝爲太常博士，轉祠部員外郎。

寶曆二年，出爲郢州刺史。長壽縣尉馬洪沼告定强奪人妻，及將闕官職田祿粟入己費用，詔監察御史李顧行鞫之。獄具上聞，制曰：「馮定經使臣推問，無入己贓私，所告罰錢，又皆公用。然長吏之體，頗涉無儀，刑賞或乖，宴遊不節。緣經恩赦，難更科書，猶持郡符，公議不可，宜停見任。」尋除國子司業、河南少尹。

大和九年八月，爲太常少卿。文宗每聽樂，鄙鄭、衞聲，詔奉常習開元中霓裳羽衣舞，以雲韶樂和之。舞曲成，定總樂工閱於庭，定立於其間。文宗以其端凝若植，問其姓氏，翰林學士李珏對曰：「此馮定也。」文宗喜，問曰：「豈非能爲古章句者耶？」乃召升階，文宗自吟定送客西江詩。吟罷益喜，因錫禁中瑞錦，仍令大錄所著古體詩以獻。尋遷諫議大夫、知匭事。

是歲，李訓事敗伏誅，衣冠橫罹其禍，中外危疑。及改元御殿，中尉仇士良請用神策仗衞在殿門，定抗疏論罷，人情危之。又請許左右史隨宰臣入延英記事，宰臣不樂。二年，改太子詹事。三年，宰臣鄭覃拜太子太師，欲於尚書省上事。定奏曰：「據六典，太師居詹事府，不合於都省禮上。」乃詔於本司上事，人推美之。四年，遷衞尉卿。是歲，上章請老，詔以左散騎常侍致仕。會昌六年，改工部尚書而卒。

先長慶中，源寂使新羅國，見其國人傳寫諷念定所爲黑水碑、畫鶴記。韋休符之使西番也，見其國人寫定商山記於屛障。其文名馳於戎夷如此。子衰、顓、軒、巖四人，皆進士登第。咸通中，歷任臺省。宿從弟審、寬。

審父子郁。審，貞元十二年登進士第，累辟使府。入爲監察御史，累遷至兵部郎中。開成三年，遷諫議大夫。四年九月，出爲桂州刺史、桂管觀察使。入爲國子祭酒。國子監有孔子碑，睿宗篆額，加「大周」兩字，蓋武后時篆也。審請琢去僞號，復「大唐」字，從之。咸通中，卒於祕書監。審弟寬，子緘，皆進士擢第，知名於時。

封敖字碩夫，其先渤海蓨人。祖希奭，父諒，官卑。敖，元和十年登進士第，累辟諸侯府。大和中，入朝爲右拾遺。會昌初，以員外郎知制誥，召入翰林爲學士，拜中書舍人。敖構思敏速，語近而理勝，不務奇澀，武宗深重之。嘗草賜陣傷邊將詔，警句云：「傷居爾體，痛在朕躬。」帝覽而善之，賜之宮錦。李德裕在相位，定策破迴鶻，誅劉稹，議兵之際，同列或有不可之言，唯德裕籌計指畫，竟立奇功，武宗賞之，封衞國公，守太尉。其制語有「遏橫議於風波，定奇謀於掌握。逆稹盜兵，壺關晝鎖，造膝嘉話，開懷靜思，意皆我同，言不他惑。」制出，敖往慶之，德裕口誦此數句，撫敖曰：「陸生有言，所恨文不迨意。如卿此語，秉筆者不易措言。」座中解其所賜玉帶以遺敖，深禮重之。

然敖不持士範，人重其才而輕其所爲，德裕不能大用之。德裕罷相，敖亦罷內職。宣宗卽位，遷禮部侍郎。大中二年，典貢部，多擢文士。轉吏部侍郎、渤海男、食邑七百戶。十四年，出爲興元尹、御史大夫、山南西道節度使，歷左散騎常侍。十一年，拜太常卿，出爲淄青節度使，入爲戶部尙書，卒。

子彥卿望卿、從子特卿，皆進士及第，咸通後，歷位淸顯。

史臣曰：韋公鯁亮，守官犯而得禮。蕭子恬於吏隱，抑亦名賢。蔚章操韻非高，而從容長者。郁、朗襟槪，鬱有世風。三高並秀於一時，二馮爭驅於千里，咸以摛英掞藻，華國揚名。潤色之能，封無與讓，壽考垂慶，儒何負哉。

贊曰：伏蒲進諫，染翰爲文。獨孤、韋氏，志在匡君。馮、高諸子，綺繡繽紛。禁垣擅美，渤海凌雲。

校勘記

〔一〕聖思不勞　「思」字各本原作「恩」，據唐會要卷一八、册府卷五三三改。

〔二〕吳郡人　廿二史考異卷六〇云：「當作吳興人。」按新書卷二〇三盧綸傳謂錢起吳興人，徽當亦是吳興。

〔三〕宿以宰臣及三品已下官　册府卷六三六同。唐會要卷八一「已下官」作「已上官」。

舊唐書卷一百六十九

列傳第一百一十九

李訓　鄭注　王涯　王璠　賈餗　舒元輿　郭行餘　羅立言　李孝本

李訓，肅宗時宰相揆之族孫也。始名仲言。進士擢第。形貌魁梧，神情灑落，辭敏智捷，善揣人意。寶曆中，從父逢吉爲宰相，以訓陰險善計事，愈親厚之。初與茅彙等欲中傷李程，及武昭事發，訓坐長流嶺表，會赦得還。丁母憂，居洛中。時逢吉爲留守，思復爲宰相，且深怨裴度，居常憤鬱不樂。訓揣知其意，即以奇計動之。自言與鄭注善，逢吉以爲然，遺訓金帛珍寶數百萬，令持入長安，以賂注。注得賂甚悅，乘間薦于中尉王守澄，乃以注之藥術，訓之易道，合薦于文宗。守澄以訓縗粗，難入禁中，帝令訓戎服，號王山人，與注入內。帝見其指趣，甚奇之。及訓釋服，在京師。大和八年，自流人補四門助教，召入內殿，面賜緋魚。其年十月，遷國子周易博士，充翰林侍講學士。入院日，賜宴，宣法曲弟子二十人就院奏法曲以寵之。兩省諫官伏閤切諫，言訓姦邪，海內聞知，不宜令侍宸扆，終不聽。

文宗性守正嫉惡，以宦者權寵太過，繼爲禍胎，元和末弒逆之徒尙在左右，雖外示優假，心不堪之。思欲芟落本根，以雪讎恥，九重深處，難與將相明言。前與侍講宋申錫謀，謀之不臧，幾成反噬，自是巷伯尤橫。因鄭注得幸守澄，俾之援訓，冀黃門之不疑也。訓既在翰林，解易之際，或語及巷伯事，則再三憤激，以動上心。以其言論縱橫，謂其必能成事，遂以眞誠謀於訓、注。自是二人寵幸，言無不從，而深祕之謀，往往流聞於外。上慮中人猜慮，乃疏易義五條，示於百辟，有能出訓之意者賞之，蓋欲知上以師友寵之。九年七月，改兵部郎中、知制誥，充翰林學士。九月，遷禮部侍郎、同平章事，仍賜金紫之服。詔以平章之暇，三五日一入翰林。

訓既秉權衡，卽謀誅內豎。中官陳弘慶者〔一〕，自元和末負弒逆之名，忠義之士無不扼腕，時爲襄陽監軍，乃召自漢南，至青泥驛，遣人封杖決殺。王守澄自長慶已來知樞密，典禁軍，作威作福。訓既作相，以守澄爲六軍十二衞觀軍容使，罷其禁旅之權，尋賜酖殺之。訓愈承恩顧，每別殿奏對，他宰相莫不順成其言，黃門禁軍迎拜戢斂。訓本以纖達，門庭趨附之士，率皆狂怪險異之流，時亦能取正人偉望，以鎭人心。天下之人，有冀訓以致太平者，不獨人主惑其言。

訓雖爲鄭注引用，及祿位俱大，勢不兩立，託以中外應赴之謀，出注爲鳳翔節度使。俟誅內豎，卽兼圖注。約以其年十一月誅中官，須假兵力，乃以大理卿郭行餘爲邠寧節度使，戶部尚書王璠爲太原節度使，京兆少尹羅立言權知大尹事，太府卿韓約爲金吾街使，刑部郎中知雜李孝本權知中丞事，皆訓之親厚者。冀王璠、郭行餘未赴鎭間，廣令召募豪俠及金吾臺府之從者，俾集其事。

是月二十一日，帝御紫宸。班定，韓約不報平安，奏曰：「金吾左仗院石榴樹，夜來有甘露，臣已進狀訖。」乃蹈舞再拜，宰相百官相次稱賀。李訓奏曰：「甘露降祥，俯在宮禁。陛下宜親幸左仗觀之。」班退，上乘軟舁出紫宸門，由含元殿東階升殿，宰相侍臣分立於副階，文武兩班，列於殿前。上令宰相兩省官先往視之，既還，曰：「臣等恐非眞甘露，不敢輕言。言出，四方必稱賀也。」上曰：「韓約妄耶？」乃令左右軍中尉、樞密內臣往視之。既去，訓召王璠、郭行餘曰：「來受敕旨！」璠恐悚不能前，行餘獨拜殿下。時兩鎭官健，皆執兵在丹鳳門外，訓已令召之，唯璠從兵入，邠寧兵竟不至。中尉、樞密至左仗，聞幕下有兵聲，驚恐走出，閽者欲扃鎖之，爲中人所叱，執關而不能下。內官迴奏，韓約氣懾汗流，不能舉首。中官謂之曰：「將軍何及此耶？」又奏曰：「事急矣，請陛下入內。」即舉軟輿迎帝，訓殿上呼曰：「金吾衞士上殿來，護乘輿者，人賞百千。」內官決殿後罘罳，舉輿疾趨，訓攀呼曰：「陛下不得入內。」金吾衞士數十人，隨訓而入。羅立言率府中從人自東來，李孝本率臺中從人自西來，共四百餘人，上殿縱擊，內官死傷者數十人。訓時愈急，邐迤入宣政門，帝瞋目叱訓，內官郄志榮奮拳擊其胸，訓即僵仆於地。帝入東上閤門，門即闔，內官呼萬歲者數四。須臾，內官率禁兵五百人，露刃出閤門，遇人即殺。宰相王涯、賈餗、舒元輿方中書會食，聞難出走，諸司從吏死者六七百人。

是日，訓中拳而仆，知事不濟，乃單騎走入終南山，投寺僧宗密。訓與宗密素善，欲剃其髮匿之，從者止之，乃趨鳳翔，欲依鄭注。出山，爲盩厔鎮將宗楚所得，械送京師。至昆明池，訓恐入軍別受搒掠，乃謂兵士曰：「所在有兵，得我者即富貴，不如持我首行，免被奪取。」乃斬訓，持首而行。訓弟仲景、再從弟戶部員外郎元臯，皆伏法。

仇士良以宗密容李訓，遣人縛入左軍，責以不告之罪。將殺之，宗密怡然曰：「貧僧識訓年深，亦知反叛。然本師教法，遇苦即救，不愛身命，死固甘心。」中尉魚弘志嘉之，奏釋其罪。

鄭注，絳州翼城人，始以藥術游長安權豪之門。本姓魚，冒姓鄭氏，故時號魚鄭，注用事時，人目之爲「水族」。

元和十三年，李愬爲襄陽節度使，注往依之，愬得其藥力，因厚遇之，署爲節度衙推。從愬移鎭徐州，又爲職事，軍政可否，愬與之參決。注詭辯陰狡，善探人意旨，與愬籌謀，未嘗不中其意。然挾邪任數，專作威福，軍府患之。時王守澄監徐軍，深怒注。一日，以軍情患注白于愬，愬曰：「彼雖如此，實奇才也。將軍試與之語，苟不如旨，去未爲晚。」愬卽令謁監軍，守澄初有難色。及延坐與語，機辯縱衡，盡中其意，遂延于內室，促膝投分，恨相見之晚。翌日，守澄謂愬曰：「誠如公言，實奇士也。」自是出入守澄之門，都無限隔。愬署爲巡官，齒於賓席。

及守澄入知樞密，當長慶、寶曆之際，國政多專於守澄。注晝伏夜動，交通賂遺，初則讒邪姦巧之徒附之以圖進取；數年之後，達僚權臣，爭湊其門。累從山東、京西諸軍，歷衞佐、評事、御史，又檢校庫部郎中，爲昭義節度副使。既以陰事誣陷宋申錫，守道正人，始側目焉。

大和七年，罷邠寧行軍司馬，入京師，御史李款閤內彈之曰：「鄭注內通敕使，外結朝官，兩地往來，卜射財貨，晝伏夜動，干竊化權。人不敢言，道路以目。請付法司。」旬日內，諫章十數，文宗不納。尋授注通王府司馬，充右神策判官，中外駭歎。八年九月，注進藥方一卷，令守澄召注對浴堂門，賜錦綵。召對之夕，彗出東方，長三尺，光耀甚緊。其年十二月，拜太僕卿、兼御史大夫。

注起第善和里，通於永巷，長廊複壁，日聚京師輕薄子弟、方鎮將吏，以招權利。間日入禁軍，與守澄款密，語必移時，或通夕不寐。李訓既附注以進，承間入謁，而輕浮躁進者，盈於注門。九年八月，遷工部尚書，充翰林侍講學士。召自九仙門，帝面賜告身。時李訓已在禁庭，二人相洽，日侍君側，講貫太平之術，以爲朝夕可致昇平。兩姦合從，天子益惑其說。是時，訓、注之權，赫於天下。既得行其志，生平恩讎，絲毫必報。因楊虞卿之獄，挾忌李宗閔、李德裕，心所惡者，目爲二人之黨。朝士相繼斥逐，班列爲之一空，人人惴慄，若崩厥角。帝微知之，下詔慰諭，人情稍安。

訓、注天資狂妄，偷合苟容，至於經略謀猷，無可稱者。初浴堂召對，上訪以富人之術，乃以榷茶爲對。其法，欲以江湖百姓茶園，官自造作，量給直分，命使者主之。帝惑其言，乃命王涯兼榷茶使。又言秦中有災，宜興工役以禳之。文宗能詩，嘗吟杜甫江頭篇云：「江頭宮殿鎖千門，細柳新蒲爲誰綠？」始知天寶已前，環曲江四岸有樓臺行宮廨署，心切慕之。既得注言，卽命左右神策軍差人淘曲江、昆明二池，仍許公卿士大夫之家於江頭立亭館，以時追賞。時兩軍造紫雲樓、彩霞亭，內出樓額以賜之。注言無不從，皆此類也。

九月，檢校尙書左僕射、鳳翔尹、鳳翔節度使。蓋與李訓謀事有期，欲中外協勢。十一月，注聞訓事發，自鳳翔率親兵五百餘人赴闕。至扶風，聞訓敗，乃還。監軍使張仲淸已得密詔，迎而勞之，召至監軍府議事。注倚兵衞卽赴之，仲淸已伏兵幕下。注方坐，伏兵發，斬注，傳首京師，部下潰散。注家屬屠滅，靡有孑遺。初未獲注，京師憂恐。至是，人人相慶。

注兩目不能遠視，自言有金丹之術，可去痿弱重膇之疾。始李愬自云得效，乃移之守澄，亦神其事。由是中官視注皆憐之，卒以是售其狂謀。而守澄自貽其患，復致衣冠塗地，豈一時之沴氣歟？既籍沒其家財，得絹一百萬匹，他貨稱是。

王涯字廣津，太原人。父晃。涯，貞元八年進士擢第，登宏辭科。釋褐藍田尉。二十年十一月，召充翰林學士，拜右拾遺、左補闕、起居舍人，皆充內職。元和三年，爲宰相李吉甫所怒，罷學士，守都官員外郎，再貶虢州司馬。五年，入爲吏部員外。七年，改兵部員外郎、知制誥。九年八月，正拜舍人。十年，轉工部侍郎、知制誥，加通議大夫、清源縣開國男，學士如故。十一年十二月，加中書侍郎、同平章事。十三年八月，罷相，守兵部侍郎，尋遷吏部。

穆宗卽位，以檢校禮部尙書、梓州刺史、劍南東川節度使。其年十一月，吐蕃南北掎角入寇，西北邊騷動，詔兩川兵拒之。時蕃軍逼雅州，涯上疏曰：「臣當道出軍，徑入賊腹，有兩路：一路從龍州淸川鎭入蕃界，徑抵故松州城，是吐蕃舊置節度之所；一路從綿州威蕃柵入蕃界，徑抵棲雞城，皆吐蕃險要之地。」又曰：「臣伏見方今天下無犬吠之警，海內同覆盂之安。每蕃戎一警，則中外咸震，致陛下有旰食軫懷之憂，斯乃臣等居大官、受重寄者之深責也。雖承詔發卒，心馳寇廷，期於爲國討除，使戎人芟剪。晝夜思忖，何補涓毫？所以慺慺愚心，願陳萬一。臣觀自古長策，昭然可徵。在於實邊兵，選良將，明斥候，廣資儲，杜其姦謀，險其走集，此立朝士大夫皆知，不獨微臣知之也，祇在舉行之耳。然臣愚見所及，猶欲布露者，誠願陛下不愛金帛之費，以鈞北虜之心。臨遣信臣，與之定約曰，犬戎悖亂負恩，爲邊鄙患者數矣，能制而服之者，唯在北蕃。如能發兵深入，殺若干人，取若干地，則受若干之賞。開懷以示之，厚利以啗之，所以勸聳要約者異於他日，則匈奴之銳，可得出矣。一戰之後，西戎之力衰矣。」穆宗不能用其謀。

長慶元年，幽、鎭復亂，王師征之，未聞克捷。涯在鎭上書論用兵曰：

伏以幽、鎭兩州，悖亂天紀，迷亭育之厚德，肆豺虎之非心。囚繫鼎臣，戕賊戎帥，毒流列郡，釁及賓僚。凡在有情，孰不扼腕？咸欲橫戈荷戟，問罪賊廷。伏以國家文德誕敷，武功繼立，遠無不服，邇無不安。矧茲二方，敢逆天理？臣竊料詔書朝下，諸鎭夕驅，以貔貅問罪之師，當猖狂失節之寇，傾山壓卵，決海灌熒，勢之相懸，不是過也。

但以常山、燕郡，虞、虢相依，一時興師，恐費財力。且夫罪有輕重，事有後先，攻堅宜從易者。如聞范陽肇亂，出自一時，事非宿謀，情亦可驗。鎭州構禍，殊匪偶然，扇動屬城，以兵拒境。如此則幽、薊之衆，可示寬刑；鎭、冀之戎，必資先討。況廷湊闒茸，不席父祖之恩；成德分離，人多迫脅之勢。今以魏博思復讎之衆，昭義願盡敵之師，參之晉陽，輔以滄、易，犄角而進，易若建瓴，盡屠其城，然後北首燕路。在朝廷不爲失信，於軍勢實得機宜。臣之愚忠，輒在於此。

臣又聞用兵若鬬，先扼其喉。今瀛、莫、易、定，兩賊之咽喉也，誠宜假之威柄，戍以重兵。俾其死生不相知，間諜無所入，而以大軍先迫冀、趙，次下井陘，此百舉百全之勢也。臣受恩深至，無以上酬，輕冒陳聞，不勝戰越。

洎涯疏至，盧士玫已爲賊劫，陷瀛、莫州，凶勢不可遏。俄而二凶俱宥之。

三年，入爲御史大夫。敬宗卽位，改戶部侍郎、兼御史大夫，充鹽鐵轉運使，俄遷禮部尚書，充職。寶曆二年，檢校尚書左僕射、興元尹、山南西道節度使，就加檢校司空。大和三年正月，入爲太常卿。文宗以樂府之音，鄭衞太甚，欲聞古樂，命涯詢於舊工，取開元時雅樂，選樂童按之，名曰雲韶樂。樂曲成，涯與太常丞李廓、少府監庾承憲押樂工獻於梨園亭，帝按之於會昌殿。上悅，賜涯等錦綵。四年正月，守吏部尚書、檢校司空，復領鹽鐵轉運使。其年九月，守左僕射，領使。奏李師道前據河南十二州，其兗、鄆、淄、靑、濮州界，舊有銅鐵冶，每年額利百餘萬，自收復，未定稅額，請復係鹽鐵司，依建中元年九月敕例制置，從之。七年七月，以本官同平章事，進封代國公，食邑二千戶。八年正月，加檢校司空、門下侍郎、弘文館大學士、太淸宮使。九年五月，正拜司空，仍令所司册命，加開府儀同三司，仍兼領江南榷茶使。

十一月二十一日，李訓事敗，文宗入內，涯與同列歸中書會食，未下筯，吏報有兵自閤門出，逢人卽殺。涯等蒼惶步出，至永昌里茶肆，爲禁兵所擒，幷其家屬奴婢，皆繫於獄。仇士良鞫涯反狀，涯實不知其故，械縛旣急，搒笞不勝其酷，乃令手書反狀，自誣與訓同謀。獄具，左軍兵馬三百人領涯與王璠、羅立言，右軍兵馬三百人領賈餗、舒元輿、李孝本，先赴郊廟，徇兩市，乃腰斬於子城西南隅獨柳樹下。涯以榷茶事，百姓怨恨，詬罵之，投瓦礫以擊之。中書房吏焦寓焦瞀、臺吏李楚等十餘人，吏卒爭取殺之，籍沒其家。涯子工部郎中、集賢殿學士孟堅，太常博士仲翔，其餘稚小妻女，連襟係頸，送入兩軍，無少長盡誅之。自涯已下十一家，資貨悉爲軍卒所分。涯積家財鉅萬計，兩軍士卒及市人亂取之，竟日不盡。

涯博學好古，能爲文，以辭藝登科，踐揚清峻，而貪權固寵，不遠邪佞之流，以至赤族。涯家書數萬卷，侔於秘府。前代法書名畫，人所保惜者，以厚貨致之；不受貨者，即以官爵致之。厚爲垣，竅而藏之複壁。至是，人破其垣取之，或剔取函奩金寶之飾與其玉軸而棄之。

涯之死也，人以爲冤。昭義節度使劉從諫三上章，求示涯等三相罪名，仇士良頗懷憂恐。初宦官縱毒，凌藉南司。及從諫奏論，凶焰稍息，人士賴之。

王璠字魯玉。父礎，進士，文辭知名。元和五年，擢進士第，登宏辭科。風儀修飾，操履甚堅，累辟諸侯府。元和中，入朝爲監察御史，再遷起居舍人，副鄭覃宣慰於鎮州。長慶中，累歷員外郎。十四年，以職方郎中知制誥。寶曆元年二月，轉御史中丞。

時李逢吉爲宰相，與璠親厚，故自郎官掌誥，便拜中丞。恃逢吉之勢，稍橫。嘗與左僕射李絳相遇於街，交車而不避，絳上疏論之曰：「左、右僕射，師長庶僚，開元中名之丞相。其後雖去三事機務，猶總百司之權。表狀之中，不署其姓。尚書已下，每月合衙。上日百僚列班，宰相居上，中丞御史列位於廷。禮儀之崇，中外特異。所以自武德、貞觀已來，聖君賢臣，布政除弊，不革此禮，謂爲合宜。苟有不安，尋亦合廢。近年緣有才不當位，恩加特拜者，遂從權便，不用舊儀。酌於羣情，事實未當。今或有僕射初除，就中丞院門相看，即與欲參何殊。或中丞新授，亦無見僕射處。又參賀處，或僕射先至，中丞後來，憲度乖宜，尊卑倒置。倘人才忝位，自合別授賢良；若朝命守官，豈得有虧法制？伏望下百僚詳定事體，使永可遵行。」敕旨令兩省詳議，兩省奏曰：「元和中，伊愼忝居師長之位，太常博士韋謙削去舊儀。今李絳所論，於禮甚當。」逢吉素惡絳之直，天子雖許行舊儀，中書竟無處分，乃罷璠中丞，遷工部侍郎。尋罷絳僕射，以太子少師分司東都。其弄權怙寵如此。

璠二年七月出爲河南尹。大和二年，以本官權知東都選。十月，轉尚書右丞，敕選畢入朝。三年，改吏部侍郎。四年七月，拜京兆尹、兼御史大夫。十二月，遷左丞，判太常卿事。六年八月，檢校禮部尚書、潤州刺史、浙西觀察使。

八年，李訓得幸，累薦于上。召還，復拜右丞。璠以逢吉故吏，自是傾心於訓，權倖傾朝。九年五月，遷戶部尚書、判度支。謝日，召對浴堂，錫之錦綵。其年十一月，李訓將誅內官，令璠召募豪俠，乃授太原節度使，託以募爪牙爲名。訓敗之日，璠歸長興里第，是夜爲禁軍所捕，舉家下獄，斬璠於獨柳樹，家無少長皆死。

璠子遐休，直弘文館。李訓舉事之日，遐休於館中禮上，同職駕部郎中令狐定等五六人送之，是日悉爲亂兵所執。定以兄楚爲僕射，軍士釋之，獨執遐休誅之。

初璠在浙西，繕城壕，役人掘得方石，上有十二字云：「山有石，石有玉，玉有瑕，瑕即休。」璠視莫知其旨，京口老人講之曰：「此石非尚書之吉兆也。尚書祖名崟，崟生礎，是山有石也。礎生尚書，是石有玉也。尚書之子名遐休，休，絕也。此非吉徵。」果赤族。

賈餗字子美，河南人。祖渭，父寧。餗進士擢第，又登制策甲科，文史兼美，四遷至考功員外郎。長慶初，策召賢良，選當時名士考策，餗與白居易俱爲考策官，選文人以爲公。尋以本官知制誥，遷庫部郎中，充職。四年，爲張又新所構，出爲常州刺史。大和初，入爲太常少卿。二年，以本官知制誥。三年七月，拜中書舍人。四年九月，權知禮部貢舉。五年，牓出後，正拜禮部侍郎。凡典禮闈三歲，所選士七十五人，得其名人多至公卿者。七年五月，轉兵部侍郎。八年十一月，遷京兆尹、兼御史大夫。

九年四月，檢校禮部尚書、潤州刺史、浙西觀察使。制出未行，拜中書侍郎、同平章事，進金紫階，封姑臧男，食邑三百戶。未幾，加集賢殿學士，監修國史。其年十一月，李訓事發，兵交殿廷，禁軍肆掠，餗易服步行出內，潛身人間。翌日，自投神策軍，與王涯等皆族誅。餗雖中立自持，然不能以身犯難，排斥姦纖，脂韋其間，遂至覆族。逢時多僻，死非其罪，世多冤之。

舒元輿者，江州人。元和八年登進士第，釋褐諸府從事。大和初，入朝爲監察，轉侍御史。

初，天寶中，玄宗祀九宮壇，次郊壇行事，御署祝板。元輿爲監察，監祭事，以爲太重，奏曰：「臣伏見祀九宮貴神祝板九片，陛下親署御名，及稱臣於九宮之神。臣伏以天子之尊，除祭天地宗廟之外，無合稱臣者。王者父天母地，兄日姊月。而貴神以九宮爲目，是宜分方而守其位。臣數其名號，太一、天一、招搖、軒轅、咸池、青龍、太陰、天符、攝提也。此九神，於天地猶子男也，於日月猶侯伯也。陛下爲天子，豈可反臣於天之子男耶？臣竊以爲過。縱陰陽者流言其合祀，則陛下當合稱『皇帝遣某官致祭于九宮之神』，不宜稱臣與名。臣雖愚瞽，未知其可。乞下禮官詳議。」從之。尋轉刑部員外郎。

元輿自負奇才，銳於進取，乃進所業文章，乞試効用，宰執謂其躁競。五年八月，改授著作郎，分司東都。時李訓丁母憂在洛，與元輿性俱詭激，乘險蹈利，相得甚歡。及訓爲文宗寵遇，復召爲尙書郎。九年，以右司郎中知臺雜。七月，權知中丞事。九年〔二〕，拜御史中丞，兼判刑部侍郎。是月，以本官同平章事，與訓同知政事。而深謀詭算，熒惑主聽，皆生於二凶也。訓竊發之日，兵自內出。元輿易服單馬出安化門，爲追騎所擒，送左軍族誅之。

郭行餘者，亦登進士第。大和初，累官至楚州刺史。五年，移刺汝州，兼御史中丞。九月〔三〕，入爲大理卿。李訓在東都時，與行餘親善，行餘數相餉遺，至是用爲九列。十一月，訓欲竊發，令其募兵，乃授邠寧節度使。訓敗族誅。

羅立言者，父名歡。貞元末，登進士第。寶曆初，檢校主客員外郎，爲鹽鐵河陰院官。二年，坐糴米不實，計贓一萬九千貫，鹽鐵使惜其吏能，定罪止削所兼侍御史。大和中，爲司農少卿，主太倉出納物，以貨厚賂鄭注，李訓亦重之。訓將竊發，須兵集事，以京兆府多吏卒，用立言爲京兆少尹，知府事。訓敗日，族誅。

長安縣令孟琯貶硤州長史，萬年縣令姚中立朗州長史。以兩縣捕賊官受立言指使故也。初立言集兩縣吏卒，萬年捕賊官鄭洪懼禍託疾，既而詐死，令家人喪服聚哭。姚中立陰知其故，恐以詐聞，不免其累，乃以狀告洪之詐。仇士良拘洪入軍，洪銜中立之告，謂士良曰：「追集所由，皆因縣令處分，予何罪也。」故中立坐貶，洪免死。

李孝本者，宗室之子也。累官至刑部郎中，而依于訓、注以求進。舒元輿作相，訓用孝本知臺雜，權知中丞事，最預訓謀。竊發之日，孝本從人殺內官十餘人於殿廷。知事不濟，單騎走投鄭注。至咸陽西原，爲追騎所捕，族誅之。坐訓、注而族者，凡十一家，人以爲冤。

史臣曰：王者之政以德，霸者之政以權。古先后王，率由茲道，而遂能息人靖亂，垂統作則者。如梓人共柯而殊工，良奕同枰而獨勝，蓋在得其術，則事無後艱。昭獻皇帝端冕深帷，憤其廝養，欲鏟宮居之弊，載澄刑政之源。當宜禮一代正人，訪先朝耆德，修文教而厚風俗，設武備以服要荒。俾西被東漸，皆陶於景化；柔祇蒼昊，必降於嘏祥〔四〕，自然懷德以寧，無思不服。況區區宦者，獨能悖化哉？故豎刁、易牙，不廢齊桓之霸；韓嫣、籍孺，何妨漢帝之明。蓋有管仲、亞夫之賢，屬之以大政故也。此二君者，制御閹寺，得其道也。而昭獻忽君人之大體，惑纖狡之庸儒。雖終日橫經，連篇屬思，但得好文之譽，庸非致治之先。且李訓者，狙詐百端，陰險萬狀，背守澄而勸酖，出鄭注以擅權。祇如盡隕四星，兼權八校，小人方寸，卽又難知。但慮爲蚤蝨而採溪蓀，翻獲螾蜓之患也。嗚呼明主，夫何不思，遽致血濺黃門，兵交青瑣。苟無藩后之勢，黃屋危哉！涯、餗綽有士風，晚爲利喪，致身鬼蜮之伍，何逃瞰室之災。非天不仁，子失道也！

贊曰：奭、旦興周，斯、高亡秦。禍福非天，治亂由人。訓、注姦僞，血頳象魏。非時乏賢，君迷倒置。

校勘記

〔一〕陳弘慶　本書卷一五憲宗紀、新書卷一七九李訓傳作「陳弘志」。

〔二〕九年　合鈔卷二二〇舒元輿傳作「九月」。

〔三〕九月　合鈔卷二二〇郭行餘傳作「九年」。

〔四〕必降於闕祥　合鈔卷二二〇闕文作「禎」字。